IRMGARD KNECHTGES-OBRECHT
CLARA SCHUMANN

Irmgard Knechtges-Obrecht

CLARA SCHUMANN

Ein Leben für die Musik

Die deutsche Nationalbibliothek verzeichnet diese Publikation
in der Deutschen Nationalbibliografie; detaillierte bibliografische Daten sind im Internet
über www.dnb.de abrufbar.

Das Werk ist in allen seinen Teilen urheberrechtlich geschützt.
Jede Verwertung ist ohne Zustimmung des Verlags unzulässig.
Das gilt insbesondere für Vervielfältigungen, Übersetzungen, Mikroverfilmungen und die
Einspeicherung in und Verarbeitung durch elektronische Systeme.

wbg Paperback ist ein Imprint der wbg.

2., durchgesehene Aufl. 2022 (1. Aufl. 2019)
© 2022 by wbg (Wissenschaftliche Buchgesellschaft, Darmstadt)
Die Herausgabe des Werkes wurde durch die Vereinsmitglieder der wbg ermöglicht.

Redaktion: Elke Austermühl, Berlin
Satz: Mario Moths, Marl
Gedruckt auf säurefreiem und alterungsbeständigem Papier
Printed in Europe

Besuchen Sie uns im Internet: www.wbg-wissenverbindet.de

ISBN 978-3-534-27396-6

Elektronisch sind folgende Ausgaben erhältlich:
eBook (PDF): 978-3-534-74704-7
eBook (epub): 978-3-534-74705-4

INHALT

Einleitung
Mit Bravour und Blumensträußen — 7

Kindheit in Leipzig (1819–1834)
Das Klavier – Erste Auftritte – Ein Leben als Wunderkind — 12

Die Liebe ihres Lebens: Robert Schumann (1835–1840)
Der erste Kuss – Allein auf Tournee – Der Kampf mit dem Vater — 41

Hochzeit und junges Glück (1840–1850)
Erste gemeinsame Wohnung – Eheleben – Die Familie wächst — 69

Schwere Zeiten (1850–1857)
Rheinisches Leben – Roberts Krankheit und Tod – Alleinerziehend — 98

Die Künstlerin festigt ihre Karriere (1858–1868)
Wanderleben – Durchbruch in England – Freundschaften — 127

Familienbande und Schicksalsschläge (1869–1877)
Hochzeiten – Krankheiten – Todesfälle — 157

Professorin in Frankfurt (1878–1889)
Jubiläen – Ehrungen – Runde Geburtstage — 185

Clara Schumann im Alter (1890–1896)
Bühnenabschied – Krankheit und Tod – Vermächtnis und Nachwelt — 215

Literaturverzeichnis — 244
Verzeichnis der veröffentlichten Werke Clara Schumanns — 249
Dank — 252
Register — 253

Mit Bravour
und Blumensträußen

»Die Ausübung der Kunst ist ja ein großer Theil meines Ichs, es ist mir die Luft, in der ich athme." (Litzmann III, S. 223). Mit diesen Worten beschrieb Clara Schumann im Jahr 1868 ihrem Freund Johannes Brahms die wohl elementarsten Grundzüge ihres langen und erfolgreichen Wirkens. Sie war schon zu Lebzeiten ein Star und europaweit bekannt. Doch wurde sie nicht als Star geboren, sondern musste ihr Leben lang hart dafür arbeiten.

Clara war noch ein Kind, da wurde sie von ihrem Vater Friedrich Wieck schon der breiten Öffentlichkeit als musikalische Sensation präsentiert. Das Publikum erlebte sie als pianistisches Wunderkind auf der Bühne. Dieses strahlende Bild von ihr wurde gezielt und auf höchst werbewirksame Weise auch den Medien vermittelt. Wieck lancierte entsprechende Berichte an die einschlägigen Gazetten und fügte ihnen Porträts seiner Tochter bei, die er eigens zu diesem Zweck anfertigen ließ und außerdem – geschäftstüchtig wie er war – während ihrer Konzerte verkaufte.

Ihre Karriere startete Clara mit neun Jahren in Leipzig. Ihren internationalen Durchbruch erlebte sie als Achtzehnjährige in Wien. Auch außerhalb des Kontinents machte sie sich einen Namen. In London wurde sie ab 1856 auf ihren insgesamt neunzehn Mal unternommenen England-Tourneen frenetisch gefeiert. Noch vor ihrem sechzigsten Geburtstag leitete Clara eine Klavierklasse an Dr. Hoch's Konservatorium in Frankfurt am Main und war damit die erste und für lange Zeit auch einzige Frau in einer solchen Position.

Die am 13. September 1819 in Leipzig als Clara Wieck geborene Pianistin und Komponistin heiratete 1840 den romantischen Komponisten und

Musikschriftsteller Robert Schumann. Sie wurde Mutter von acht Kindern. Clara Schumann starb am 20. Mai 1896 in Frankfurt am Main und überlebte ihren Mann um knapp 40 Jahre.

Nicht zuletzt als Herausgeberin der Werke Robert Schumanns blieb Clara auch nach ihrem Tod im Bewusstsein der kulturellen Öffentlichkeit. Zu ihrem Andenken trug maßgeblich die von Berthold Litzmann verfasste dreibändige Biografie über die Künstlerin bei, die bereits wenige Jahre nach ihrem Tod erschien, was als außergewöhnlich galt.

Clara Schumann wird heute an erster Stelle genannt, wenn es um komponierende Frauen geht. Zahlreiche Publikationen, Notenausgaben ihrer Werke, Editionen von Tagebüchern und Briefen sowie in der jüngeren Vergangenheit zudem einige filmische Adaptionen widmen sich ihrem Leben und Wirken.

Da zu ihren Lebzeiten noch keine Tonaufzeichnungen möglich waren, ist Claras Klavierspiel nicht unmittelbar überliefert. Aber durch Aufzeichnungen und Berichte ihrer zahlreichen Schüler und Enkelschüler sind der Nachwelt immerhin Aussagen über ihre Spieltechnik und ihre Lehrmethode erhalten. Und viele Pianisten, die bei ihr studierten, gaben Clara Schumanns musikalische Ansichten und Interpretationsansätze weiter. Diese Tradition wirkt durchaus bis in die Jetztzeit nach.

Clara Schumann war hoch dekoriert, sie wurde mit zahlreichen Ehrungen und Auszeichnungen gewürdigt. Mehr als ein halbes Jahrhundert verbrachte sie auf den Konzertbühnen Europas und setzte sich während ihrer sechzigjährigen Bühnenkarriere den Anstrengungen langwieriger und äußerst beschwerlicher Reisen aus. Der schrittweise Ausbau des Eisenbahnnetzes ab 1837 nach den Plänen Friedrich Lists, dem Vater von Claras bester Freundin Emilie, milderte die härtesten Strapazen ab.

Clara erlebte die Industrialisierung, sie war Zeugin von Revolutionen und politischen Aufständen und sozialen Umbrüchen, von Kriegen und einschneidenden politischen Veränderungen, wie unter anderem die Gründung des Deutschen Reiches 1871, die sie sehr begrüßte. Nicht zuletzt ermöglichten ihr die Gründerjahre, ein ansehnliches Vermögen anzuhäufen und ihre große Familie gut zu versorgen. In ihre Lebenszeit fällt die Regentschaft dreier deutscher Kaiser: Wilhelm I., Friedrich III., der im Jahr 1888 für neunundneunzig Tage regierte, und Wilhelm II.

Clara pflegte ein weites Netz sozialer Kontakte. Sie verkehrte in Adelskreisen und wusste den Umgang mit gekrönten Häuptern und hohen Adligen häufig sehr geschickt für ihre Zwecke zu nutzen. Beinahe alle namhaften Musiker ihrer Ära kannte sie persönlich. Daneben begegnete sie auch zahlreichen berühmten, zum größten Teil heute noch bekannten Künstlern und Künstlerinnen aus Malerei und Dichtung. Zu einigen dieser Persönlichkeiten stand sie in engerem Kontakt und nahm nicht selten subtil, aber spürbar Einfluss auf deren Werke.

Im Laufe des 19. Jahrhunderts erfolgte im öffentlichen Konzertleben ein Wandel, den Clara Schumann wesentlich mitprägte. An die Stelle von musikalischen Veranstaltungen, die vor allem der Unterhaltung und der Geselligkeit dienen und mit Bravourstücken aus allen musikalischen Sparten die virtuosen Leistungen verschiedener Künstler herausstellen sollten, trat allmählich der anspruchsvolle Konzertabend mit inhaltlich sinnvoll aufeinander abgestimmten Werken. So wurden Zyklen von Liedern oder Klavierstücken dem Konzertpublikum endlich in Gänze präsentiert, statt daraus nur eine Auswahl der (vermeintlichen) Highlights zu bieten. Und schrittweise entwickelten sich auch Formate wie Liederabende, Klavierrecitals, Kammermusikreihen und reine Sinfoniekonzerte, die sich in Claras letzten Bühnenjahren etablierten. Zu allen diesen Veränderungen trug sie in bedeutendem Maße bei.

Die außergewöhnlich erfolgreiche Künstlerin Clara Schumann führte auch ein außergewöhnliches Privatleben. Nach dem frühen Tod ihres Mannes Robert war sie mit siebenunddreißig Jahren Witwe, hatte für sieben Kinder zu sorgen und ging keine weitere Ehe ein. So wurde sie mit Anforderungen konfrontiert, die keineswegs dem bürgerlichen Frauenbild ihrer Zeit entsprachen. Mit den zeitgenössischen Erwartungen an die Rolle der Frau war weder ihr Status als schon früh alleinerziehende Mutter noch ihre Karriere als erfolgreiche, öffentlich konzertierende Künstlerin vereinbar.

In der einschlägigen Literatur wird Claras Umgang mit ihren Kindern bis heute eher kritisch gesehen. Der häufigste Vorwurf lautet, sie habe ihre Kinder „in Pension" gegeben, statt mit ihnen zu Hause zu bleiben. Meist geschieht dies in Unkenntnis der Tatsache, dass es in Claras gesellschaftlicher Schicht und im Rahmen des damaligen Schulsystems durchaus üblich war, Kinder zur Ausbildung in Internate zu geben. Dort erhielten sie in aller Regel eine zwar kostspielige, dafür aber ausgezeichnete Ausbildung. Claras Handeln entsprach insofern also durchaus den Gepflogenheiten ihrer Zeit.

Als eigenständige Künstlerin, Pianistin und Komponistin, als hart und diszipliniert arbeitende, Geld verdienende und den Lebensunterhalt bestreitende Ehefrau und Mutter zahlreicher Kinder und nicht zuletzt als Großmutter, die auch für die Erziehung und Finanzierung ihrer Enkel umfangreiche Verantwortung übernahm, meisterte Clara erfolgreich ihr Leben, und sie tat dies mit eiserner Disziplin. Sie ertrug diverse, zunehmend heftiger werdende gesundheitliche Beschwerden, die Mühen des Alterns und schwere persönliche Schicksalsschläge wie den frühen Tod vieler geliebter Menschen. Daneben aber wurde sie nicht müde, sich für ihre Karriere einzusetzen, die ihr triumphale Erfolge in ganz Europa einbrachte.

Clara Schumann war eine bedeutende Künstlerpersönlichkeit und eine berühmte Konzertpianistin. Dass sie sich als Frau im 19. Jahrhundert derartigen Ruhm erarbeiten konnte, ist bemerkenswert. Aber ihre Vita ist keineswegs nur deshalb beachtlich, weil sie eine außergewöhnliche Frauenrolle lebte. Betrachtet man Clara zu sehr aus der Perspektive einer zwar wohlgemeinten aber zu einseitigen Frauenforschung, wie dies oft genug geschah und immer noch geschieht, so besteht die Gefahr, ihren individuellen Charakter und vor allem ihre Persönlichkeitsstruktur aus den Augen zu verlieren. Stattdessen sollte man, wie es im Folgenden geschehen wird, die Künstlerin in den Mittelpunkt der Betrachtung stellen und die Hochachtung, die sich diese Frau zu Lebzeiten erwarb, zweihundert Jahre nach ihrer Geburt wieder ins Bewusstsein rücken.

Claras Leben ist uns durch zahlreiche Quellen überliefert und lässt sich gut nachzeichnen. Ohne auf Vermutungen angewiesen zu sein oder gar Details hinzu erfinden zu müssen, kann man ihre Vita kontinuierlich nachzeichnen und ihrer Persönlichkeit vorurteilsfrei auf die Spur kommen. Auch in einer Fülle zeitgenössischer Porträts von ihr – in späteren Jahren kamen zahlreiche Fotografien hinzu – wird uns Clara gegenwärtig.

Neben romanhaften, zum Teil spekulativen Darstellungen existieren – ausgehend von der ersten Biografie Berthold Litzmanns – einige ernstzunehmende Biografien oder Auseinandersetzungen mit biografischen Details, unter anderem von Beatrix Borchard, Renate Hofmann, Janina Klassen, Gerd

Nauhaus, Nancy B. Reich (†), Monica Steegmann und Claudia de Vries. Das vorliegende Buch basiert auf ergiebigem Quellenmaterial. So konnten unter anderem die im Robert-Schumann-Haus Zwickau aufbewahrten, bisher unveröffentlichten Jugendtagebücher Claras kurz vor deren Drucklegung eingesehen und ausgewertet werden. Während diese nur für die frühen Jahre der Pianistin bis zu ihrer Eheschließung Aufschluss geben, verraten uns ihre übrigen Schriftstücke weit mehr über ihr gesamtes Leben und Wirken. Clara hinterließ mehr als zehntausend Briefe, die ihr das wichtigste Mittel zur Kommunikation waren, sowohl privat als auch geschäftlich. Die bereits weit vorangeschrittene Schumann-Briefedition ist daher von unschätzbarem Wert und bietet einen reichhaltigen Fundus an Informationen. Bei der Wiedergabe von Zitaten aus diesen Quellen sind Grammatik und Orthografie der Originale beibehalten.

Die Darstellung von Clara Schumanns Lebensgeschichte erfolgt weitgehend chronologisch. Geschildert werden die wesentlichen und für ihr Leben bedeutenden Stationen und Ereignisse. Für darüber hinausgehende Details sei auf das Literaturverzeichnis im Anhang verwiesen, ebenso auf das Verzeichnis der Werke für diejenigen Kompositionen und Veröffentlichungen, die im Rahmen dieser Biografie keine Erwähnung finden.

Kindheit in Leipzig (1819-1834)

Das Klavier – Erste Auftritte – Ein Leben als Wunderkind

Am Leipziger Neumarkt stand ein Haus, das unter dem schönen Namen Hohe Lilie bekannt war. Dort erblickte am 13. September 1819 ein kleines Mädchen das Licht der Welt, dem hohe Erwartungen in die Wiege gelegt waren. Denn schon lange vor seiner Geburt hatte sein Vater beschlossen, aus diesem Kind, wenn es weiblich wäre, eine große Künstlerin zu machen. Er war überzeugt davon, dass sich Mädchen wesentlich besser formen und voranbringen ließen als Jungen. Clara nannte er das ersehnte Kind, die hell und glänzend Strahlende. Das hielt er für passend.

Erst am 6. Oktober taufte man das Mädchen auf die Namen Clara Josephine in der Nikolaikirche, die neben der ungleich berühmteren Thomaskirche das zweite große Kirchenbauwerk Leipzigs war, das schon seit der Stadtgründung existierte. Für die damaligen Verhältnisse erfolgte die Taufe sehr spät. Aufgrund der hohen Säuglingssterblichkeit bestand die Gefahr, dass die Kinder ihre Geburt nur um wenige Tage überlebten. Ungetauft durfte aber kein Baby sterben, denn der Volksglaube besagte, dann käme es nicht in den Himmel.

Bei Clara hegte der Vater offenbar derlei Befürchtungen nicht, war er doch felsenfest davon überzeugt, dass es sich um ein ganz ungewöhnliches Mädchen handelte. Es würde überleben und ein Leben als Star führen. So plante er es, und so sollte es letztlich auch kommen. Doch das ist eine lange Geschichte.

Clara war das zweite Kind von Friedrich Wieck (1785-1873) und dessen Frau Mariane (geb. Tromlitz, 1797-1872), einer überaus begabten Sängerin und Pianistin. Mariane stammte als Tochter des Plauener Stadtkantors George Christian Gotthold Tromlitz aus einer besonders musikalischen Familie. Ihr Großvater väterlicherseits war der berühmte Flötist, Flötenbauer und Komponist Johann George Tromlitz aus dem thüringischen Reinsdorf. Mariane kam als Schülerin zu Friedrich Wieck und wurde später seine Frau. Zweifellos vererbte sie der Tochter eine gehörige Portion ihrer außergewöhnlichen Musikalität. Die Frage bleibt allerdings, wieso der Vater sich dessen offenbar schon bei Claras Geburt sicher war und wieso er daran niemals auch nur den geringsten Zweifel ließ.

Wieck selbst galt als recht musikalisch, obwohl er in seinem Elternhaus nicht entsprechend gefördert worden war. Geboren wurde er in Pretzsch, einer Kleinstadt an der Elbe zwischen Torgau und Wittenberg, in recht bescheidenen Verhältnissen. Er war der jüngste Sohn einer Kaufmannsfamilie ohne Fortune, in der die Musik keine Rolle spielte. Auffallend war sein großer Ehrgeiz, der ihn – gepaart mit bemerkenswertem Lerneifer – schon frühzeitig nach Höherem streben ließ.

Obschon von Geburt an eher schwächlich und häufig kränkelnd, gelang es dem jungen Friedrich Wieck schließlich, am Gymnasium in Torgau aufgenommen zu werden. Dort sollte er sich auf das von den Eltern für ihn gewünschte Theologiestudium vorbereiten. Folgsam schrieb er sich nach bestandenem Abitur an der Universität Wittenberg ein, schloss das Studium erfolgreich ab und hielt pflichtgemäß, wie es die Statuten vorsahen, seine Probepredigt in einer Dresdner Kirche. Doch eine weitere Ausübung des geistlichen Amtes interessierte ihn in keiner Weise. Lieber verdiente er fortan sein Geld als Hauslehrer bei wohlhabenden, meist adligen Familien.

Aus eigener Initiative und ganz unsystematisch hatte Wieck schon als Jugendlicher eine musikalische Ausbildung in Angriff genommen, ohne jedoch seine Kenntnisse vervollkommnen zu können. Über einige Stunden Klavierunterricht kam er letztlich nicht hinaus. Als ihm nach neun Jahren das Dasein als Hauslehrer keine Befriedigung mehr verschaffte, eignete er sich – ebenfalls mehr oder weniger autodidaktisch – Kompositionstheorie und Klaviertechnik an.

Als knapp Dreißigjähriger gab er seine bisherige Tätigkeit auf und schuf sich mit finanzieller Hilfe eines Freundes in Leipzig eine neue Existenz. Wieck gründete ein rasch florierendes Geschäft, in dem er neben dem Verkauf und Verleih von Musikalien auch Klaviere vermietete, verkaufte, reparierte und stimmte. Er bezeichnete seine Firma als „Piano-Fabrik

Kindheit in Leipzig (1819–1834)

Friedrich Wieck" und versah jedes gehandelte Instrument mit dieser Aufschrift, um Werbung für sein Unternehmen zu machen.

Schon bald fand Friedrich Wieck in der Leipziger Fachpresse als guter und beliebter Klavierlehrer Erwähnung, weshalb die Klavierschule, die seinem Laden angeschlossen war, reichlich Zulauf hatte. Wiecks von langer Hand geplantes Konzept war aufgegangen, denn nicht ohne Grund hatte er diese Stadt in Mitteldeutschland für sein Vorhaben ausgewählt. Sie schien ihm der geeignete Ort für eine geschäftlich erfolgreiche Zukunft zu sein.

Leipzig mit seinen damals rund 35.000 Einwohnern, inmitten des südlichsten Teils der Norddeutschen Tiefebene und am Zusammenfluss dreier Flüsse gelegen, galt zu Beginn des 19. Jahrhunderts als prosperierendes Wirtschaftszentrum. Die günstige Lage am Schnittpunkt zweier alter, renommierter Handelsstraßen, der Via Regia und der Via Imperii, sowie die frühzeitig erlangten Messeprivilegien hatten die Stadt seit ihrer Gründung um 1165 zu einem attraktiven Ort für Kaufleute und Fabrikanten gemacht.

Zwar gehörte Leipzig zum von Friedrich August I. regierten Königreich Sachsen, diente aber nie als Residenzstadt oder Bischofssitz. Die Stadt wurde von einem Rat alteingesessener Bürger regiert, die in jeder Beziehung den Ton angaben. Als Clara geboren wurde, hatte sich die Bevölkerung längst von den Kriegswirren erholt, die Schrecken der napoleonischen Besetzung waren vergessen. Auch die Nachwehen der Neuordnung Europas und die Verkleinerung des sächsischen Königreichs durch den Wiener Kongress waren ausgestanden. Politisch kehrte eine verhältnismäßig friedliche Phase ein.

Allein die an zahlreichen deutschen Höfen herrschende Furcht vor revolutionären Bestrebungen und vor der Verbreitung national-liberaler Ideen in der Bevölkerung erzeugte eine gewisse Unruhe. Nachdem der Schriftsteller und russische Generalkonsul August von Kotzebue durch den Theologiestudenten und Burschenschaftler Karl Ludwig Sand ermordet worden war, berieten Diplomaten und Minister der deutschen Staaten im österreichischen Kurort Karlsbad über Mittel zur Bekämpfung solcher Tendenzen. Dies führte auf Initiative des österreichischen Außenministers und späteren Staatskanzlers Klemens Wenzel Lothar von Metternich zu den so genannten Karlsbader Beschlüssen. Genau eine Woche nach Claras Geburt wurden diese am 20. September 1819 in einem Eilverfahren vom Bundestag des Deutschen Bundes in Frankfurt bestätigt.

Die sich daraus für alle Staaten des Deutschen Bundes ergebende Einschränkung der Pressefreiheit sollte die Verbreitung aufrührerischer Ideen unterbinden. Um Revolutionen zu verhindern, wurden Universitäten überwacht, die Burschenschaften verboten und öffentliche Turnplätze als Hort solcher Unruhen geschlossen. Verdächtige Professoren konnten ihres Amtes enthoben und mit einem Berufsverbot belegt werden, um so einer Weitergabe nationalen oder liberalen Gedankenguts vorzubeugen.

Von den gravierenden Auswirkungen dieser Beschlüsse zeigte sich Claras Heimatstadt Leipzig relativ unbeeindruckt. Die Stadt galt immer schon als sehr liberal, vor allem aber spielte der Adel hier keine nennenswerte Rolle. Prägend für Leipzig blieb weiterhin ein solides und starkes Bürgertum, das kulturell außergewöhnlich interessiert war. Die frühe Gründung der namhaften Universität im Jahre 1409, die Bedeutung der Stadt als Messestandort von europäischem Rang sowie der hohe Entwicklungsstand von Buchdruck und Buchhandel hatten die Wirtschaft und Kultur ab dem ausgehenden 15. Jahrhundert gleichermaßen befördert. Davon profitierte auch das Musikleben, das in Leipzig eine bemerkenswerte Rolle spielte.

Zur Zeit von Claras Geburt brachte man in Leipzig nicht nur den musikalischen Werken selbst, sondern auch den interpretierenden Künstlern hohe Achtung entgegen. Das Schaffen, Spielen und Hören von Musik wurden hier intensiv gepflegt, weshalb die Stadt schon damals zu einem der wichtigsten musikalischen Zentren Deutschlands zählte. Dass das Konzertwesen gerade hier in einem nirgends sonst vorhandenen Ausmaß florierte, ist kein Zufall. Denn die Darbietung von Musik um ihrer selbst willen ist eine Tradition, die von den aristokratischen Kreisen in den Residenzstädten nicht nennenswert gepflegt wurde, sondern auf das Bürgertum zurückgeht. Erst im öffentlichen und halböffentlichen bürgerlichen Raum sowie im privaten bürgerlichen Salon konnte sich das Konzert als etablierte Veranstaltungsform entwickeln. Nicht von ungefähr erfolgte denn auch in Leipzig 1843 die Gründung der ältesten Musikhochschule Deutschlands.

Die in der Handelsstadt bekanntlich gut laufenden Geschäfte, ein hohes Maß an Geselligkeitskultur und das breit gefächerte Kunstinteresse des Bürgertums vermischten sich standesübergreifend zu einer lebendigen Vielfalt. Sie schufen Voraussetzungen, um die der ebenso geschäftstüchtige wie musikbegabte Friedrich Wieck wusste und die er zu seinen Gunsten auszunutzen

Kindheit in Leipzig (1819-1834)

verstand. Im Leipzig jener Tage mit seinem außergewöhnlichen Musikleben fand er den richtigen Ort für sämtliche geplanten Aktivitäten. Vor allem die Etablierung seiner Clara als prominente Künstlerin schien ihm gerade hier möglich.

Nachdem Wiecks erste, 1817 geborene Tochter Adelheid bereits im Kindesalter verstorben war, betrachtete er Clara als das ersehnte Kind, mit dem sich seine ehrgeizigen Pläne realisieren ließen. Klavierspielen sollte sie lernen, am besten so früh wie möglich, rasch ein beeindruckendes Wunderkind und später eine berühmte Konzertpianistin werden.

Zwar wurden dem Ehepaar Wieck noch drei Söhne geboren, Alwin (1821-1885), Gustav (1823-1884) und Viktor (1824-1827), doch für keinen von ihnen hegte der Vater ähnliche Ambitionen. Er fokussierte sich ausschließlich auf Clara. Ein weibliches Wunderkind schien ihm wohl grundsätzlich erfolgversprechender. Er beschloss, sein gesamtes Leben in den Dienst dieses Projekts zu stellen.

Doch dann durchkreuzte ein unvorhergesehener Umstand sein ehrgeiziges Vorhaben. Seine Frau Mariane hatte sich zum Zeitpunkt der Geburt des jüngsten Sohnes Viktor bereits von ihm getrennt und war nach Plauen in ihr Elternhaus zurückgekehrt. Das drei Monate alte Baby durfte sie selbstverständlich mitnehmen, die viereinhalbjährige Clara stand jedoch rein juristisch gesehen dem Vater zu. Denn nach damals geltendem sächsischem Recht gehörten die drei ältesten Kinder dem Vater.

Auf intensives Drängen seiner Frau hin überließ Friedrich Wieck ihr Clara noch für einige Monate, bestand jedoch darauf, dass sie unmittelbar nach ihrem fünften Geburtstag zu ihm zurückzukehren habe. Nichts sollte ihn von seinem Vorhaben abbringen, aus ihr eine Pianistin zu machen. Für die Mutter war es ein unerträglicher Gedanke, sich von Clara trennen zu müssen. Doch halfen weder ihr flehentliches Bitten noch ihre reichlich fließenden Tränen, sie musste ihre einzige Tochter schweren Herzens abgeben. Dass sie diese Vereinbarung letztlich akzeptierte, lässt erkennen, wie groß ihre Verzweiflung in der Ehe gewesen sein muss.

Die anfänglich sicherlich vorhandene Leidenschaft zwischen den Eheleuten war längst verflogen. Mariane litt immens unter dem herrschsüchtigen, jähzornigen und im Zusammenleben schwer erträglichen Wesen ihres Mannes. Für sie ergaben sich aus der Trennung Nachteile, die äußerst schmerzhaft waren. Mariane nahm sie mit vollem Bewusstsein in Kauf, um einer Ehe zu entkommen, die sie wohl zuletzt als Folter empfand. Ihr Leidensdruck muss gewaltig gewesen sein, anderenfalls hätte sie nicht um die Scheidung gebeten, die in der damaligen Zeit für eine Frau als anstößig und beinahe schändlich galt. Es war ein mutiger Schritt, den Mariane nicht ohne schwerwiegende Gründe und sicherlich nicht aus einer spontanen Laune heraus getan hätte.

Am 22. Januar 1825 wurde die Ehe der Wiecks rechtskräftig geschieden. Mariane heiratete kurz darauf den Klavierlehrer Adolph Bargiel (1783-1841), den sie seit ihrer Jugend kannte. Bargiel hatte früher zeitweise mit Wieck bei derselben Familie als Hauslehrer gearbeitet und war öfters ins Wieck'sche Geschäft in Leipzig gekommen. 1826 zog das Ehepaar Bargiel nach Berlin, wo Adolph eine Klavierschule übernahm.

Infolge der vergrößerten räumlichen Trennung sah Clara ihre Mutter von nun an kaum noch. Persönlich trafen sie in den folgenden Jahren nur gelegentlich zusammen, wenn Mariane Bargiel eine der seltenen Reisen in ihre Heimatstadt Plauen bewusst in Leipzig unterbrach, um ihre Tochter zu sehen. Dennoch pflegten Mutter und Tochter eine innige Beziehung, die sich zunächst auf einen lebhaften Briefwechsel beschränken musste, sich in späteren Jahren aber wieder intensivierte.

Wieck kam sehr gelegen, dass Claras Kontakt mit ihrer Mutter derart eingeschränkt war. Er setzte alles daran, seine Ex-Frau nicht nur aus Claras Alltag, sondern aus ihrem gesamten Denken zu verbannen. Über die Scheidung und ihre Gründe dafür durfte Mariane mit ihrer Tochter niemals sprechen. So erfährt man nicht, wie Clara als Kind die Beziehung zwischen ihren Eltern wahrnahm und welche Gefühle sie in ihr auslöste. Einer Äußerung, die sie als erwachsene Frau und Mutter machte, ist allerdings zu entnehmen, dass sie Verständnis für ihre Mutter gehabt haben muss und deren Entschluss nachträglich billigte.

Mariane wurde vom Schicksal auch weiterhin nicht begünstigt. Ihr zweiter Mann blieb in seinem Metier aus unterschiedlichen Gründen relativ erfolglos, erlitt einen Schlaganfall und starb schließlich im Alter von achtundfünfzig Jahren. Mariane musste nun die vier Kindern aus dieser Ehe allein ernähren. Zwar erteilte sie sehr erfolgreich gut bezahlten Klavierunterricht, war aber dennoch zusätzlich auf die finanzielle Unterstützung von Freunden angewiesen.

Kindheit in Leipzig (1819–1834)

Friedrich Wieck mit seiner Tochter Clara sowie Emilie und Elise List, um 1838. Bleistiftzeichnung der Sängerin Pauline Viardot-García.

Ihr Sohn Woldemar Bargiel (1828-1897) wurde später ein namhafter Pianist, Dirigent und Komponist. Zu seiner Halbschwester Clara stand er zeitlebens in enger, freundschaftlicher Verbindung, sowohl in privater als auch beruflicher Hinsicht. Beide waren später aufgrund ihrer soliden wirtschaftlichen Situation in der Lage, der Mutter finanziell unter die Arme zu greifen, wenn es nötig schien.

Kurz vor Claras achtem Geburtstag eröffnete ihr Vater im Juni 1827 ein Tagebuch für sie, dem er als Einleitung einen Rückblick auf ihre frühe Kindheitsgeschichte voranstellte. Aber nicht nur diese Einleitung, sondern auch sämtliche weiteren Eintragungen nahm er viele Jahre lang selbst vor. Dabei schrieb er stellvertretend für die Tochter in der Ich-Form und von sich selbst in der dritten Person als dem Vater. Dieses ungewöhnliche Verfahren zeigt, wie sehr er seine Tochter und deren ganzes Leben beherrschen wollte. Wieck instrumentalisierte das Tagebuch in vielerlei Hinsicht für erzieherische Zwecke bzw. für die Formulierung von Ansichten, die er Clara nahebringen wollte.

Auffallend ist, wie sehr sich Wieck vor allem zu Beginn des Tagebuchs bemühte, jede Situation zu seinen Gunsten auszulegen und seine Person besonders positiv darzustellen. Umgekehrt achtete er darauf, Claras Mutter in schlechterem Licht erscheinen zu lassen. Seine Anordnungen sowie seine speziellen Erziehungs- und Lehrmethoden strich er als überaus glänzend heraus. Um die hohe Qualität ihrer Ausbildung zu betonen, listete er detailliert auf, welche Musik seine Tochter hörte, welche Stücke sie gerade übte und welche Art von Unterricht sie erhielt.

Infolgedessen lassen alle in diesen *Jugendtagebüchern* vorliegenden Informationen nicht nur Rückschlüsse auf Claras Erziehung, ihren Werdegang und ihr musikalisches Umfeld zu, sondern ermöglichen zugleich einen tiefen Einblick in Friedrich Wiecks Denken und Handeln sowie in die eigenartige Beziehung zwischen ihm und seiner Tochter. Zweifellos benutzte Wieck diese befremdliche Art der Tagebuchführung aus einem übertriebenen pädagogischen Eifer heraus. Dabei ging er methodisch äußerst konsequent vor. Wie Lob wurden auch Tadel, Ermahnungen und sogar regelrechte Vorwürfe deutlich formuliert; auch Liebes- oder zumindest Zuwendungsentzug setzte er als Erziehungsmittel strategisch ein.

Der Vater übernahm auf diese Weise frühzeitig die vollständige Kontrolle über das Leben seiner Tochter und wollte sie auch nicht abgeben, als das

Mädchen heranreifte. Obwohl er am 24. Mai 1831 – wie immer in Claras Namen – festhielt: „Von nun an werde ich mein Tagebuch selbst schreiben, wenn ich nur irgend Zeit habe" (CSTb 1), sah er weiterhin bis zu ihrem 19. Lebensjahr jede Eintragung durch und nahm stellenweise Korrekturen oder Ergänzungen vor.

Die heranwachsende Clara beauftragte er zunehmend damit, Briefe, Kritiken oder Nachrichten, die im Zusammenhang mit ihren Konzertreisen standen, in das Tagebuch zu kopieren. Auf diese Weise konnte sie seiner Ansicht nach lernen, selbstständig Korrespondenzen zu erledigen.

In der geschilderten Weise wurde Claras Tagebuch bis zum April 1838 geführt. Erst dann, als sie gegen den Willen ihres Vaters das elterliche Haus verlassen hatte, konnte Clara ihr Tagebuch eigenhändig führen. Und erst im März 1859 – Clara war bereits Witwe, Mutter von sieben Kindern und eine fast vierzigjährige Frau – überließ der Vater ihr auch die früheren Tagebücher, versehen mit der Aufschrift: „Heft 1–6 meiner Tochter Clara Schumann von mir geschenkt und ihr gehörig." (CSTb 1)

Gemäß der Intention ihres Vaters stand im Zentrum von Claras Kindheit und Jugend das Klavier. Auf diesem Instrument brachte sie schon erstaunlich früh beachtliche Leistungen. Zu sprechen begann sie jedoch erst im Alter von vier Jahren. Und auch ihr Hörvermögen war eingeschränkt.

Es erstaunt wenig, dass Friedrich Wieck die Mutter für beide Handicaps seiner Tochter verantwortlich machte. In Claras Tagebuch gab er an, Mariane habe immer zur selben Zeit wie er Klavierunterricht erteilen und mehrere Stunden am Tag üben wollen, statt sich mit der Tochter zu beschäftigen. Clara sei währenddessen einer wortkargen und verschlossenen Magd überlassen worden, die sich kaum mit dem Kind unterhielt. Da Clara akustisch weniger durch Worte als durch Klaviermusik angeregt worden sei, habe sich ihr Sinn mehr für die Töne als für die Sprache ausgebildet. Daraus, so Wieck, erkläre sich auch ihr schlechtes Hörvermögen, das sich ebenfalls nur auf die Sprache, nicht jedoch auf die Musik beziehe.

Ob dieses auffällige Phänomen damit ausreichend erklärt ist, sei dahingestellt. Gewiss ließen sich aus heutiger Sicht andere Überlegungen anführen, wieso Clara in der Entwicklung ihres Sprach- und Hörvermögens deutlich zurückblieb. Sicherlich nahm sie von den Streitigkeiten zwischen den Eltern mehr wahr, als ihrer kindlichen Psyche gut tat. Da Wieck ein überaus

Das Klavier – Erste Auftritte – Ein Leben als Wunderkind

Claras Mutter Mariane Bargiel, gesch. Wieck, geb. Tromlitz, Fotoreproduktion nach einem Gemälde, um 1816.

Kindheit in Leipzig (1819–1834)

jähzorniger Mann war, der oft und schnell die Beherrschung verlor, blieb es nicht aus, dass Clara in ihren ersten Lebensjahren mehrfach unfreiwillig Zeugin lautstarker und unschöner Streitgespräche zwischen den Eltern wurde. Derartige Situationen müssen sie sehr belastetet haben. So liegt denn auch die Vermutung nahe, dass sie bewusst weghörte, um sich zu schützen. Und möglicherweise lässt sich genau darauf auch ihre verzögerte Sprachentwicklung zurückführen.

Claras Tagesablauf wurde minutiös von ihrem Vater geplant und unterlag einem strengen Reglement, das im Normalfall nicht durchbrochen werden durfte. Sein erklärtes Ziel, aus der Tochter eine berühmte Virtuosin zu machen, verfolgte Wieck mit allergrößter Konsequenz. Kein Detail blieb dabei unberücksichtigt. Mindestens zwei Stunden täglich musste Clara schon als Kind Klavier spielen. Zum körperlichen Ausgleich ordnete der Vater regelmäßige Spaziergänge an, die allerdings gleichzeitig der geistigen Weiterbildung dienten, da sie von lehrreichen Gesprächen begleitet wurden.

Erst als Clara neun Jahre alt war, verheiratete sich der Vater wieder. Bis dahin waren sie und ihre beiden Brüder vier lange Jahre ohne mütterliche Führung aufgewachsen, was man zur damaligen Zeit als nachteilig für die Kinder empfand. Nun übernahm die aus einer schlesischen Pastorenfamilie stammende dreiundzwanzigjährige Clementine Fechner (1805-1893) die Rolle der Stiefmutter. „Sie liebt uns und wird zärtlich für uns sorgen und wir lieben sie auch von Herzen" (CSTb 1), hielt Wieck – wie immer in ihrem Namen – in Claras Tagebuch fest. Was fast wie ein Befehl klingt, war genau so gemeint und erfolgte nicht ohne Absicht: Wieck wollte die leibliche Mutter der drei Kinder aus deren Bewusstsein drängen.

Andererseits war Clementine als Ehefrau und Stiefmutter keineswegs zu beneiden. Clara blieb der Star im Leben ihres Vaters und spielte nach wie vor die Hauptrolle. Dem musste sich auch seine junge Frau unterordnen und ihrerseits Funktionen übernehmen, die Wieck ihr zuwies. Alles drehte sich nur um die Karriere seiner Tochter. Über viele Jahre hinweg war der Vater zu diesem Zweck mit Clara unterwegs, während seine Frau Clementine in Leipzig den gesamten Haushalt, die Erziehung der Kinder sowie das Wieck'sche Geschäft alleine bewältigen musste.

Drei Kinder gingen aus Wiecks zweiter Ehe hervor: Clemens (1829-1833) verstarb früh, und Cäcilie (1834-1894) galt ab den 1850er Jahren als geisteskrank. Einzig die älteste Tochter Marie (1832-1916) betreute der Vater später ebenfalls als Schülerin.

Marie debütierte 1843 als Pianistin in einem Konzert ihrer zu diesem Zeitpunkt schon berühmten Halbschwester Clara und arbeitete danach als Klavier- und Gesangslehrerin in Dresden. Sie verheiratete sich nie, blieb ihrem Vater ein Leben lang treu ergeben und lehnte sich – anders als Clara – nie gegen ihn auf. Obwohl nicht annähernd so begabt wie diese, erhielt sie den Titel „Fürstlich Hohenzollernsche Hofpianistin" und machte sich zudem mit der Veröffentlichung von Werken ihres Vaters einen Namen. Lange nach Claras Tod gab sie 1912 die Familiengeschichte *Aus dem Kreise Wieck-Schumann* heraus, die ihre Eifersucht auf die talentiertere und erfolgreichere Halbschwester erkennen lässt.

Am 20. Oktober 1828 absolvierte die gerade neunjährige Clara ihren ersten öffentlichen Auftritt im Leipziger Gewandhaus. Sie spielte auf einem drei Jahre zuvor gebauten, von ihrem Vater für sie bei der Wiener Klaviermanufaktur Andreas Stein bestellten Konzertflügel. Clara übernahm den Primo-Part in Friedrich Wilhelm Kalkbrenners gerade erschienenen vierhändigen *Variations brillantes* op. 94 über einen beliebten Marsch aus Rossinis Oper *Mosè in Egitto*, das Secondo spielte Emilie Reichold. Sie war ebenfalls eine Meisterschülerin Friedrich Wiecks, die er aufgrund ihrer bestechenden pianistischen Fähigkeiten wiederholt in Claras musikalische Ausbildung einbezog. Das Debüt verlief zur vollen Zufriedenheit des Vaters.

Die Freude über ihr erfolgreiches Debüt währte nicht lange, denn schon kurz darauf äußerte der strenge Vater seine Unzufriedenheit mit Claras Benehmen, das er im Tagebuch als faul, nachlässig, unordentlich, eigensinnig und unfolgsam tadelte. Ein derartiges Verhalten konnte er nicht dulden, da es die weitere Karriere behinderte. Sofort ergriff er Maßnahmen und untersagte ihr zur Strafe – wie meist in solchen Situationen – genau das, was sie am allerliebsten tat: Ihre Lieblingsstücke durfte sie jetzt nicht spielen, stattdessen musste sie sich mit langweiligen und stupiden Fingerübungen begnügen.

Nicht nur die Aufgaben, die Clara täglich zu absolvieren hatte, richteten sich konsequent nach dem väterlichen Karriereplan und wurden ihr mit erzieherischer Härte zugewiesen. Auch Claras Umgang mit anderen Menschen war streng reglementiert. Nie durfte sie mit anderen Kindern spielen, besuchte insgesamt nur anderthalb Jahre eine öffentliche Schule,

Kindheit in Leipzig (1819–1834)

Der Konzertflügel von Andreas Stein, auf dem Clara bei ihrem ersten Auftritt im Gewandhaus spielte. Er steht heute im Schumannhaus Zwickau und ist nach umfangreicher Restaurierung seit 1996 wieder spielbar.

erhielt musikalischen Unterricht fast ausschließlich von ihrem Vater und lernte Lesen, Schreiben sowie die für ihre internationale Karriere wichtigen Fremdsprachen Englisch und Französisch bei Hauslehrern.

Statt sozialen Kontakt mit Gleichaltrigen zu pflegen, musste Clara sich schon früh dem Kreis der musikbegeisterten Erwachsenen anpassen, den ihr Vater regelmäßig zu Hauskonzerten einlud. Bei solchen Abenden ging es Wieck vornehmlich darum, seine Tochter als Wunderkind zu präsentieren.

Auf die öffentliche Bühne schickte er die Zehnjährige erneut im Frühjahr 1830 während eines Aufenthalts in der benachbarten Residenzstadt Dresden. Clara sollte bei Hofe ein- und vor allem vorgeführt werden. Nur so ließen sich die erforderlichen Kontakte knüpfen, um später Einladungen in bedeutendere Residenzstädte wie Berlin oder Wien zu erhalten.

Monatelang beschäftigte Wieck seine Tochter mit der Vorbereitung dieser wichtigen Konzertreise. Viele neue Stücke musste sie einstudieren, dazu die von ihr selbst komponierten *Variationen über ein Tyrolerlied*, die heute verschollen sind. Die Generalprobe für den großen Auftritt in Dresden erfolgte bei einer musikalischen Abendunterhaltung im Wieck'schen Hause. Clara trug ihr Programm vor, und die Zuhörer waren angetan, so dass ihr Vater auf einen guten Erfolg in Dresden hoffen konnte.

Nun war zu überlegen, welche Garderobe das Kind bei Hofe tragen sollte. Penibel achtete Wieck auf solche Details. „Nach Dresden nehme ich mein gelbseidenes Kleid mit, was ich von der Berliner Mutter zu meinem Geburtstage bekommen" (CSTb 1), vermerkte er im Tagebuch und bezog sich dabei auf Claras leibliche Mutter Mariane, für die er diese Bezeichnung festgelegt hatte. Optisch setzte er mit der Kleiderwahl jedenfalls einen geschickten Akzent. Gelb ist eine auffällige Farbe und Seide ein edler Stoff. Die mädchenhafte Anmut der reizenden jungen Künstlerin würde damit bei Hofe zweifellos zur gewünschten Geltung kommen.

Die Rechnung ging auf: Dresden erwies sich als voller Erfolg. Die junge Künstlerin war rasch beliebt und wurde mit zahlreichen, zum Teil kostbaren Geschenken, den gewünschten Einladungen sowie Komplimenten überhäuft.

Jetzt konnte Wieck die nächste Stufe der Karriereleiter ansteuern: Das Wunderkind brauchte eine solide musikalische Rundum-Ausbildung. Sofort nach ihrer Rückkehr erhielt Clara Unterricht in Musiktheorie beim Leipziger Thomasschulleiter und -kantor Christian Theodor Weinlig, bei dem damals viele junge Musiker lernten, so auch Richard Wagner und Goethes Enkel Walther. Clara Wieck aber blieb sicherlich sein einziger weiblicher Zögling.

Die Zeit schien reif für Claras erstes öffentliches Solokonzert. Es sollte im September 1830 im renommierten Leipziger Gewandhaus stattfinden. Aber dann überschlugen sich die Ereignisse: Die Auswirkungen der Pariser Julirevolution erreichten Leipzig. Wie in zahlreichen anderen europäischen Städten kam es Anfang September 1830 auch hier zu Unruhen, die sich hauptsächlich gegen Polizei und Stadtverwaltung richteten. Verwüstungen und Zerstörungen waren die Folge. An Konzerte eines Wunderkinds im Gewandhaus war in diesen Tagen nicht zu denken.

Weitaus bedeutender für Claras Leben war ein anderes Ereignis im Jahr 1830: Robert Schumann zog als neuer Klavierschüler von Friedrich Wieck in das Haus ihres Vaters. 1810 in Zwickau als Sohn eines Buchhändlers, Schriftstellers, Verlegers, Übersetzers und Herausgebers von Handbüchern geboren, erhielt bereits der ganz junge Robert Zugang zu Literatur und Dichtung.

Darüber hinaus zeigte er früh eine hohe musikalische Begabung, die von seinem Vater gefördert wurde. Als dieser starb, war Robert gerade sechzehn Jahre alt und wurde einem Vormund anvertraut.

Zwei Jahre später legte er sein Abitur mit gutem Ergebnis ab. Im Einvernehmen mit der Mutter entschied der Vormund, dass Robert ein Jurastudium aufnehmen solle. Doch weder in Leipzig noch in Heidelberg, wohin er schon nach kurzer Zeit wechselte, widmete er sich ernsthaft diesem Studium. Wesentlich mehr beschäftigte er sich mit Literatur und Musik, mit Lektüre und Klavierspielen, mit Spaziergängen und Gesprächen im Kreis gleichgesinnter Freunde.

Als sich seine eigentlichen Interessen und seine Abneigung gegenüber dem Jurastudium nicht mehr verleugnen ließen, fasste sich der Zwanzigjährige ein Herz und teilte seiner Mutter mit, dass er das begonnene Studium abbrechen und sich zukünftig ganz der Musik widmen wolle. Er schlug ihr vor, sich mit Friedrich Wieck zu beraten, der ihm während seiner Leipziger Studienzeit 1828/29 Klavierstunden erteilt und den er als Lehrer in guter Erinnerung hatte.

Wieck redete Mutter Schumann überraschenderweise zu. Dabei betonte er natürlich die hohe eigene musikpädagogische Qualifikation, mit deren Hilfe ihr Sohn innerhalb weniger Jahre ein berühmter Konzertpianist werden könne. Gleichzeitig wies er aber auch deutlich darauf hin, dass Robert dafür hart und mit großer Selbstdisziplin arbeiten müsse. Auch solle Robert selbst Klavierunterricht geben, um für ein vernünftiges finanzielles Auskommen zu sorgen. Die Mutter ließ sich überzeugen, und im Herbst 1830 durfte Robert zwei Zimmer im Wieck'schen Hause beziehen.

Letztlich wohnte er nur ein knappes Jahr dort. Schon nach kurzer Zeit kamen Robert Schumann Zweifel an Wiecks Unterrichtsmethoden, die er übertrieben streng fand. Ihn störten die permanenten Fingerübungen, das stupide tägliche Üben und vor allem die Tatsache, dass seine neun Jahre jüngere Mitschülerin und Tochter des Hausherrn sehr viel rascher vorankam.

Kurzzeitig überlegte Robert sogar, den Unterricht bei Wieck ganz abzubrechen und nach Weimar zu Johann Nepomuk Hummel zu wechseln. Der Komponist und Pianist Hummel galt damals als hervorragender Lehrer und nahm in der Musikszene eine bedeutende Position ein. Der Plan zerschlug sich zwar und Robert blieb bei Wieck, aber das Verhältnis zwischen beiden war nachhaltig gestört.

Clara zeigte sich von dem neuen Mitbewohner tief beeindruckt, wurde jedoch von ihrem Vater sofort ermahnt, sich auf den wichtigsten Punkt in ihrem Leben zu konzentrieren und sich intensiv auf den bereits für September geplanten Soloauftritt vorzubereiten. Nach mehrfacher Verschiebung nahte der große Tag nun heran.

In ihrer Musikalischen Akademie am 8. November 1830 im Leipziger Gewandhaus spielte Clara Friedrich Kalkbrenners *Rondo brillant* op. 101 mit Orchester, *Variations brillants sur le Chœur favori d'il Crociato de Meyerbeer* op. 23 von Henri Herz, den ersten Klavierpart im *Quatuor concertant für 4 Pianoforte mit Orchester über mehrere beliebte Melodien* op. 230 von Carl Czerny, eine Romanze ihres Vaters für Klavier und Physharmonika sowie ihre eigenen, heute verschollenen *Variationen über ein Originalthema*.

Es waren ausschließlich Stücke, die dem Zeitgeist entsprachen und mit denen ein Wunderkind wahrlich brillieren konnte. Die Kritik in der *Allgemeinen musikalischen Zeitung* fiel entsprechend positiv aus, die Einnahmen stimmten, und Friedrich Wieck war zufrieden. Sein Konzept war aufgegangen. Er hatte auf den Geschmack des Publikums gesetzt und seine Tochter spielen lassen, was von ihr erwartet wurde.

Weitere erfolgreiche Auftritte schlossen sich an, so dass Wieck nun den richtigen Zeitpunkt für eine Reise nach Paris, dem Zentrum des Musikgeschehens, gekommen sah. Dort sollte die internationale Karriere seiner Tochter beginnen. Ab sofort liefen die Vorbereitungen dafür auf Hochtouren. Clara lernte Französisch, wobei sie den Unterricht zum Großteil selbst bezahlen musste, da ihr Vater der Ansicht war, sie verdiene inzwischen genügend Geld. Zusätzlich studierte sie neue Klavierstücke ein.

Der Vater investierte noch mehr Zeit und Kraft in das ambitionierte Vorhaben. Das Geschäft, die Schüler und die Kinder delegierte er weitgehend an seine erneut schwangere junge Frau Clementine und verlangte außerdem von ihr, eine Art Pressearbeit für Clara zu übernehmen. Sie sollte dafür sorgen, dass die einschlägigen Musikjournale ausführlich über Claras Erfolge berichteten.

Als besonderen Erfolg betrachtete Wieck die beiden Besuche beim dreiundachtzigjährigen Geheimrat Johann Wolfgang von Goethe in Weimar im

Oktober 1831. Goethe war höchst beeindruckt von Claras Klavierspiel und hatte der gerade Zwölfjährigen eine Medaille mit seinem Porträt und der beigefügten Notiz „Der kunstreichen Clara Wieck" geschenkt. Überliefert und viel zitiert ist die bezeichnende Aussage Goethes, Clara habe mehr Kraft als sechs Knaben zusammen.

Wieck glühte vor Stolz und war der Meinung, dass nie zuvor ein Musiker durch den berühmten Dichterfürsten derart geehrt worden sei. Offenbar wusste er nicht, dass Goethe einige Jahre zuvor von dem ebenfalls erst zwölfjährigen Felix Mendelssohn Bartholdy ähnlich begeistert war.

Auch wenn sich nicht überall derartige Erfolge einstellten wie in Weimar, so lernte Clara in dieser Zeit doch viel über das Organisieren von Konzerttourneen. Reisen war damals schon an sich eine anstrengende Angelegenheit. Verstärkt wurden die Strapazen für Clara noch dadurch, dass ihr Vater extrem sparsam, im Grunde geizig war. Er buchte ausschließlich preiswerte Kutschen, die aufgrund ihrer miserablen Federung enorm rumpelten, was die Fahrt zur reinsten Qual werden ließ.

Entsprechend erschöpft kam Clara nach einer solchen unbequemen Fahrt am Ziel an. Ohne Erholungspause begab man sich dort an die Konzertvorbereitungen. Da der Künstler damals quasi sein eigener Impresario war, lag die gesamte Logistik in seiner Hand. Vor Ort mussten Kontakte geknüpft, Werbung gemacht und Karten verkauft, Unterkünfte und Mahlzeiten gesucht, Konzertprogramme entwickelt und Mitwirkende engagiert, Instrumente, Aufführungs- und Probenorte gefunden werden. Alles geschah auf eigenes Risiko, da der Künstler für sämtliche Betriebskosten selbst aufkam.

Über diese lästigen und zeitraubenden Pflichten, über die Unzulänglichkeit vieler Instrumente, die Ärgernisse mit Mäzenen und mit dem Publikum berichtete Wieck detailliert seiner Frau in vielen Briefen. Vor ihrer Absendung musste Clara deren umfangreichen Inhalt in ihr Tagebuch kopieren. Wieck sah darin einerseits eine Schreibübung für seine Tochter, andererseits aber sollte sie dadurch ermessen, was er für sie leistete.

Auch einen Großteil der mühsam erworbenen Empfehlungsschreiben musste Clara abschreiben. Sie galten in der damaligen Konzertpraxis als einzige Möglichkeit, Einlass in die begehrten höheren Kreise der jeweiligen Stadt zu finden. Waren Clara und ihr Vater dann erfolgreich zu den vorgeschlagenen Kontakten durchgedrungen, boten sie den Herrschaften an, auf einer Soirée in deren privatem Salon vorzuspielen. Jetzt erst erhielt die Künstlerin die Chance, sich auf dem wie auch immer gearteten hauseigenen Flügel vor einer mehr oder weniger zahlreichen Gesellschaft zu beweisen. Clara musste die Gäste, die sich zumeist der Geselligkeit halber eingefunden hatten, auf Anhieb überzeugen. Fesselte sie sie nicht sofort durch frappierende Brillanz, verlor sie deren Aufmerksamkeit, ohne sie jemals wieder gewinnen zu können.

Vom Erfolg solcher privaten Veranstaltungen hing das Zustandekommen eines öffentlichen Auftritts aber entscheidend ab. Denn erst dann, wenn sich eine ausreichende Zahl Interessierter in die Subskriptionsliste für ein zahlungspflichtiges Konzert eingetragen hatte, konnte man die Organisation einer öffentlichen Veranstaltung wagen. In der Regel beließen es viele Zuhörer bei dem für sie kostenlosen Vergnügen im privaten Salon. Sie waren der Ansicht, genug gehört zu haben, und sparten sich den Kauf von Eintrittskarten. Es war ein hartes Geschäft für die Künstler.

Ende September 1831 verließen Clara und ihr Vater Leipzig zu der lange geplanten beschwerlichen Tournee nach Paris, die insgesamt über sechs Monate dauern sollte. Trotz aller Bedenken hatte Wieck an diesem Vorhaben festgehalten, bot es doch die letzte Gelegenheit, seine inzwischen zwölfjährige Tochter als Wunderkind vorführen zu können. Zahlreiche Stationen mussten unterwegs gemacht werden. Überall trat Clara auf, knüpfte neue Kontakte und sammelte die begehrten Empfehlungen. In Deutschland war sie inzwischen so bekannt, dass die Presse Notiz von ihrer Reise nahm und sie schon vor ihrem Eintreffen in den jeweiligen Gazetten ankündigte.

Über Erfurt, Gotha, Arnstadt und Kassel erreichten Vater und Tochter zum Jahreswechsel 1831/32 Frankfurt am Main, wo ihnen der Musikbetrieb gar nicht zusagte. Wieck bemängelte das Publikum und fand, Kenner oder zumindest leidlich gebildete Musikfreunde, die Claras Spiel hätten beurteilen können, habe er vergebens gesucht. Wenigstens war die Ausbeute an Empfehlungsschreiben ansehnlich.

Als Clara und ihr Vater im Februar 1832 endlich in Paris ankamen, waren sie vollkommen erschöpft. Aufgrund mangelhafter Straßenverhältnisse und unbequemer, enger Kutschen war der letzte Reiseabschnitt in Frankreich besonders zermürbend verlaufen. In Metz hatte selbst der geizige Wieck ein Einsehen gehabt und drei Plätze gebucht, um den Sitzkomfort etwas zu erhöhen. Doch eine Verschnaufpause nach der Ankunft war ihnen nicht vergönnt, sie mussten sich unverzüglich um Auftrittsmöglichkeiten für Clara kümmern.

Das Organisieren von Konzerten gestaltete sich in der französischen Metropole noch komplizierter als in deutschen Städten, weil der Künstler hier nicht als sein eigener Agent bzw. Impresario tätig werden konnte, sondern gänzlich auf die Protektion von Beamten, vermögenden Gönnern und einflussreichen anderen Musikern angewiesen war. Erschwerend kam hinzu, dass musikalische Veranstaltungen fast ausschließlich in den Privatsalons begüterter Bürger und Aristokraten oder in den Sälen von Klavierfabrikanten stattfanden, die damit ihre Instrumente bewerben wollten. Ein florierendes öffentliches Konzertwesen mit einem gewissen Angebot an Aufführungs- und Probenorten oder etwa Instrumenten, wie Wieck es aus Leipzig gewohnt war, existierte in Paris nicht. So war es unerlässlich, jede sich bietende Gelegenheit wahrzunehmen, um Aufmerksamkeit zu erregen und potenzielle Interessenten für einen Auftritt Claras zu finden.

Glücklicherweise wurde Clara durch Wiecks Schwager Eduard Clemens Fechner (1799-1861) sofort ein Entrée vermittelt. Er war der Bruder seiner Frau Clementine, lebte seit 1825 als Maler, Porträtist und Grafiker in der französischen Hauptstadt und verkehrte in vielversprechenden Kreisen. Fechner arrangierte für Clara gleich ein Vorspiel bei der Soirée zweier kunstsinniger und hoch angesehener Damen. Dort traf Clara auch Felix Mendelssohn Bartholdy, der sich im Rahmen seiner Wanderjahre in Paris aufhielt.

In den nächsten Tagen machte Wieck geschickt Gebrauch von den zahlreichen Empfehlungsschreiben und suchte mit Clara berühmte Musiker wie Friedrich Kalkbrenner, Henri Herz, Niccolò Paganini und Frédéric Chopin auf. Auch die namhafte Klavierfabrik Erard besichtigten sie. Ihre Bemühungen waren von Erfolg gekrönt. Es folgten Angebote zum Vorspielen auf Soiréen namhafter Gastgeber, meist verbunden mit der Einladung zu einem aufwändigen Diner. So erhielt Clara reichlich Gelegenheit, in lockerem Rahmen einflussreiche Persönlichkeiten kennenzulernen.

Um in diesem eleganten Ambiente auftreten und reüssieren zu können, waren noch vor der Abreise in Leipzig umfangreiche Vorkehrungen getroffen worden. Wieck hatte sich blaue Fräcke mit goldenen Knöpfen und Samtkrägen schneidern lassen, zu denen er modisch enge schwarze Hosen und möglichst gelbe Handschuhe trug. Zu Claras Ausstattung gehörten Kleider, Hüte und edle Handschuhe.

Besonderes Augenmerk musste sie auf ihre Konzertgarderobe richten. Da erfüllten selbst ihre feinsten Auftrittskleider aus Deutschland nicht die Ansprüche des französischen Publikums. So wurde eigens eine Französin engagiert, die Clara bei der Auswahl ihrer Garderobe beraten sollte. Sie wusste, worauf es ankam: Alles musste in Weiß gehalten sein, duftig und leicht fallen und am besten aus Musselin bestehen. Und bei jeder Soirée sollte Clara etwas Neues tragen. Das war ein teures Unterfangen. Clara würde in Paris viel einbringen müssen, um diese hohen Kosten zu amortisieren.

Natürlich brauchte Wieck auch ein Werbebild von Clara. Das fertigte sein Schwager Eduard Fechner an, der sich damit bestens auskannte. Sein Gemälde zeigt Clara in einem ihrer typischen Pariser Outfits. Der Schnitt des weißen Kleides entsprach der aktuellen Mode, was die Wespentaille, der breite Gürtel und vor allem die überdimensionierten Keulenärmel augenfällig akzentuieren. Vater Wieck war aber mit der Arbeit seines Schwagers nicht ganz zufrieden und merkte in seinem Dankesbrief kauzig an, Claras Kinn sei zu „spitzig und zu lang", Nase und Mund seien zu groß und der Oberkörper gemessen am Gesicht „zu vollkommen" gezeichnet (Porträts, S. 17).

Trotz all dieser Investitionen und Bemühungen gelang es Wieck nicht, seine Tochter in der Pariser Musikszene so zu verankern, wie er es sich erhofft hatte. Dabei war er konsequent nach den in Paris üblichen Regeln vorgegangen und hatte erst nach erfolgreichem Durchlaufen sämtlicher Vorstufen öffentliche Konzerte für Clara organisiert. Aber es waren ungeahnte Schwierigkeiten aufgetaucht: Claras strategisch so günstig platziertes Pariser Debüt in einem Konzert des umjubelten Geigers Paganini kam nicht zu Stande, weil sich der Künstler wochenlang unpässlich fühlte. Dann erreichte die Choleraepidemie die französische Hauptstadt, und öffentliche Veranstaltungen wurden komplett verboten.

Wieck beschloss daraufhin, nach einem mühsam für Clara arrangierten Konzert am 9. April 1832 in der École de Musique de François Stoepel abzureisen. Wenigstens bei diesem Auftritt konnte die junge Pianistin überzeugen und erhielt allgemeinen Beifall. In Windeseile hatte sie sich für diesen

Kindheit in Leipzig (1819–1834)

Clara Wieck im Alter von zwölf Jahren. Lithografie von Lemercier nach einem heute verschollenen Gemälde von Eduard Clemens Fechner, Paris 1832.

Anlass das in Paris gebräuchliche, in Deutschland hingegen noch gänzlich unbekannte Auswendigspielen angeeignet. Diese Praxis behielt sie danach viele Jahre lang bei, sie wurde zu ihrem Markenzeichen.

Für die ohnehin schon beschwerliche Rückreise mussten Clara und ihr Vater wegen der grassierenden Cholera ein Gesundheitszeugnis beibringen und zur Quarantäne zwei Tage in Saarbrücken bleiben. Erst zwei Wochen später trafen sie wieder in Leipzig ein.

Wirtschaftlich gesehen blieb der Paris-Aufenthalt weit hinter Wiecks Erwartungen zurück. Sein Hauptanliegen war der Ausbau der internationalen Karriere seiner Tochter gewesen, und in dieser Hinsicht konnte er mit den Erfolgen einigermaßen zufrieden sein. Doch als scharf kalkulierender Geschäftsmann hatte er erhebliche finanzielle Verluste zu verzeichnen, um deren Ausgleich er sich jetzt bemühte.

Ein lohnendes Geschäft sah er im Vertrieb des in Paris entstandenen Bildes von Clara. Um nichts dem Zufall zu überlassen, kümmerte er sich selbst um den Verkauf. Bei jedem Auftritt seiner Tochter bot er den Zuhörern Lithografien des von seinem Schwager angefertigten Porträts an. Auch sammelte er, direkt am Bühnenaufgang stehend, eigenhändig Claras Honorare ein und führte sie seinen persönlichen Beständen zu.

Wieck verwaltete das gesamte Vermögen seiner Tochter, wozu ihn die damalige Gesetzeslage auch berechtigte. Er investierte viel und geschickt, meist in die gebräuchlichen Staatsschuldscheine und Aktien, aber wohl gelegentlich auch in sein eigenes Geschäft. Sämtliche Kosten für die Konzerte, die dazu gehörigen Einnahmen und deren konkrete Verwendung protokollierte er gewissenhaft.

Nicht nur von Claras Einkünften, sondern auch von ihrer zunehmenden Popularität profitierte Wieck in jeder Hinsicht. Sie verschaffte ihm Prestige, eine angesehene Stellung in der Gesellschaft und berufliches Renommee. Nun erhielt er den ersehnten Zutritt zu höheren und aristokratischen Kreisen, fand Kontakt zu berühmten Musikern, und nicht zuletzt erhöhte sich auch die Zahl seiner Klavierschüler, machte das Klavierspiel seiner Tochter doch die beste Werbung für seine Lehrmethoden.

Clara selbst bekam immer nur kleinere Summen aus ihrem eigenen, hart erarbeiteten Vermögen und dies in der Regel auch nur als Belohnung für eine zuvor erbrachte gute Leistung. Wieck, der sich aus einfachen Verhältnissen

Kindheit in Leipzig (1819–1834)

emporgearbeitet hatte, legte großen Wert darauf, seiner Tochter die Bedeutung des Geldes zu vermitteln. Sie sollte lernen, dass man viel tun musste, um sich ein solides materielles Fundament zu schaffen.

Es entsprach Wiecks Erziehungsansatz, dass er die gelegentlichen finanziellen Zuwendungen an Clara als Beweis seiner Vaterliebe darstellte. Menschliche Wärme, wirkliche emotionale Zuneigung und vorbehaltlose, uneingeschränkte Liebe zu seiner Tochter waren ihm fremd. Darauf musste Clara in ihrer Kindheit weitgehend verzichten.

Im Gegensatz zu ihren beiden Halbbrüdern blieb Clara aber von den körperlichen Züchtigungen verschont, die der Vater zur Erziehung seiner Söhne anwandte. Entsprechende Szenen müssen sich mehrfach in ihrer Gegenwart ereignet haben, wobei sie sich dann jedes Mal ans Klavier setzte und spielte. Dies war offensichtlich ihre Art, sich von einer unerträglichen Situation abzulenken und sie nicht an sich heranzulassen.

Als Clara Ende April 1832 aus Paris zurückkehrte, war Robert überrascht. Er fand, sie sei hübscher, größer, kräftiger und gewandter geworden und habe einen reizenden französischen Akzent entwickelt. Wieck hingegen kam ihm in jeder Hinsicht schwächer als früher vor. Nur seine Arroganz, die Robert ohnehin abstieß, schien ihm unvermindert. Stets urteile Wieck hart und ungerecht über andere Menschen, und stets überwiege der Tadel gegenüber etwaigem Lob, stellte Robert fest. Daneben waren es aber vor allem Wiecks Geiz und Geldgier, die ihm unangenehm auffielen. Er war der Ansicht, ohne das große Talent seiner Tochter sei der Vater ein Nichts.

Tatsächlich änderte sich am Geschäftssinn des Vaters auch in den folgenden Jahren nichts. 1834 beschloss Wieck, Clara nicht mehr in kleineren Orten auftreten zu lassen, weil diese Unternehmungen nichts einbrachten und in kaufmännischer Hinsicht uninteressant waren.

Stattdessen hatte Clara sich weiterzubilden. Klavierspielen allein genügte selbst für ein Wunderkind nicht, es musste auch komponieren können. Also trug Wieck seiner Tochter auf, kürzere Bravourstücke zu schreiben, mit denen sie ihre pianistische Brillanz auf der Bühne unter Beweis stellen konnte. So machten es alle berühmten Künstler.

Clara tat, wie ihr geheißen. Schon 1831 war bei Friedrich Hofmeister, einem der führenden Leipziger Verleger, ihre erste Komposition erschienen: *Quatre Polonaises pour le Pianoforte*. Es handelte sich um schwungvolle, farbig harmonisierte Klavierstücke, die bestens demonstrieren, über welche spieltechnischen Fähigkeiten die damals Elfjährige verfügte.

Ein Jahr später veröffentlichte sie ihre *Caprices en Forme de Valse* bei Stoepel in Paris mit der Widmung „aux élèves de l'Académie de Mons. F. Stöpel" sowie parallel in Leipzig bei Hofmeister. Dieses Mal entwarf sie launig-fröhliche Charakterstücke im Walzerrhythmus, die sie ursprünglich Robert Schumann widmen wollte. Schließlich aber trug die Hofmeister-Ausgabe den Vermerk: „Dédiés à Madame Henriette Foerster, née Weicke". Henriette war seit 1824 Claras Mitschülerin bei Wieck gewesen. Zeitweise hatte Clara sogar deren Unterricht übernommen. So war eine lose Freundschaft zwischen den beiden Mädchen entstanden, weshalb Clara auch zu Henriettes Polterabend und Hochzeit eingeladen wurde. Was konnte sie da Passenderes schenken als die Widmung ihrer Klavierstücke.

Erst ihre dritte Komposition, die im Sommer 1833 gedruckte *Romance variée pour le Pianoforte,* widmete Clara dann Robert Schumann. Dieser schrieb kurz darauf über das Thema ihrer *Romance* seine *Impromptus* op. 5.

Schon hier bahnte sich an, was charakteristisch für die Beziehung von Clara und Robert werden sollte. Auch in der Folgezeit zitierte der eine immer wieder die musikalischen Themen des anderen in seinen Werken, und beide entwickelten dabei einen großen Einfallsreichtum. Oft sind die musikalischen Verflechtungen derart subtil, dass Außenstehende sie kaum nachvollziehen können. Aber darauf waren sie auch nicht angelegt. Vielmehr ging es Clara und Robert um den Austausch geheimer Botschaften, mit denen sie ihre besondere Zuneigung füreinander ausdrücken und die Einzigartigkeit ihrer Beziehung betonen wollten.

Robert bereicherte Claras Leben, er brachte frischen Wind in ihren vom Wunderkind-Streben des Vaters durchgetakteten Alltag. Wie schön fand sie es, wenn Robert ihr Geschichten erzählte, was er so gut beherrschte. Wie sehr gefielen ihr seine Späße und die Spiele, die er vorschlug. Wie wohltuend empfand sie selbst das Üben und Improvisieren mit ihm am Klavier. Und wie sehr genoss sie gemeinsame Erlebnisse und Spaziergänge. Robert schenkte ihr während des knappen Jahres, das er bei Wiecks verbrachte, jenes echte Familienleben, das sie zu Gunsten der Karriere immer hatte entbehren müssen. Im Zusammensein mit ihm konnte sie wohl einen Teil ihrer verpassten Kindheit nachholen.

Robert seinerseits war beeindruckt von diesem zarten Persönchen, das ihm in vieler Hinsicht schon so erwachsen vorkam und schon Enormes geleistet hatte in seinem kurzen Leben. Am meisten erstaunten ihn die scharfen Gegensätze in ihrem Verhalten, das zwischen Launen und Laune, Lachen und Weinen, Tod und Leben blitzschnell wechseln konnte. Doch gelegentlich kam wohl auch eine andere Clara zum Vorschein, die ihn durchaus irritieren konnte. Kalt und abweisend fand er ihr Verhalten zuweilen und nannte es „ledern".

Der enge Kontakt zwischen Clara und Robert blieb auch bestehen, nachdem er im Oktober 1831 ausgezogen war und sie nicht mehr im selben Haus wohnten. Von diesem Moment an setzte ein reger Briefwechsel ein, der mit der Zeit einen enormen Umfang erreichte. Denn jetzt musste manchmal die Fantasie bemüht werden, um sich zumindest in Gedanken nahe zu sein. So schlug Robert einmal vor, dass sie beide zur selben Zeit ein bestimmtes Stück aus Frédéric Chopins damals sehr bekannten Variationen über die Arie „La ci darem la mano" von Mozart spielen und dabei intensiv an den anderen denken sollten. So könnten sie sich immerhin im Geiste treffen, genau in der Mitte der Strecke zwischen ihren beiden Häusern. Selbstverständlich reagierte Clara unverzüglich im gewünschten Sinne.

Nicht ohne Absicht wählte Robert dieses Klavierstück, das für beide eine bedeutende Rolle spielte. Clara setzte Chopins Variationen häufig auf ihre Konzertprogramme, und Robert hatte darüber 1831 in der *Allgemeinen musikalischen Zeitung* eine bemerkenswerte Rezension geschrieben. Daneben vermittelte aber auch der Inhalt des Klavierstücks, das das berühmte Duett aus Mozarts Oper *Don Giovanni* zur Vorlage hat, eine geheime Liebesbotschaft.

Schon als er Clara im Mai 1832 seine *Papillons* zum Spielen ans Herz legte, muss Robert geahnt haben, dass er die ursprünglich vorgesehene Karriere als Konzertpianist nicht würde realisieren können. Er hatte sich, um rascher technische Fortschritte im Klavierspiel zu machen, einer selbst entwickelten mechanischen Vorrichtung bedient. Vermutlich wegen allzu intensiver Anwendung erzielte er damit genau das Gegenteil, denn eine Lähmung des zweiten und dritten Fingers seiner rechten Hand war die Folge. Eine Karriere als Pianist war damit für immer ausgeschlossen. Jetzt war es Clara, die Roberts Werke der Öffentlichkeit präsentierte. Sie tat es bis an ihr Lebensende und wurde zur wichtigsten Interpretin seiner Musik.

Robert wandte sich unterdessen mehr und mehr dem Komponieren zu und fand hier seine Domäne. Eine gemeinsame Konzertreise im November 1832, bei der er Clara und ihren Vater begleiten durfte, führte unter anderem in seine Heimatstadt Zwickau. Clara spielte im Saal des dortigen Gewandhauses ein wunderbares Programm. Doch das Hauptereignis des Abends war die Uraufführung des ersten Satzes (*Allegro molto*) aus Roberts frisch komponierter Sinfonie g-Moll, der aber nicht verstanden wurde. Wie Clara in ihrem Tagebuch bedauernd feststellte, machte die Sinfonie, obschon gut erfunden, zu wenig Effekt beim Publikum. Zwar komponierte Robert Schumann noch einen zweiten Satz (*Andantino quasi Allegretto*) und ein Fragment gebliebenes Finale, aber er vollendete dieses heute auch als „Jugendsinfonie" bezeichnete Werk nie.

Nach ihrer Rückkehr von der Tournee erkrankte Clara an Scharlach, weshalb alle weiteren geplanten Konzerte abgesagt werden mussten. Erst im Januar 1833 konnte sie wieder auftreten. In dieser Zeit begann auch sie mit der Komposition eines größeren Werkes. Ein Konzert für Klavier und Orchester sollte es werden.

Zunächst entstand der spätere Finalsatz, den sie im Mai 1834 mit dem Leipziger Gewandhausorchester zum ersten Mal spielte. Das vollständige Konzert wurde anderthalb Jahre später am selben Ort unter der Leitung von Felix Mendelssohn Bartholdy uraufgeführt, der gerade seinen Posten als neuer Gewandhauskapellmeister angetreten hatte. In gedruckter Form erschien Claras *Premier Concert pour le Piano-Forte avec accompagnement d'Orchestre* a-Moll schließlich 1837 bei den Verlagen Hofmeister in Leipzig, Richault in Paris und Cranz in Hamburg. Bei der Orchestrierung hatte ihr Robert ein wenig geholfen.

Das Werk bewegt sich in der Tradition jener damals beliebten Klavierkonzerte von Modekomponisten wie Friedrich Kalkbrenner und Henri Herz, die ausschließlich auf eine gute Bühnenwirkung zielen. Oft genug hatte Clara bei ihren Auftritten solche Stücke gespielt. Und wie die Kollegen schuf auch sie ihr Konzert in erster Linie zum eigenen Vortrag. Deshalb fehlt es nicht an jenen typischen virtuosen Spielfiguren, die ihre brillanten Fertigkeiten herausstreichen sollten. Aber bemerkenswerterweise ging Clara in manchen Passagen über dieses gewohnte Niveau hinaus und entwickelte eigenständige, durchaus innovative Ansätze. Publikum und Kritiker

Kindheit in Leipzig (1819–1834)

zeigten sich einvernehmlich beeindruckt, die beabsichtigte Wirkung hatte sie erzielt.

Auch in ihrem Privatleben, das doch immer viel zu kurz gekommen war, gab es im Jahr 1833 erfreuliche Ereignisse. Da Clara nie Umgang mit Gleichaltrigen hatte, war ihre Begeisterung umso größer, als sie im Juli 1833 Emilie und Elise List kennenlernte. Die beiden Töchter des Nationalökonomen Friedrich List waren kurz zuvor mit ihrem Vater aus Amerika nach Leipzig gekommen, wo er nun für das amerikanische Konsulat verantwortlich war und sich für den Bau eines gesamtdeutschen Eisenbahnnetzes engagierte.

Clara erhielt gemeinsam mit Emilie Französischstunden und besuchte mit ihr den Konfirmandenunterricht. Im Januar 1834 wurden beide zusammen im privaten Rahmen konfirmiert. Clara beschrieb die ein Jahr ältere Freundin als ein liebes und etwas ernstes Mädchen. Vermutlich wegen dieser Eigenschaften, aber auch weil sie gut erzogen und vor allem durch ihr Leben in Amerika welterfahren wirkte, befürwortete Wieck den Kontakt seiner Tochter zu Emilie. Er versprach sich von ihr einen positiven Einfluss auf Clara, setzte aber auch gewisse Erwartungen in die Bekanntschaft mit Friedrich List, die ihm angesichts dessen gesellschaftlicher Stellung vorteilhaft erschien.

Clara blieb mit Emilie und Elise List lebenslang befreundet, wovon ein umfangreicher Briefwechsel zeugt. Dabei lag ihr Emilie stets besonders am Herzen. Zu ihr, die sie zeitweise in der englischen Sprache unterrichtete, schaute sie anfangs geradezu bewundernd auf und bezeichnete sie – was ganz im Sinne ihres Vaters war – als gute Schulmeisterin, Hofmeisterin und Gouvernante. Mehrfach betonte Clara aber auch, sie fühle sich Emilie in Liebe verbunden und denke sehnsüchtig an die Freundin. Als verschwiegener Vertrauten gewährte Clara ihr Einblick in die intimsten Bereiche ihres Lebens, dabei stets Rat, Trost und Hilfe suchend.

Vater Wieck begab sich im Juni 1833 auf eine längere Reise nach Hamburg und Bremen, die in erster Linie seinen Handelsgeschäften diente, die er aber auch zur Sondierung einer weiteren, für Herbst geplanten Tournee mit Clara nutzte. Wieck erkundete neue Gastspielorte und prüfte die Möglichkeiten, mit dem Dampfschiff zu reisen. Nur auf diesem Wege könnte Clara auch Städte wie Kopenhagen und London erreichen.

Die sich daraus ergebende Konzertreise ging schließlich nur durch Norddeutschland und fand erst zwischen November 1834 und April 1835 statt.

Außerdem stand sie unter einem ganz anderen Vorzeichen. Es hatten sich inzwischen wesentliche Dinge ereignet, die eine interessante Wendung in Claras Leben herbeiführten.

Im April 1834 gründete Robert Schumann die noch heute existierende *Neue Zeitschrift für Musik*. Sie wollte ein fortschrittliches Gegengewicht zur *Allgemeinen musikalischen Zeitung* schaffen, die sich an die konservativen Kräfte in der Musikwelt wandte. Nicht von derartiger Nachhaltigkeit, aber für Clara und Robert zunächst weitaus wichtiger war die Ankunft einer neuen Schülerin im Hause Wieck, Ernestine von Fricken (1816-1844).

Möglicherweise freute sich Clara sogar zunächst, eine weitere Freundin gewinnen zu können. Doch wenig später schickte der Vater Clara nach Dresden, wo sie Theorieunterricht beim renommierten Hofkapellmeister Carl Gottlieb Reißiger und Gesangsstunden bei Johann Aloys Miksch nehmen sollte. Reichlich abgeschoben und kaum beachtet fühlte sie sich dort, hatte mit Heimweh zu kämpfen und beschwerte sich bei Robert darüber, dass er ihr so selten schrieb.

Ob dessen Schweigsamkeit daher rührte, dass die neue Mitschülerin Ernestine ihn über Gebühr beschäftigte, sei dahingestellt. Jedenfalls gefiel sie ihm zweifellos sehr. Und er freute sich, gemeinsam mit ihr die Patenschaft für Wiecks jüngste Tochter Cäcilie übernehmen zu dürfen. Als Clara dann im Juli 1834 zur Taufe nach Leipzig kam, stellte sie fest, dass sich zwischen Ernestine und Robert ein recht enges Verhältnis entwickelt hatte. Verstört und traurig fuhr sie nach Dresden zurück.

Sie hatte die Situation ganz richtig erkannt. Noch im Laufe des Jahres verlobte sich Robert heimlich mit Ernestine, die – was zu dem Zeitpunkt jedoch niemand wusste – eine uneheliche Tochter der Gräfin Caroline Ernestine Louise von Zedtwitz und eines Drahtziehers namens Lindauer war. Die Schwester ihrer Mutter, Charlotte Christiane Friederike Katherine, und deren Ehemann, der Gutsbesitzer und k. k. Hauptmann Ferdinand Ignaz Freiherr von Fricken, hatten Ernestine bei sich aufgenommen, da sie selbst kinderlos waren. Nachdem der Freiherr von dem heimlichen Verlöbnis erfahren und schließlich einer Heirat zugestimmt hatte, adoptierte er Ernestine offiziell, um sie zu legitimieren.

Doch schon im Sommer 1835 bat Robert um eine Auflösung der Verlobung, der Ernestine schweren Herzens zustimmte. Es ist nicht anzunehmen, dass ihm plötzlich die Tatsache etwas ausmachte, dass Ernestine kein leibliches Kind der Eheleute Fricken war. Auch werden ihn wohl kaum deren nicht besonders gute wirtschaftliche Verhältnisse abgeschreckt haben. Wahrscheinlich ist vielmehr, dass Robert sich seiner Gefühle für Clara inzwischen immer deutlicher bewusst geworden war und er spürte, dass eine Ehe mit Ernestine keine gute Entscheidung sein könnte.

Clara fiel ein Stein vom Herzen, als sie im September 1835 von der Auflösung des Verlöbnisses erfuhr. „Was die Sache mit Schumann und Ernestine anbetrifft so muß ich Dich recht herzlich auslachen, denn ich weiß weder etwas von heirathen noch sonst etwas", erklärte sie der Freundin Emilie List, um dann erleichtert festzustellen: „Ich glaube am Ende daß dieß alles nur ein Traum war." (List Bw, S. 54)

Die Liebe ihres Lebens: Robert Schumann (1835-1840)

Der erste Kuss – Allein auf Tournee – Der Kampf mit dem Vater

Bis April 1835 dauerte Claras große Norddeutschland-Tournee, auf der sie nicht allein von ihrem Vater begleitet wurde, sondern auch von einem jungen Mann, dem Komponisten, Kritiker und Musikschriftsteller Carl Banck (1809-1889). Banck war Wiecks Schüler gewesen und genoss zumindest zu jener Zeit dessen Vertrauen.

Wieck hatte dieses ungewöhnliche Reisearrangement mit voller Absicht getroffen. Claras Reaktion angesichts der Verlobung von Robert Schumann mit Ernestine von Fricken war ihm nicht entgangen. Rasch gewann er den Eindruck, dass sich seine Tochter wesentlich mehr für Schumann interessierte, als ihm lieb war. Die engere Bindung an einen anderen Mann fürchtete er sehr, denn sie drohte seine Zukunftspläne ins Wanken zu bringen. Schließlich hatte er sein gesamtes Leben dem Ziel gewidmet, aus Clara die berühmteste Konzertpianistin ihrer Generation zu machen. Und nachdem ihre Wunderkind-Zeit nun abgelaufen war, befand sie sich auf dem besten Weg dahin.

Durch nichts und niemanden wollte sich Wieck jetzt noch aufhalten lassen. So blieb ihm nur, Clara auf andere Gedanken zu bringen und von Robert abzulenken. Da kam ihm Carl Banck gerade recht. Dessen lose Freundschaft zu seiner Tochter förderte Wieck nach Kräften, weil er wusste, er würde sie – wie alle anderen Bereiche von Claras Lebens – stets unter Kontrolle halten können.

Doch keine seiner Rechnungen ging auf. Weder brachte die Tournee die erhofften Einnahmen, noch löste sich Clara gefühlsmäßig von Robert Schumann. Für das erste Problem fand er sofort eine Lösung, indem er beschloss, zukünftig höhere Eintrittsgelder zu verlangen. Das zweite jedoch konnte er nicht aus der Welt schaffen.

Die Liebe ihres Lebens: Robert Schumann (1835–1840)

Den größten Erfolg erzielte Clara auf dieser Tournee in Hannover, obwohl der Vater auch hier reichlich Anlass zu Klagen über diverse Umstände fand, die nicht seiner Vorstellung entsprachen. Mehrmals durfte Clara dem Vizekönig von Hannover, Prinz Adolph Friedrich von Großbritannien, Irland und Hannover, 1. Duke of Cambridge vorspielen, der sie mit zahlreichen Empfehlungsschreiben bedachte. Und es entstand ein neues Porträt von ihr, das der bekannte Hoflithograf, Fotograf, Zeichner, Maler und Verleger Julius Giere anfertigte. Es zeigt eine deutlich gereifte Clara am Klavier sitzend, vor sich die aufgeschlagenen Noten zum *Finale* ihres Klavierkonzerts op. 7.

Auf dem Bild sieht man kein Kind mehr, sondern eine erblühende, attraktive junge Frau. Die 1832 in Paris von Fechner angefertigte und viel verkaufte Lithografie konnte nun ersetzt werden. Sie passte zu dem Wunderkind, nicht aber zu der Konzertpianistin Clara Wieck.

Zurück ging die Reise über Bremen, Hamburg und Berlin der Heimatstadt Leipzig entgegen. Das heiß ersehnte Wiedersehen mit Schumann erlebte Clara als herbe Enttäuschung, was sie ihm erst Jahre später gestand. Im Januar 1839 schrieb sie ihm, sie habe nach dem Treffen bitterlich geweint, weil er ihr nur einen flüchtigen Gruß gegönnt und sie nicht einmal angesehen habe, obwohl sie ihn doch so liebe wie keinen.

Robert hingegen bewertete dieselbe Situation völlig anders. Er erklärte sein Verhalten mit einer gewissen Verlegenheit gegenüber Clara, die ihm bei ihrer Rückkehr ganz verändert und gereifter erschienen sei. „Du warst kein Kind mehr, mit dem ich hätte spielen und lachen mögen – Du sprachst so verständig und in Deinen Augen sah ich einen heimlich tiefen Strahl von Liebe" (SBE I.4, S. 223), erinnerte er sich. Zu diesem Zeitpunkt hatte er sich innerlich längst von Ernestine gelöst. Auch begriff er, welchen Zweck Vater Wieck mit der Begleitung durch Carl Banck verfolgt hatte, auf den er nun gehörig eifersüchtig war.

Dann kam Claras 16. Geburtstag am 13. September 1835, ein wirklich einschneidendes Ereignis in ihrem Leben. Wie immer zu solchen Anlässen lud ihr Vater zahlreiche seiner Freunde ein, fast ausschließlich Männer. Wie immer ließ er seine Tochter nicht selbst entscheiden, mit wem sie gerne feiern wollte. Und doch gestaltete es sich dieses Mal deutlich mehr nach ihrem Geschmack. Endlich erschienen auch einmal jüngere Männer als Gratulanten, allen voran der neue Leipziger Gewandhauskapellmeister Felix Mendelssohn

Der erste Kuss – Allein auf Tournee – Der Kampf mit dem Vater

Clara Wieck im Alter von fünfzehn Jahren. Lithografie von Julius Giere, Hannover 1835. Auf dem Notenpult ihr zu dieser Zeit noch nicht aufgeführtes Klavierkonzert.

Die Liebe ihres Lebens: Robert Schumann (1835–1840)

Bartholdy. Und natürlich Robert Schumann, der für sie letztlich die entscheidendste Rolle spielte.

Ihrer Freundin Emilie List erzählte Clara direkt am nächsten Tag begeistert, in ihrem ganzen Leben sei noch kein Geburtstag so schön ausgefallen. Ausführlich berichtete sie über die Gäste und deren Präsente, unter denen ihr das Geschenk von Robert und fünf weiteren Herren am besten gefallen habe. In einem reizenden Porzellankörbchen, das ihr Robert allein geschenkt hatte, erhielt sie eine goldene Taschenuhr mit den eingravierten Namen der sechs Spender.

Den ganzen Tag verbrachten die jungen Leute mit Feiern, Plaudern, Essen und Spazierengehen. Clara spielte Klavier, mal allein, mal gemeinsam mit Mendelssohn. Am Ende hielt sie zum allseitigen Erstaunen noch eine kleine Dankesrede, nachdem sie am Nachmittag zunächst vor lauter Verlegenheit kein Wort hatte hervorbringen können.

Das Eis zwischen ihr und Robert war bald endgültig gebrochen, ihre Gefühle füreinander lagen offen. Und schließlich jubelte Robert in seinem Tagebuch: „Der erste Kuss im November" (Tb 1, S. 421). Um seiner Clara zu versichern, dass mit Ernestine wirklich alles vorbei war, flunkerte er sogar, sie habe sich inzwischen mit einem anderen Mann verlobt. Tatsächlich setzte er Ernestine aber erst im Januar 1836 von der endgültigen Trennung in Kenntnis. Zwei Jahre später heiratete Fräulein von Fricken dann einen Baron von Zedtwitz.

Als Clara am Nikolaustag im „Casino-Saal zur grünen Tanne" in Zwickau ein Konzert gab, richtete Robert es so ein, dass er sich ebenfalls in seiner Heimatstadt aufhielt. Überglücklich tauschten die frisch Verliebten weitere Küsse aus und verbrachten eine wundervolle Dämmerungsstunde miteinander.

Beide ahnten nicht, dass Vater Wieck mit großem Missfallen beobachtete, was da vor sich ging. Hatte er Schumann bei Ernestine in guten Händen gehofft und versucht, Clara mit dem jungen Banck auf andere Gedanken zu bringen, so musste er jetzt feststellen, dass alles vergeblich gewesen war. Er schäumte vor Zorn. Seine besitzergreifende Liebe zu Clara und sein Stolz auf ihre doch ausschließlich von ihm aufgebaute Karriere ließen eine derartige Entwicklung nicht zu.

Wieck musste handeln. Schleunigst brachte er seine Tochter weg aus Leipzig und weg von Schumann. Mitte Januar 1836 fuhr er mit ihr nach Dresden,

Der erste Kuss – Allein auf Tournee – Der Kampf mit dem Vater

wo er seines Leipziger Geschäfts wegen aber nicht lange bleiben konnte. Voller Vertrauen ließ er seine Tochter bei einer befreundeten Familie zurück. Aber kaum hatte er ihr den Rücken zugewandt, da tauchte schon Robert auf. Am Abend des 9. Februar 1836 gaben er und Clara sich in Dresden den Verlobungskuss.

Das heimliche Treffen hinter seinem Rücken löste bei Wieck einen Wutanfall aus, der katastrophale Konsequenzen nach sich zog. Er duldete fortan keinerlei Verbindung mehr zwischen den beiden jungen Leuten, verbot jegliche Kontaktaufnahme, zwang Clara zur Herausgabe der Korrespondenz mit Robert und verkündete, diesen zu erschießen, falls er sich ihr noch einmal nähern sollte.

Robert war bestürzt, hatte er doch offenbar die Situation bislang vollkommen falsch eingeschätzt. Er glaubte, als Schwiegersohn, wenn vielleicht auch nicht direkt freudig begrüßt, so aber doch zumindest akzeptiert zu werden. Für ihn brach eine Welt zusammen, als ihm die Realität bewusst wurde. Obwohl Robert schon längere Zeit Vorbehalte gegenüber Wieck und dessen egoistischem Charakter hegte, so brachte er ihm als seinem Lehrmeister doch immer noch eine gewisse Achtung entgegen. Im Grunde wünschte er sich zu Wieck eine gute Beziehung, auf deren Basis er als Schwiegersohn hätte Anerkennung finden können. Nun blieb ihm jedoch nichts anderes übrig, als sich innerlich von dem Vater zu lösen, wenn er die Tochter haben wollte.

Wieck verlor unterdessen keine Zeit. Unverzüglich organisierte er eine Tournee über Dresden und Görlitz nach Breslau, die Clara mindestens bis April 1836 von Robert wegführen sollte. Außer dem Vater und einer Zofe gab es dieses Mal keine weitere Begleitung. Als die Konzertreise nicht nach Wiecks Vorstellungen verlief, verschlimmerte sich seine ohnehin vorhandene Übellaunigkeit noch um ein Vielfaches. Er schrieb Briefe voller gemeiner Beschimpfungen an Robert und machte seinem Zorn auf Clara Luft, der er verärgert nahelegte, angesichts ihrer gegenwärtigen Verfassung ihre Ambitionen als Virtuosin am besten gleich zu begraben.

Clara wusste nicht mehr ein noch aus. Verzweifelt fragte sie sich, was Robert gerade machte und ob sie ihn jemals wiedersehen würde. Dieser hatte sich zwischenzeitlich bemüht, durch einen guten Bekannten wenigstens zu erfahren, wie es Clara ging. Da die zugesagte absolute Verschwiegenheit gegenüber dem Vater aber nicht eingehalten wurde, war dies für Wieck ein neuerlicher Anlass, seine Tochter mit noch schlimmeren Schmähreden gegen Robert zu überschütten.

Dies muss grauenvoll für Clara gewesen sein, zumal sie den Wahrheitsgehalt der boshaften Äußerungen ihres Vaters nicht überprüfen konnte. Er war bisher der wichtigste Mensch in ihrem Leben gewesen, weshalb sie ihm natürlich zunächst einmal vertraute.

Als einzige Verbindung zu Robert blieb Clara vorerst nur die Musik. Mehrfach spielte sie bei ihren Auftritten in kleinen Privatzirkeln dessen *Tokkata* op. 7 und seine zu diesem Zeitpunkt noch unveröffentlichte erste Klaviersonate in fis-Moll, wogegen ihr Vater offenbar nichts einzuwenden hatte. Als sie dann aber im Mai 1836 von Robert ein Exemplar der mittlerweile als op. 11 gedruckten und ihr gewidmeten Sonate zugesandt bekam, erlaubte der Vater ihr nicht einmal, sich dafür zu bedanken.

Das von Robert als trüb empfundene Jahr 1836 ging zu Ende. Für ihn war es angefüllt mit Komponieren und Studieren, für Clara mit unzähligen Auftritten. War sie einmal nicht unterwegs, überwachten Vater und Stiefmutter sie zu Hause engmaschig. Zwischenzeitlich erschienen ihre *Soirées musicales* als op. 6 bei Hofmeister in Leipzig; der Zyklus war der erfolgreichste ihrer frühen Werke. Robert zitierte später die ersten beiden Takte des fünften Stückes „Mazurka" aus Claras Sammlung wörtlich in seinen *Davidsbündlertänzen,* denen er bewusst ebenfalls die Opuszahl 6 gab.

Nicht nur diese gewollte Übereinstimmung stellte eine heimliche Liebesbotschaft zwischen den beiden jungen Leuten dar, sondern viel stärker noch ein weiterer Kunstgriff, den Robert anwendete. Er kennzeichnete das Zitat aus Claras „Mazurka" im Notendruck seiner *Davidsbündlertänze* mit dem Hinweis „Motto von C. W.", ein damals absolut ungewöhnliches und daher auffallendes Verfahren. Höchst geschickt lancierte Robert hier einen weiteren musikalischen Beweis seiner Liebe an die unglücklich ausharrende Clara.

1837 begann für Clara so trostlos, wie das alte Jahr geendet hatte, und entwickelte sich vorerst auch weiter so. Schon im Februar brach Wieck mit ihr zu einer längeren Konzertreise auf, bei der er bereits Pläne für die nächste internationale Tournee schmiedete. Er blieb schlecht gelaunt, grantig und permanent unzufrieden. Er nörgelte über die Reisebedingungen, die Hotelzimmer und die Mahlzeiten, über Kritiker, Publikum und Musiker, hatte Ärger mit der Polizei, mit der Zensurbehörde und mit den Dienstboten. In seinen Augen waren die Konzertsäle schlecht, die Instrumente nicht brauchbar und die Einnahmen kaum der Rede wert. Die Stimmung war auf dem Tiefpunkt angelangt.

Als Wieck und seine Tochter reichlich erschöpft im Mai 1837 wieder in Leipzig eintrafen, wartete eine Überraschung auf Clara. Freudestrahlend wurde sie von ihrem ehemaligen Reisebegleiter Carl Banck empfangen, der sich in der nächsten Zeit häufig bei ihr und im Wieck'schen Hause aufhielt. Banck bemühte sich sehr um ihre Gunst und fühlte sich bald schon zur Familie gehörend. Doch das passte dem mit panischer Eifersucht über seine Tochter wachenden Vater nun auch wieder nicht.

Hatte Wieck seinerzeit den Umgang mit Banck bewusst herbeigeführt, um Clara von Robert abzulenken, so befürchtete er jetzt, dass hier ebenfalls die Gefahr einer zu engen Bindung drohte. Nichts sollte aber doch seine Tochter von ihm und seinen ehrgeizigen Plänen abbringen. Kurzerhand warf er Banck aus dem Haus, und dieser verließ schließlich Leipzig ganz, was vollkommen in Wiecks Sinne war.

Und noch jemand freute sich, als er von Bancks Abreise aus Leipzig erfuhr, nämlich Robert, der befürchtet hatte, Clara könne ihm untreu werden. Wie sehr er unter der vollständigen Trennung litt, belegt ein Brief an Clara, in dem er über diese für ihn dunkelste Zeit schrieb, in der er gar nichts mehr von ihr wusste. Er habe sie mit Gewalt vergessen wollen, weil er fest davon überzeugt gewesen sei, dass sie nicht mehr an ihn dachte. Sie seien einander so fremd geworden, dass er geglaubt habe, resignieren zu müssen.

Anderthalb lange Jahre währte das von Wieck erzwungene Kontaktverbot, von Februar 1836 bis August 1837. Doch Clara, die inzwischen keineswegs resigniert hatte, war es dann, die nun die Initiative ergriff. Es kam ihr entgegen, dass der Vater nach fast zweijähriger Pause wieder ein Konzert für sie in ihrer Heimatstadt organisierte, in der auch Robert lebte. Wieck war nicht nur daran gelegen, seine Tochter dem Leipziger Publikum erneut im Rahmen einer eigenen Veranstaltung zu präsentieren, sondern es ging ihm vor allem darum, seine perfekte Kontrolle über sie unter Beweis zu stellen. Tatsächlich glaubte er, Clara wieder bedenkenlos in Roberts Nähe auftreten lassen zu können.

Clara willigte nur unter der Bedingung ein, dass sie einige von Roberts soeben erschienenen *Symphonischen Etüden* op. 13 spielen dürfe. Bisher hatte der Vater ihr nie erlaubt, Stücke aus einem größeren Werk Schumanns

Die Liebe ihres Lebens: Robert Schumann (1835–1840)

ins Programm zu nehmen, doch dieses Mal widersetzte er sich nicht ihrem Wunsch.

Die Musikalische Morgenunterhaltung, die Clara am 13. August 1837 im Leipziger Börsensaal gab, brachte den entscheidenden Wendepunkt. Robert war natürlich unter den Zuhörern und verstand auf Anhieb die Botschaft, die Clara ihm durch das Spielen seiner Klavierstücke vermittelte. Schon einige Tage vor ihrem Auftritt hatte sie heimlich und höchst geschickt eine Nachricht an ihn lanciert, in der sie ihn um Kontaktaufnahme bat. Robert reagierte sofort, sandte ihr am 12. August einen Blumenstrauß und am Konzerttag selbst einen Brief mit der bangen Frage, ob sie noch treu und fest in ihrer Liebe zu ihm sei.

Jubelnd antwortete Clara zwei Tage später: „Nur ein einfaches ‚Ja' verlangen Sie? So ein kleines Wörtchen – so wichtig!" (SBE I.4, S. 97) Ihr Herz war voller Liebe, und begeistert bestätigte sie Robert ihre unverändert bestehende Treue. Die „Vereinigung auf ewig" (Tb 1, S. 422) war besiegelt, wie Robert in seinem Tagebuch vermerkte. Er sah die seligsten und schönsten Tage seines Lebens anbrechen.

Clara und Robert bestimmten den 14. August 1837 als den Tag ihrer Verlobung und tauschten, ohne persönlichen Kontakt zu haben, Ringe aus. Dann beschlossen sie, dass Robert an Claras 18. Geburtstag beim Vater um ihre Hand anhalten solle. Ein förmlicher schriftlicher Heiratsantrag wurde aufgesetzt, den sie Wieck am 13. September 1837 unterbreiten wollten. Clara hatte sich also entschieden. Es war eine Entscheidung für den Mann, den sie liebte, und ein Votum gegen den Vater. Noch ahnte sie nicht, welche schweren, nervenaufreibenden Kämpfe ihr bevorstanden, noch war sie überglücklich und freute sich auf die bevorstehende Hochzeit.

Bald schon gingen die Liebenden zum vertraulichen Du über und wechselten heimlich viele Monate lang unzählige Briefe voller Treue- und Liebesschwüre. Treffen konnten sie sich nur äußerst selten und stets in Gegenwart weiterer Personen. So gebot es der Anstand, so hatte Vater Wieck es festgelegt.

Dann kam der bedeutungsvolle 18. Geburtstag. Alles war bestens vorbereitet. Robert hatte Clara den entscheidenden Brief an ihren Vater zur Begutachtung vorgelegt. Sie war der festen Überzeugung, dass er auf den Vater nur einen günstigen Eindruck machen könne. Zwar zitterte sie innerlich vor Angst, zeigte sich aber Robert gegenüber zuversichtlich und teilte ihm mit, die Liebe des Vaters zu ihr und sicherlich auch zu ihm werde ihn schon gütig stimmen.

Robert bat in seinem Schreiben in wohlgesetzten, fast anrührenden Worten um Claras Hand und um ein persönliches Gespräch. Er flehte geradezu um Wiecks Segen und darum, ihre alte Freundschaft wieder aufleben zu lassen. Beigefügt hatte er, so gehörte es sich schließlich, eine vollständige Aufstellung seiner Einkünfte und Vermögensverhältnisse.

Auch an Claras Stiefmutter Clementine schrieb Robert ein kurzes, freundliches Briefchen. Während dieses ausgehändigt und auch das gewünschte Gespräch mit Wieck gewährt wurde, erhielt Clara die Zeilen, die Robert ihr zugedacht und ebenfalls beigefügt hatte, jedoch nie.

Es stellte sich heraus, dass alle Hoffnung vergebens und alle Appelle an Wieck wirkungslos geblieben waren. Roberts Unterhaltung mit Claras Vater verlief fürchterlich, wie er ihr anschließend berichtete. Er war entsetzt über Wiecks Kälte, den bösen Willen, die Verworrenheit und Widersprüchlichkeit seiner Gedanken. Wieck habe eine neue Art zu vernichten erfunden, meinte Robert: Er stoße einem das Messer mit dem Griff ins Herz.

Robert wusste nicht, wie es weitergehen sollte, und drohte zu verzagen. Warum nur wollte Wieck ihm seine Tochter nicht zur Frau geben? Vollkommen ratlos suchte er nach Gründen. Vielleicht war es die Geldgier, die Wiecks Verhalten bestimmte? Schließlich war ja Clara die Haupteinnahmequelle ihres Vaters.

Doch Wieck hatte noch andere Gründe. Offiziell gab er an, dass eine Heirat für Clara das Ende ihrer künstlerischen Laufbahn bedeutet hätte. Tatsächlich verlief es zur damaligen Zeit in den meisten Fällen auch so. Bei zahlreichen hochrangigen Künstlerinnen hatte Wieck erlebt, dass sie mit dem Tag ihrer Verheiratung ihre öffentlichen Auftritte einstellten. Und dies wünschte er seiner Tochter gewiss nicht. Nachdem ihr eben der Aufstieg vom Wunderkind zur ernsthaften Virtuosin gelungen war, durfte jetzt nicht schon alles vorbei sein.

Eine wirklich schlechte Partie war Robert Schumann nicht, das hätte Wieck ehrlicherweise zugeben müssen. Wenn er auch nicht unbedingt vermögend war, so hatte er doch sein Auskommen und dazu gerade ein kleines Vermögen geerbt. Robert war Gründer, Eigentümer sowie Herausgeber einer angesehenen Musikzeitschrift, galt als ausgezeichneter Musikschriftsteller und inzwischen auch als arrivierter Komponist, der durch die Publikation seiner Werke durchaus Geld verdiente. Roberts Talente waren evident und seine intellektuellen Fähigkeiten beeindruckend.

Es fiel Wieck zugegebenermaßen schwer, überzeugende Argumente gegen eine Ehe seiner Tochter mit Robert Schumann zu finden. Da musste er schon zu Lügen und Verleumdungen greifen, was er dann auch mit nicht versiegendem Einfallsreichtum tat.

Für Clara wurde es immer schwerer, zwischen Dichtung und Wahrheit zu unterscheiden. Doch ihr blieb keine andere Wahl, als weiter von Auftritt zu Auftritt, von Tournee zu Tournee zu eilen und die Ohren vor den ständigen Tiraden ihres Vaters weitgehend zu verschließen. Mit aller Kraft hielt sie an ihrer Verliebtheit fest und ließ in ihrem Inneren keine Zweifel an Robert aufkommen.

Vorerst stand ihr wieder eine sechs Monate dauernde Konzertreise bevor, was bedeutete, sechs lange Monate fern von Robert zu sein. Ab Mitte Oktober 1837 ging es über Dresden nach Prag und schließlich in die österreichische Metropole Wien. Obwohl es ihr Vater strengstens untersagt hatte, konnte Clara Robert heimlich den Abreisetermin mitteilen und sogar noch ein kurzes Abschiedstreffen arrangieren. Ihr Dienstmädchen Nanny verrichtete in dieser Hinsicht treue Dienste und spielte regelmäßig den absolut verschwiegenen Postillon d'Amour. Da sie Clara auf dieser Tournee als Zofe begleitete, stand währenddessen ein Verbindungsweg zu Robert offen.

In aller gebotenen Eile mussten Clara und Robert vor der Abreise noch Regelungen vereinbaren, damit sie während der folgenden Monate wenigstens schriftlich in Kontakt bleiben konnten. Alles musste geheim und höchst diskret ablaufen. Vater Wieck war enorm misstrauisch und vermutete mittlerweile ständig, hintergangen zu werden. Ein letztes Mal versicherten sich Clara und Robert ihrer Liebe, ein letztes Mal tauschten sie Küsse aus, dann mussten sie sich für lange Zeit trennen.

Nur unter erheblichen Schwierigkeiten ließen sich Nachrichten zwischen den Verlobten austauschen. Allein das Verfassen von Briefen stellte für Clara eine Herausforderung dar, konnte es doch nur im Verborgenen geschehen. Nur am späten Abend oder nachts hatte sie Gelegenheit zum Schreiben. Häufig entschuldigte sie sich bei Robert für ihre schlechte Schrift. Denn sie wagte nicht, sich hinzusetzen, sondern schrieb im Stehen und lief mit Feder und Papier von Zimmer zu Zimmer, um vom Vater nicht ertappt zu werden.

Auch Robert musste ein bestimmtes, von Clara ausgeklügeltes System befolgen. Er durfte seine Briefe nur über engste Freunde senden, die dann die Beschriftung der Umschläge vornahmen; andernfalls hätte Wieck sofort seine Handschrift erkannt. Auch wählte Robert sicherheitshalber ständig wechselnde Fantasienamen als Absender. Die verschwiegene Nanny holte die Briefe für Clara dann regelmäßig beim Wiener Postamt ab. Trotz dieser Schwierigkeiten umfassen manche Schreiben mehr als fünfzig Seiten und sind nicht selten über mehrere Tage hinweg verfasst.

Je stärker Clara sich Robert mitteilte und ihn an ihrem Leben teilnehmen ließ, desto mehr begann sie, sich von ihrem Vater zu lösen. Sie traf zunehmend selbst Entscheidungen, wurde gewandter und betrachtete ihre Erfolge allmählich auch als ihre eigene Leistung.

Für ihre Konzertleistungen in Wien fand Clara Lob und Anerkennung in einem bisher nie dagewesenen Maße. Alles in allem war es eines der erfolgreichsten Gastspiele ihrer gesamten Karriere. Überall feierte sie Triumphe, die Besucher standen Schlange an den Konzertkassen, die Säle waren zum Bersten voll, und das Publikum lag ihr zu Füßen. Zeitweise musste die Polizei den Einlass regeln, damit kein Unglück geschah. Nach ihren Auftritten wurde Clara stets mehr als zehnmal auf die Bühne gerufen, und jeder Beifall glich einem Donner – so kam es ihr jedenfalls vor.

Die Konditoren erfanden eine neue Spezialität, die Torte à la Wieck, und konnten gar nicht so rasch backen, wie Claras Fangemeinde die begehrten Kuchen essen wollte. Die Kritik überschlug sich vor Begeisterung, die Wiener Musikverlage buhlten um ihre Kompositionen, die renommierte Gesellschaft der Musikfreunde nahm sie als Ehrenmitglied auf, und am zweiten Weihnachtstag 1837 spielte sie vor der Kaiserin Maria Anna.

Claras Auszeichnungen gipfelten darin, dass Kaiser Ferdinand I. sie im März 1838 zur k.k. Kammervirtuosin in Gnaden ernannte, was einer Sensation gleichkam. Dass dieser Titel einer minderjährigen Frau und Ausländerin verliehen wurde, die zudem noch protestantisch war, galt als absolute Ausnahme. Clara bedankte sich später für diese Ehrung mit ihrer Komposition *Souvenir de Vienne* op. 9, einem Impromptu über die bekannte österreichische Kaiserhymne.

Während dieser langen Reise entstanden zahlreiche Bilder von Clara. Sie alle zeigen eine auffallend schöne junge Frau, in deren Blick immer auch ein

Die Liebe ihres Lebens: Robert Schumann (1835–1840)

Clara Wieck im Alter von achtzehn Jahren als „Kaiserlich-Königliche Kammervirtuosin". Lithografie nach Andreas Staub, Wien 1838.

leicht melancholischer Ausdruck liegt. Eines der in Wien gefertigten Porträts präsentiert die nun auch international berühmte Künstlerin und führt ihren neuen Ehrentitel an. Dieses Bild sollte zu ihrer bekanntesten Darstellung werden. Sie selbst hielt es – bei aller Ähnlichkeit – doch für sehr geschmeichelt. Robert war außer sich vor Freude, als er ein Exemplar der Lithografie erhielt. Er habe ihr Bild fast zerküsst, ließ er Clara unverzüglich wissen, es sei die treffendste Darstellung, die bisher von ihr gemacht wurde.

Auch in finanzieller Hinsicht war das Wiener Gastspiel ein großartiger Erfolg. Vater Wieck war von den beachtlichen Einnahmen über die Maßen begeistert. Endlich einmal hatte er nichts zu bemängeln, ganz im Gegenteil. Er schwelgte im Glück und verhielt sich ungewöhnlich milde und umgänglich.

Allerdings half das seiner Tochter wenig. Immer noch erkannte er sie nicht als eigenständiges Wesen mit eigenem Willen an. Sie blieb für ihn sein Geschöpf, das nach seinen Vorgaben zu funktionieren hatte. Ihre Triumphe waren die seinen, und ihr Verdienst war ihm zuzuschreiben.

Nachdem das Thema Schumann während der Konzertreise bislang ausgespart worden war, besann Wieck sich nun plötzlich darauf, dass er den jungen Redakteur einer angesehenen deutschen Musikzeitung kannte, der sich gut für seine Zwecke einspannen ließe. Seiner Ansicht nach sollte auch die Leipziger Musikwelt von den glanzvollen Erfolgen seiner Tochter in Österreich erfahren, außerdem wollte der Geschäftsmann den Kontakt zur Heimat nicht ganz verlieren. Deshalb bat Wieck seine Frau, dafür zu sorgen, dass Robert in der *Neuen Zeitschrift für Musik* möglichst ausführlich über Claras Wiener Konzerte, ihre ehrenwerten Auszeichnungen und die überaus positiven Kritiken berichtete. Clementine sollte Robert jede Einzelheit genau weitergeben. Denn immerhin trug Clara ja auch erheblich zur Verbreitung von Schumanns Werken bei, spielte sie doch mehrfach und mit großem Erfolg dessen *Carnaval* und die fis-Moll-Sonate.

Diese Kontaktaufnahme zu Robert war nun allerdings durchaus nicht als Zeichen einer Annäherungsbereitschaft gemeint. Wieck interessierte der Verlobte seiner Tochter nur insoweit, als er ihm nützlich sein konnte. Den Gedanken, dass er sein Schwiegersohn werden könnte, hielt er nach wie vor für vollkommen abwegig.

Doch jetzt, da man Roberts werbende Unterstützung eingefordert hatte, stand bei der Familie Wieck das leidige Thema wieder im Raum, und Vater

Die Liebe ihres Lebens: Robert Schumann (1835–1840)

Wieck war gezwungen, mit Clara erneut darüber zu sprechen. Um sie nicht allzu sehr aufzuregen und sicherzustellen, dass sie ihre Auftritte auch weiterhin bravourös meisterte, erklärte der Vater ihr, dass er nie seine Einwilligung zur Hochzeit geben werde, wenn sie und Robert in Leipzig wohnen blieben. Wohl aber, wenn sie in eine andere Stadt zögen. Zudem drohte er, er werde eine Heirat endgültig ablehnen, sollte er zuvor irgendwelche Heimlichkeiten zwischen Clara und Robert entdecken.

Clara durchschaute nicht, welche Absicht der Vater mit seinem Zugeständnis verfolgte, und glaubte ihm. Unverzüglich teilte sie Robert die erfreuliche Nachricht mit. Jedoch verschwieg sie ihm eine weitere, wesentlich drastischere Bedingung, die Wieck gestellt hatte: Da Clara weder in Armut noch in Zurückgezogenheit leben könne, müsse ihr Robert jährlich über 2.000 Reichstaler nur zu ihrem persönlichen Gebrauch zur Verfügung stellen. Das war eine ansehnliche Summe.

Clara fühlte sich hin- und hergerissen. Ihre Liebe zu Robert war stark, und sie hatte den festen Wunsch, ihn zu heiraten. Andererseits kamen ihr manchmal leichte Zweifel, die sich unter dem tagtäglichen Einfluss des Vaters von Zeit zu Zeit verstärkten. Der sparte nicht mit abfälligen Bemerkungen über Robert und redete Clara immer wieder ein, als verheiratete Frau werde sie nie mehr auftreten können – wohl wissend, wie viel ihr dies bedeutete.

Robert grübelte im fernen Leipzig, ob er damit umgehen könnte, dass seine Frau im Rampenlicht steht, vor Publikum spielt und damit eventuell sogar mehr Geld als er verdient. Nach wie vor verzweifelte er, weil er nicht nachvollziehen konnte, was Vater Wieck konkret gegen ihn hatte. Schließlich mochte er nicht mehr länger warten und bat Clara noch in Wien darum, mit ihm einen Termin für die Hochzeit festzulegen. Sie einigten sich auf Ostern 1840, was sie in mehreren Briefen immer wieder bekräftigten.

Aufgrund ihrer fulminanten Erfolge und der künstlerischen Erfahrungen, die Clara in Wien machte, vor allem aber, um Wiecks Einflussbereich zu entkommen und seine Bedingung gegen Leipzig als Wohnort zu erfüllen, dachten Clara und Robert ernsthaft über eine gemeinsame Zukunft in der österreichischen Metropole nach. Beide sahen hier für sich gute Verdienstmöglichkeiten sowie eine Chance, die Redaktion von Roberts *Neuer Zeitschrift für Musik* zu etablieren.

Um sich ein genaueres Bild zu verschaffen, fuhr Robert dann selbst Ende September 1838 in die österreichische Hauptstadt. Es folgte ein für ihn persönlich durchaus erfolgreicher Aufenthalt. Als mögliche gemeinsame Heimat nach ihrer Hochzeit stellte Wien jedoch nach eingehender Prüfung aus verschiedensten Gründen keine Option dar. Vor allem konnte Robert seine Zeitschrift in Wien nicht verankern, was er zum Teil der Tatsache zuschrieb, dass Wieck bei den entscheidenden Verlegern reichlich Gerüchte über ihn verbreitet hatte. Unverrichteter Dinge kehrte Robert schließlich Anfang April 1839 nach Leipzig zurück.

Die Spannungen zwischen Clara und ihrem Vater hatten in der Zwischenzeit ein fast unerträgliches Ausmaß angenommen. Claras Empfindungen wechselten zwischen purer Wut auf den erbarmungslos strengen Vater und Schuldgefühlen gegenüber ihm, da er ja doch wirklich viel Zeit und Kraft in ihre Ausbildung investiert hatte. Ein Konsens hinsichtlich ihrer Verbindung zu Robert wurde immer unwahrscheinlicher, Wiecks Kampf dagegen immer erbitterter. Eine völlige Ablösung vom Vater gelang Clara aber selbst auf dem Höhepunkt der Streitigkeiten nicht.

Als Clara schließlich im November 1839 den für Ostern 1840 vereinbarten Hochzeitstermin verschieben wollte, verlor Robert die mühsam bewahrte Geduld und zweifelte an ihrer Entschlossenheit. Wortreich versuchte sie ihm zu erklären, was sie eigentlich quälte und in welchem Zwiespalt sie sich befand.

„Mein guter Theuerer Robert, behalte mich ja lieb, ich verlasse ja um Deinetwillen Alles, das Liebste, außer Dir, meinen Vater, ich verletze die Pflicht eines Kindes, ich will Dir folgen, ohne Vaters Einwilligung – das ist viel, für ein fühlend Herz, hart, – aber <u>ich vertraue Dir</u>, mein Leben liegt dann nur in Deiner Hand und Du wirst mich glücklich machen, wenn Du mich liebst, und sieht uns der Vater glücklich, dann giebt er uns auch den väterlichen Segen, und dann sind wir ganz glücklich." (SBE I.5, S. 136)

Doch da täuschte sie sich gewaltig. Die Fronten verhärteten sich sogar noch mehr, und ihrem Vater fielen neue Repressalien ein, mit denen er sie zu quälen suchte.

Clara blieb nicht untätig und entwickelte einen mutigen Plan: Sie wollte zu Anfang des Jahres 1839 allein eine Konzertreise nach Paris unternehmen, um sich selbst und vor allem ihrem Vater zu beweisen, dass sie gut ohne seine Hilfe auskommen konnte. Das war ein gewaltiger Akt der Selbstbehauptung und kam einer deutlichen Loslösung gleich.

Seinem ersten Impuls folgend, wollte Wieck ihr diese Reise rigoros verbieten. Doch in der Annahme, dass Clara eine solche Aufgabe niemals ohne ihn bewältigen könnte, sagte er schließlich zu. Er sah darin eine gute Gelegenheit, seiner Tochter zu verdeutlichen, wie sehr sie auf ihn und seine Unterstützung angewiesen und zu welch großem Dank sie ihm für sein Engagement in den vergangenen Jahren verpflichtet war.

Zweifellos bedeutete eine solche Reise in der damaligen Zeit für eine junge Frau ohne männliche Begleitung eine durchaus gefährliche Unternehmung. Doch Clara ließ sich nicht beirren, dafür hatte die harte Schule ihres Vaters sie zu sehr geprägt. Sie setzte auf ihr Durchhaltevermögen, das ihr schon in so vielen schwierigen Situationen geholfen hatte, und ließ sich nicht entmutigen.

Dann verbot ihr der Vater, die treue Nanny als Zofe mitzunehmen. Wieck war Nanny gegenüber misstrauisch geworden und ahnte, dass sie bei den heimlichen Kontakten zwischen Clara und Robert eine Vermittlerrolle spielte. Außerdem schienen ihm Zofe und Tochter ohnehin viel zu vertraut miteinander umzugehen. Da ihm ein derartig enges Verhältnis missfiel, entließ er Nanny zum Jahresbeginn 1839 und engagierte eine französische Gesellschafterin als Reisebegleiterin für seine Tochter.

Das war ein wirklich herber Schlag für Clara. Sie verlor dadurch nicht nur eine der ganz wenigen Bezugspersonen in ihrem Leben, sondern dazu auch beinahe die einzige, zumindest aber effektivste Chance, mit Robert zu kommunizieren. Schweren Herzens offenbarte sie Robert, dass Nanny bei ihrem Auszug auch das Kästchen mit seinen Briefen einpacken musste. Aus lauter Furcht, ihr Vater könnte diesen kostbaren Schatz entdecken, hatte Clara nicht gewagt, es zu behalten.

In eisiger Kälte und bei wildem Schneetreiben verließ Clara Leipzig Anfang Januar 1839 in Begleitung der vom Vater angestellten Französin Claudine Dufourd. Ihre Postkutsche kam nur extrem langsam voran, was in Anbetracht der niedrigen Temperaturen doppelt unangenehm war und sie extrem frieren ließ.

Obwohl vereinbart war, dass Clara allein nach Paris fahren würde, kündigte ihr der Vater vor der Abreise an, sie vielleicht ein Stück zu begleiten oder vielleicht selbst doch ganz mitzureisen. Er legte sich aber nicht fest, sondern ließ alle Möglichkeiten offen. Letztlich blieb er in Leipzig, angeblich seiner Geschäfte wegen, versprach Clara aber, er werde vermutlich einige Tage später nachkommen. Erst in Nürnberg durchschaute Clara, was ihr Vater mit der Aussicht auf seine mögliche Reiseteilnahme bezweckt hatte. Robert hatte nämlich tatsächlich mit dem Gedanken gespielt, Clara nachzureisen, um sie an einer ihrer ersten Stationen heimlich zu treffen. Natürlich verwarf er seine Pläne, als er erfuhr, dass Wieck sie möglicherweise begleiten würde.

Mittlerweile hatte Clara begriffen, wie raffiniert ihr Vater vorging. Daher verschwieg sie in ihrem Tagebuch vorsichtshalber die erste, wichtige Station ihrer Reise: Roberts Heimatstadt Zwickau. Zwar führte Clara ihr Tagebuch auf der Reise selbst, aber sie wusste genau, dass ihr Vater nach ihrer Rückkehr sämtliche Eintragungen gewissenhaft und misstrauisch nachlesen würde.

In Zwickau traf sich Clara mit Roberts Bruder Eduard und dessen Frau Therese. Über die herzliche Aufnahme, die sie bei ihrer zukünftigen Schwägerin und dem Schwager erlebte, freute sie sich sehr. Es war angesichts der vor ihr liegenden strapaziösen Reise besonders wohltuend, einen derart warmen Familienkontakt zu erleben.

Wie sie es bei ihrem Vater gelernt hatte, organisierte Clara Konzerte in sämtlichen Städten, in denen sie auf ihrer Reise Station machte. Auf der Hinfahrt waren dies Nürnberg, Ansbach, Stuttgart und Karlsruhe. Alles verlief reibungslos, so dass ihr Selbstvertrauen von Auftritt zu Auftritt wuchs.

Dennoch war die Reise eine harte Prüfung, da die anfallenden Aufgaben ihre Kräfte weit überstiegen. Sich um jede Kleinigkeit selbst kümmern zu müssen, bereitete Mühe und kostete sie viele schlaflose Nächte. Oft klagte sie daher über Müdigkeit und Kopfschmerzen, wenn sie während der Fahrt in den unbequemen, rumpelnden Kutschen versuchte, an Robert zu schreiben.

Besonders irritierte sie, keine Nachricht von ihrem Vater zu erhalten, obwohl sie ihm ihrerseits pflichtgemäß Bericht erstattete. Dann erhielt sie endlich einen Brief von ihm und war am Boden zerstört. Zwei lange Seiten hatte der Vater ihr geschrieben und dabei nicht ein einziges freundliches Wort für sie gefunden. Stattdessen überschüttete er sie mit zornigen Beschimpfungen und Vorwürfen. Nichts machte sie in seinen Augen richtig. Er habe erfahren, sie schaffe sich bei jeder Gelegenheit neue Feinde, und über sie und ihre Auftritte sei ihm nur Schlechtes zu Ohren gekommen. Deshalb

Die Liebe ihres Lebens: Robert Schumann (1835–1840)

habe er beschlossen, keinesfalls nach Paris zu kommen, sie solle zusehen, sich allein zurechtzufinden. – Bewundernswert und typisch für Clara ist, dass sie unmittelbar nach der Lektüre dieses Briefes in Stuttgart ein glänzendes Konzert spielte.

Als Clara nach einmonatiger Reise Anfang Februar 1839 abends müde und erschöpft in Paris eintraf, erwartete sie eine freudige Überraschung, die sie sofort sämtliche Strapazen der anstrengenden Reise vergessen ließ: Im Hotel wartete Familie List auf sie. Clara war überglücklich, nicht ganz allein zu sein. Außerdem hatte sie ihre beste Freundin Emilie seit Ewigkeiten nicht mehr gesehen.

Emilie lebte schon seit einigen Jahren in Paris, um dort ihre Allgemeinbildung und insbesondere ihre Französischkenntnisse aufzubessern. Mittlerweile waren ihr Vater Friedrich List, seine Frau und Emilies Schwestern Elise und Karoline auch in die französische Metropole gezogen. Aufgrund ihrer guten Beziehungen konnten List und seine Familie Clara in den folgenden Wochen an vielen Stellen weiterhelfen.

Clara wendete sich daneben an weitere Adressen, die ihr von ihrem ersten Paris-Aufenthalt bekannt waren. Direkt am Tag nach ihrer Ankunft suchte sie die Klaviermanufaktur Erard auf, deren Instrumente ihr gut gefielen. Wie sie es sich erhofft hatte, bot der Besitzer ihr auch sofort einen Flügel für ihre künftigen Auftritte in Paris an. Da sie wegen eines ärgerlichen Zwischenfalls mit dem Personal schon nach zwei Übernachtungen das Hotel wechseln musste, war sie froh darüber, bei der Familie Erard auch privaten Anschluss zu finden.

Mit der von ihrem Vater eigens angeheuerten französischen Gesellschafterin Claudine Dufourd war Clara nie ganz warm geworden. Von Anfang an hatte sie der Französin nicht getraut und geahnt, dass sie ausschließlich zu ihrer Überwachung eingestellt worden war. Wieck hatte sie vor ihrer Abreise von Leipzig vollständig in die Beziehung zwischen Clara und Robert eingeweiht und sie instruiert, Clara in dieser Hinsicht strengstens zu kontrollieren. Die ohnehin schon nur unter erheblichen Schwierigkeiten zu bewerkstelligende Korrespondenz mit Robert wurde durch sie fast unmöglich. Clara, die sie als überaus maliziöse, trügerische und falsche Person einschätzte, entließ Claudine Dufourd wenige Tage nach der Ankunft in Paris, übergab ihr das gesamte Monatsgehalt und dankte dem Himmel, als sie fort war.

Claras Freundeskreis in Paris erweiterte sich erstaunlich schnell, so dass sie sich schon bald heimisch fühlte. Eine gute Freundin wurde ihr Henriette Reichmann, die sie auf der Hinfahrt in Stuttgart kennengelernt hatte. Henriette wollte Klavierunterricht bei Clara nehmen und hatte sich daher entschlossen, sie nach Paris zu begleiten.

Auch mit der fast gleichaltrigen Mezzosopranistin, Pianistin und Komponistin Pauline Viardot-García war Clara viel zusammen. Pauline war seit einigen Jahren an der Grand Opéra in Paris engagiert, wo sie fulminante Erfolge feierte. Clara bewunderte ihre musikalischen Talente, ihr umfangreiches Wissen und ihr gewandtes Auftreten. Vor allem aber Paulines Fähigkeit, sich in fünf Sprachen verständigen zu können, faszinierte sie. Rasch entstand zwischen den beiden Künstlerinnen eine enge Freundschaft, die sie später noch häufig zusammenführen sollte und ein Leben lang bestehen blieb.

Trotz ihres hohen Arbeitspensums absolvierte Clara zusammen mit ihren Freundinnen ein erstaunlich umfangreiches touristisches Programm. Keine Sehenswürdigkeit in Paris ließen die jungen Damen aus. Notre-Dame, die Tuilerien, das Palais Royal, das Panthéon und vieles andere standen auf ihrem Besichtigungsplan. Daneben besuchten sie bei jeder sich bietenden Gelegenheit Konzerte sowie Opern- und Ballettaufführungen. All dies trug dazu bei, dass Claras Leben in der großen und fremden Stadt an Heiterkeit und Leichtigkeit gewann.

Der Vater hingegen versuchte aus dem fernen Leipzig alles, um ihr das Leben schwer zu machen, was sie allmählich ausgesprochen ärgerlich fand. Hatte sie ihn früher Robert gegenüber manchmal verteidigt, zumindest aber Gründe für sein Verhalten gefunden, ließ sie jetzt kein gutes Haar mehr an ihm. Auch widersetzte sie sich neuerdings seinen Anweisungen. Als Wieck registrieren musste, dass sich seine Tochter erstaunlich gut ohne seine Hilfe bewährte, entwickelte er neue Pläne, um ihr diesen Triumph zunichte zu machen. Er wollte sie unbedingt wieder in seinem Einflussbereich und seiner Nähe wissen, glaubte er doch, damit sämtliche Probleme lösen zu können.

Deshalb verlangte Wieck von Clara, sich mit ihm in Amsterdam zu treffen, um von dort aus angeblich eine gemeinsame Tournee durch Deutschland zu starten. Doch Clara dachte nicht daran, der Aufforderung ihres Vaters zu folgen. Sie blieb in Paris und teilte ihm mit, sie habe diese Reise schließlich nicht umsonst unternommen. Sie hatte ihn durchschaut und teilte dies auch

Die Liebe ihres Lebens: Robert Schumann (1835–1840)

Robert brieflich mit, der ihre neu errungene Selbstständigkeit mit Bewunderung zur Kenntnis nahm.

Dennoch belasteten sie die väterlichen Briefe nach wie vor, da sie stets voller Vorwürfe waren. Mittlerweile hatte sie regelrecht Angst vor ihrem Eintreffen und befürchtete, beim Lesen in Tränen auszubrechen. Sie warnte Robert erneut vor der perfiden Art ihres Vaters und bat ihn um äußerste Vorsicht bei ihrer Korrespondenz, die sie mittlerweile über ihre Freundin Emilie abwickelten. Clara glaubte, der Vater sei ihnen auf der Spur, und fürchtete große Schwierigkeiten, zumal er neuerdings mit Prozessen drohte, die sich über viele Jahre hinziehen könnten.

Im Mai 1839 – Robert war inzwischen aus Wien zurückgekehrt und lebte wieder in Leipzig – unternahm Clara einen letzten Versuch, ihren Vater durch gutes Zureden milder zu stimmen und seine Einwilligung zur Hochzeit zu erhalten. Es traf sie bis ins Mark, als sie dann von Robert erfuhr, welche Diffamierungen ihr Vater über sie verbreitete. Als leichtsinniges Mädchen, das sich jedem überließe, stellte der Vater sie hin und bezeichnete Robert als einen Auswurf der gesamten Menschheit.

Darüber hinaus versuchte Wieck wohl mit allen nur erdenklichen Mitteln, einen Keil zwischen die beiden jungen Leute zu treiben. Clara fühlte sich davon regelrecht gequält und war vollkommen erschüttert. Robert konnte nur noch konstatieren: „Er ist Dir kein Vater mehr, sondern ein Peiniger, der Dich nur zu seinen egoistischen Zwecken gebrauchen wollte." (SBE I.5, S. 422)

Dennoch nahm Clara ihren ganzen Mut zusammen und schilderte ihrem Vater in einem langen Brief die gesamte Situation. Sie wehrte sich entschieden gegen seine Vorwürfe, ihn nicht zu lieben, undankbar, schlecht sowie charakterlich verdorben zu sein, und begründete ausführlich ihre tiefen Gefühle für Robert, die ihr Vater als oberflächlich und falsch verunglimpft hatte. Daneben erörterte Clara überaus realistisch auch die materielle Seite einer zukünftigen gemeinsamen Existenz und legte ein weiteres Mal Roberts Vermögensverhältnisse dar. Sie ging von der Annahme aus, dass ein Nachweis ausreichender jährlicher Einkünfte den Vater beruhigen und umstimmen würde. Auf diesen Brief, den sie als letzte Chance begriff, setzte sie ihre ganze Hoffnung. Aber die Zeilen erzielten nicht den gewünschten Erfolg, sondern verschärften die Situation noch.

Der erste Kuss – Allein auf Tournee – Der Kampf mit dem Vater

In seiner Antwort wies Wieck kategorisch jede Schuld von sich und lenkte sie auf Clara. Unter Verdrehung der Tatsachen behauptete er, sie habe seine gut gemeinten Absichten missverstanden. Nun gab er vor, seine Einwilligung zur Hochzeit zu geben, knüpfte sie aber an Bedingungen, die nicht nur hartherzig, sondern auch unerfüllbar waren, so dass sie seine ausdrückliche Zustimmung indirekt wieder außer Kraft setzten.

Wieck forderte, dass Clara und Robert nach der Hochzeit außerhalb Sachsens zu leben hätten und sich sein zukünftiger Schwiegersohn weder mündlich noch schriftlich jemals an ihn wenden dürfe. Daneben ging es ihm vor allem um das Vermögen seiner Tochter, ihre in harter Arbeit und durch zahlreiche Auftritte erworbenen Einnahmen. Wieck bestimmte, dass er Claras Kapital weiterhin verwalten, anlegen, verzinsen und frühestens nach fünf Jahren an sie auszahlen würde. Außerdem legte er fest, dass sie von ihm kein Erbe zu erwarten hätte. Dieses stünde in erster Linie seiner zweiten Frau und jenen Kindern zu, denen er keine musikalische Ausbildung hatte zukommen lassen, da er seine gesamte Zeit und Kraft seiner Tochter Clara geopfert hätte. Ferner schrieb er vor, dass von allem Geld, das Clara jemals von ihm erhalten würde, Robert nichts anrühren dürfe. Es folgten noch weitere Einschränkungen, die ebenso wenig zu erfüllen waren.

Wieck war natürlich bewusst, dass diese Konditionen Robert in ein Dilemma stürzen würden. Ging er auf die Forderungen ein, wäre er gezwungen, die Redaktion seiner Musikzeitschrift in eine Stadt außerhalb Sachsens zu verlegen, was so gut wie unmöglich war. Ganz aufgeben konnte Robert sie auch nicht, da sie eine seiner Haupteinnahmequellen war. In seiner berechnenden Art hatte Wieck dies natürlich vorausgesehen.

Robert verstand den Brief des Vaters als ein taktisches Manöver, um Zeit zu gewinnen. Clara empfand ihn als höchst beleidigend und sah darin einen weiteren Beleg für Wiecks Grausamkeit. Natürlich ging sie auf die Bedingungen nicht ein. Ihr Geduldsfaden war gerissen, und ihre Dankbarkeit hatte sich erschöpft. Sie erklärte, sie habe die geforderten Kindespflichten wohl endgültig erfüllt.

Robert bemühte sich sogar noch ein weiteres Mal darum, mit Wieck zu einer gütlichen Einigung zu kommen. Er bot ihm die Hand zum Frieden und konzedierte, nach besten Kräften auf seine Wünsche eingehen zu wollen. Mit den Worten „schweigen Sie bis heute über acht Tage auf meine Anfrage,

Die Liebe ihres Lebens: Robert Schumann (1835–1840)

so nehme ich es als Ihr bestimmtes Nein der Weigerung" (SBE I.2, S. 143), schloss er seinen freundlich abgefassten Brief.

Weder ging Wieck darauf ein, noch ließ er in seinen Bestrebungen nach, das Paar zu trennen. Jetzt spannte er Emilie List, mit deren Familie sich Clara inzwischen in Paris eine Wohnung teilte, für seine Zwecke ein. Er informierte Claras Freundin, er werde seine Tochter enterben und ihr auch ihr selbst verdientes Geld vorenthalten, sollte sie sich nicht von Robert lösen. Darüber hinaus drohte er mit einer gerichtlichen Klage.

Emilie sah sich daraufhin genötigt, ihrerseits schriftlichen Kontakt zu Robert aufzunehmen, was letztlich zu noch größerer Verwirrung führte. Einerseits wollte sie helfen, indem sie Robert vermittelte, wie sehr seine Braut unter der gesamten Situation litt. Andererseits verschlimmerte Emilie die Lage aber noch insofern, als sie Robert indirekt die Schuld an Claras schlechter Verfassung gab. Emilie warf ihm vor, sich zwischen Tochter und Vater zu stellen, was diesen sehr unglücklich mache und wiederum Clara ungemein betrübe. Emilie hatte sich von Wieck täuschen lassen. Sie glaubte tatsächlich, er werde einer Heirat zustimmen, sobald Robert eine gesicherte Existenz vorweisen könnte. Sie wollte einfach nur helfen.

Wie sehr sie Robert mit ihrem Vorwurf verletzte, er zwinge Clara, sich von ihrem Vater loszusagen, ahnte Emilie nicht. Ihre Beschreibung des künftigen Ehelebens, in dem Clara aufgrund Roberts unsicherer finanzieller Situation einerseits arbeiten und hinzuverdienen müsse, andererseits aber als verheiratete Frau eigentlich ihren Beruf aufgeben und sich dem Haushalt zu widmen habe, verunsicherte ihn noch mehr.

Tatsächlich maßte sich Emilie, die zeitlebens unverheiratet blieb, Urteile an, die nicht in ihrem Ermessen lagen. Clara ärgerte sich sehr, als sie später von dieser Einmischung erfuhr. Sie blieb ihrer Freundin aber trotzdem treu und räumte in einem Entschuldigungsbrief an Robert ein, sie selbst habe Emilie in gewisser Weise unbeabsichtigt zu einer Intervention ermuntert.

Jetzt musste eine klare Entscheidung getroffen werden, die die beiden Liebenden brieflich einvernehmlich fanden. Nach dem in Sachsen gültigen Recht musste unabhängig von Alter und Stand der Brautleute die Einwilligung der beiderseitigen Eltern eingeholt werden. Da Robert Waise war, betraf dies nur Clara, deren leibliche Mutter Mariane Bargiel auf Anhieb zustimmte, während die Stiefmutter Clementine Wieck im Auftrag ihres

Mannes erwartungsgemäß eine Absage erteilte. Deshalb blieb Robert nichts anderes übrig, als am 16. Juli 1839 beim Leipziger Appellationsgericht eine Klage auf Erteilung der Heiratsgenehmigung einzureichen.

Da Claras persönliches Erscheinen vor Gericht erforderlich war, schickte Robert seiner Braut nach Paris das Geld für ihre Rückreise, die sie dann gemeinsam mit ihrer Freundin Henriette antrat. Um heimlich und ungestört außerhalb Sachsens eine kurze Zeit mit Robert zu verbringen, ehe der Vater von ihrer Rückkehr erfuhr, begab sich Clara nicht direkt nach Leipzig, sondern unterbrach die Reise im thüringischen Altenburg. Hier trafen die Brautleute am 18. August 1839 nach fast einjähriger Trennung zusammen und schlossen sich überglücklich in die Arme. Wie viel leichter fiel es nun, sich über die erforderlichen Schritte auszutauschen, wie sehr genossen sie ihre innige Zweisamkeit!

Auf separaten Wegen brachen sie nach diesen wundervollen Tagen in Richtung Leipzig auf, wo Clara eine böse Überraschung erwartete. Zu Hause stand sie vor verschlossenen Türen. Weder öffnete der Vater ihr, noch ließ er sich blicken. Clara musste bei Freunden Unterschlupf suchen und ließ in ihrem versperrten Elternhaus quasi ihr gesamtes Leben zurück. Alles, was eigentlich ihr gehörte, behielt der Vater: ihre Kleider, ihre Noten, ihren Flügel und die Tagebücher ihrer Kindheit.

Dass Clara an diesem schmerzhaften, umfassenden Verlust nicht völlig verzweifelte, deutet darauf hin, dass sie ihre Persönlichkeit durch die gerade überstandene Paris-Reise beträchtlich gefestigt hatte. Wenngleich ihr Aufenthalt in beruflicher Hinsicht auch längst nicht so erfolgreich verlaufen war wie manch anderer, so hatte er ihr doch zu größerer Reife verholfen.

Ebenso realistisch wie weitsichtig zeigte sie sich nun in der Lage, die Situation hinzunehmen und ihr gemeinsames Leben mit Robert zu planen. Bedenklich stimmte sie nur noch ihre künftige Rolle als Ehefrau, über die sie in ihrem Tagebuch konkrete Vorstellungen formulierte. Da sie wusste, dass ihr Vater das Tagebuch nie mehr kontrollieren würde, konnte sie endlich schreiben, was ihr auf dem Herzen lag.

Die Künstlerin mit der Hausfrau zu vereinigen, war Claras Hauptanliegen. Sie sah es als eine schwierige Aufgabe an, der sie sich stellen musste. Ebenso kompliziert erschien ihr die Führung eines Haushalts, in dem sie weder zu viel Geld ausgeben, noch sich als zu geizig erweisen wollte. Da sie gewohnt

Die Liebe ihres Lebens: Robert Schumann (1835–1840)

war zu lernen, glaubte sie, auch in dieser Hinsicht mit der Zeit die erforderliche Kompetenz zu erlangen. Das Wichtigste war doch, bald mit ihrem geliebten Robert vereint zu sein, nachdem sie während der letzten drei Jahre ihres Lebens geglaubt hatte zu verkümmern.

Knapp zwei Seiten ihres Tagebuchs widmete Clara der Auseinandersetzung mit ihrem Vater, seinem Verhalten ihr gegenüber und ihrer Einstellung zu ihm. Es sind beachtliche Äußerungen für eine noch nicht ganz Neunzehnjährige, die beweisen, wie sehr Clara an Selbständigkeit gewonnen hatte. Sie zeigen aber auch, wie klar und frei von trügerischen Illusionen sie ihren künftigen Lebensweg vor sich sah, eine Fähigkeit, die der Vater ihr paradoxerweise immer gänzlich abgesprochen hatte.

Claras Mutter Mariane kam von Berlin nach Leipzig zum so genannten Sühnetermin, bei dem durch Vermittlung eines Geistlichen eine außergerichtliche Einigung gefunden werden sollte. Alle Beteiligten mussten anwesend sein. Da Wieck unter dem Vorwand einer Geschäftsreise nach Dresden gefahren und nicht erschienen war, wurde der Sühneversuch protokollarisch als gescheitert erklärt, zumal Wieck in einem Vorgespräch bereits seine strikte Ablehnung der Heirat aktenkundig gemacht hatte.

Unverrichteter Dinge und unter dem bedrückenden Eindruck des leidigen Prozesses fuhr Clara mit ihrer Mutter nach Berlin, wo sie mit Bestürzung die bescheidenen Verhältnisse wahrnahm, in denen die Familie Bargiel dort lebte. Claras Mutter hatte ihren kranken Mann und vier Kinder zu versorgen und musste den Lebensunterhalt der Familie durch Klavierunterricht allein bestreiten. Wie gern hätte Clara ihrer Mutter in dieser prekären Lage geholfen, doch versperrte der Vater konsequent den Zugriff auf ihr Vermögen.

Robert unterstützte Clara während des gesamten Jahres vor ihrer Hochzeit finanziell. Sie erhielt von ihm nicht nur die Mittel zum Bestreiten der laufenden Kosten für die Lebenshaltung, sondern auch für Konzertkleider und andere notwendige Anschaffungen. Ohne großes Aufheben sprang Robert darüber hinaus auch mehrfach für Claras Berliner Familie mit finanziellen Zuwendungen ein.

Allmählich erkannte Clara, dass ihr Vater sie im Grunde von Anfang an ausgebeutet hatte. Er verwehrte ihr jede noch so geringe Summe aus ihrem eigenen Vermögen, obwohl sie ihn flehentlich darum bat. Schließlich ging er sogar so weit, rückwirkend von ihr Geld dafür zu verlangen, dass er sich jahrelang ausschließlich um ihre Ausbildung und die Förderung ihrer Karriere gekümmert und dadurch angeblich seine übrigen Kinder sowie auch seine Unterrichtsverpflichtungen vernachlässigt hatte. Nach ihrer Heirat mit Robert bedurfte es noch einiger Diskussionen, Klagen und letztlich der Einschaltung eines Vermittlers, bis Wieck zumindest die von seiner Tochter in ihren Konzerten selbst erwirtschafteten Reingewinne herausgab.

Hatte Clara nach ihrer Rückkehr aus Paris und dem Wiedersehen mit Robert gehofft, das Schlimmste überstanden zu haben, so täuschte sie sich gewaltig. Das letzte Jahr bis zu ihrer Eheschließung sollte noch furchtbarer für sie werden.

Zunächst schickte ihr Vater am Vorabend ihres Geburtstags einen Brief nach Berlin, in dem er sie – erneut eine mögliche Einwilligung in die Hochzeit vortäuschend – bat, nach Dresden zu kommen, um noch gewisse Nebenabreden zu treffen. Ihr eigenes Misstrauen gegenüber dem Vater wie auch der Rat des Advokaten Wilhelm Einert, der die Brautleute im Eheprozess vertrat, sorgten dafür, dass Clara die Bitte ablehnte.

Als sie ihn aufforderte, zu ihr zu kommen, falls er noch ein Gespräch wünsche, besuchte er sie Ende September 1839 in Leipzig. Das Treffen führte aber zu keiner Einigung, sondern vertiefte die Gräben noch weiter. Wieck stellte wieder neue Forderungen, die ebenso indiskutabel waren wie alle früheren. Zuletzt bekräftigte er ein weiteres Mal, Clara werde keinen Pfennig aus ihrem Vermögen erhalten, auch nicht den für ihre Aussteuer erforderlichen Betrag. Clara war fassungslos.

Als sie in Anbetracht des nahenden Winters um ihren warmen Mantel bat, verweigerte Wieck die Herausgabe. Er ließ ihr durch sein Dienstmädchen ausrichten, er kenne kein Fräulein Wieck außer seinen beiden kleinen Töchtern aus der Ehe mit Clementine. Clara empfand die Situation als erniedrigend und wusste nichts mehr zu sagen.

Aber nicht nur im unmittelbaren persönlichen Umgang mit seiner Tochter zeigte sich Wieck hartherzig und missgünstig. Auch trachtete er danach, ihren öffentlichen Ruf zu ruinieren, und machte dabei selbst vor Intrigen nicht halt. Gezielt wollte er ihr sämtliche Auftritts- und Verdienstmöglichkeiten zerstören.

Der Eheprozess lief währenddessen weiter, neben dem Leipziger Appellationsgericht wurde nun auch die nächsthöhere Instanz, das Oberappel-

Die Liebe ihres Lebens: Robert Schumann (1835–1840)

lationsgericht in Dresden, eingeschaltet. Wiecks nicht erteilte Einwilligung musste per Gerichtsbeschluss ersetzt werden, um eine nach sächsischem Recht geltende Eheschließung zu ermöglichen.

Mit immer drastischeren Maßnahmen versuchte Wieck gegenzusteuern und übermittelte dem Gericht diverse Eingaben. Zu den daraufhin anberaumten Anhörungsterminen erschien er nicht. Seine Ausreden wurden immer unglaubwürdiger, seine Intrigen abscheulicher. Selbst vor anonym an Clara gesandten, jedoch von ihm persönlich diktierten Briefen schreckte er nicht zurück. Seine Angriffe gegen Robert nahmen ungeheuerliche Ausmaße an, gerade so, als wollte er sich selbst übertrumpfen im Erfinden neuer Verleumdungen.

Vier Tage vor dem erneut einberufenen Gerichtstermin am 18. Dezember 1839 reichte Wieck beim Leipziger Appellationsgericht eine fast zwölf Seiten umfassende „Erklärung" ein, in der er seine Einwände gegen Robert Schumann zusammenfassend formulierte. Auf jede nur erdenkliche Weise stellte er ihn so schlecht wie irgend möglich dar: Schumann könne weder verständlich sprechen noch deutlich schreiben, habe sich aus Dummheit die Finger verkrüppelt und dadurch seine Karriere zerstört, sei schlecht erzogen, überaus eitel und egoistisch. Außerdem bezeichnete Wieck ihn als Alkoholiker in desolater finanzieller Lage, der falsche Angaben über seine Einkünfte gemacht habe und Clara in materieller Hinsicht ausnutzen wolle.

Zwar konnte Robert jeden dieser Vorwürfe mit Leichtigkeit entkräften, aber die Anwürfe empfand er als ausgesprochen entwürdigend, und mehr als ärgerlich war, dass Wiecks „Erklärung" den zermürbenden Prozess nochmals in die Länge zog.

Zur Entspannung reisten die Brautleute zu Weihnachten 1839 nach Berlin, um dort die Feiertage gemeinsam mit der Familie von Claras Mutter zu verbringen. Hier fanden sie immerhin liebevolle Menschen, die ihnen in jeder Hinsicht beistanden und sie nach besten Kräften unterstützten. Clara empfand die Atmosphäre im Hause Bargiel jedoch auch als bedrückend, denn das Familienleben wurde von finanziellen Nöten und der Krankheit von Marianes Mann überschattet. Wie schon beim letzten Besuch empfand sie tiefes Mitleid für ihre Mutter und deren schwierige Situation.

In Leipzig steigerte sich währenddessen Wiecks Erregung ins Unermessliche, weil ihm allmählich seine Chancenlosigkeit aufging. Nun trieb er es bis zum Äußersten, griff das Leipziger Gericht selbst an und warf ihm vor, es habe ihn wie einen Hund behandelt. In der Hoffnung, beim Oberappellationsgericht in Dresden habe er bessere Aussichten, wenn er vor Ort sei, plante Wieck einen Umzug in die sächsische Hauptstadt.

Beim entscheidenden Gerichtstermin am 4. Januar 1840 wurden sämtliche Einlassungen Wiecks zurückgewiesen, lediglich den Vorwurf des übermäßigen Alkoholkonsums nahm das Gericht unter dem Vorbehalt an, dass Wieck innerhalb einer bestimmten Frist entsprechende Beweise vorlegen müsse. Auch wenn ihm dies letztlich nicht gelingen sollte, so erreichte er auf diese Weise immerhin eine weitere Verzögerung des Verfahrens.

Wieder musste der geplante Hochzeitstermin verschoben werden, worauf Clara sehr niedergeschlagen reagierte. Erneut ging eine wahre Flut von Briefen zwischen den Brautleuten hin und her, die zum Teil wieder zu Missverständnissen führten und die Situation verschlimmerten. Clara durchlebte die schmerzhaftesten Stunden ihres bisherigen Lebens, weinte unablässig und drohte jede Hoffnung zu verlieren. Doch mit erstaunlicher Selbstdisziplin arbeitete sie ohne Pause weiter, um selbst möglichst viel Geld für ihre Aussteuer zu verdienen.

In Begleitung ihrer Mutter unternahm sie vom 3. Februar bis 11. März 1840 eine erfolgreiche Konzertreise nach Norddeutschland, während der sie insgesamt sieben Konzerte gab. Nach Abzug der Kosten blieb ihr ein ansehnlicher Reinerlös, was sie besonders freute, da ihr Vater durch den Versand diverser Schmähschriften nach Bremen und Hamburg versucht hatte, ihren Erfolg schon im Vorfeld zu verhindern.

Inzwischen hatte Robert auf Anraten seines Anwalts den Entschluss gefasst, sich nochmals juristisch gegen Claras Vater zur Wehr zu setzen. Am 14. Februar 1840 legte er dem Gericht eine umfangreiche „Refutationsschrift" vor, in der er sämtliche Beschuldigungen Wiecks gegen ihn zurückwies. Zum Beleg seiner Seriosität und seiner guten Reputation fügte er mehrere Anlagen bei: die Urkunde seiner zwischenzeitlich an der Universität Jena erworbenen Promotion, eine detaillierte Aufstellung seiner Einkünfte sowie Referenzschreiben einflussreicher Musikerkollegen.

Anfang Juli 1840 musste Wieck schließlich den Vorwurf, Schumann sei Alkoholiker, mangels entsprechender Beweise zurückziehen, und am 1. August 1840 erteilte das Gericht die Genehmigung der Eheschließung. Noch weitere zehn Tage, in denen der Vater hätte Einspruch einlegen können, mussten die Brautleute bangen. Doch zu Claras großer Erleichterung verzichtete Wieck darauf. Im Tagebuch jubelte sie: „Unser Prozeß ist nun ganz beendigt, der Vater hat nicht apellirt. Ich kann das Glück gar nicht fassen!" (CSTb 9)

Als Ersatz für den Flügel, den ihr der berühmte Klavierbauer Conrad Graf anlässlich ihres triumphalen Wiener Gastspiels 1838 zum Geschenk gemacht, den aber ihr Vater einbehalten hatte, schenkte Robert seiner Braut ein Instrument von Breitkopf & Härtel. Als erste Firma in Deutschland hatte sie die so genannte Englische Mechanik, die Clara sehr gerne spielte, beim Bau ihrer Flügel übernommen. Bekränzt mit Blumen, zwischen denen ein Schmuckblatt mit einem von Robert verfassten Widmungsgedicht lag, fand Clara den neuen Flügel am 4. Juli 1840 als Überraschung vor. Sie war überaus gerührt. Sie konnte wieder regelmäßig spielen. Endlich wendete sich alles zum Guten.

Auch Robert fiel ein Stein vom Herzen. Das sich über Jahre hinziehende Drama hatte einen glücklichen Ausgang genommen. Nun konnte er die zur Hochzeit nötigen amtlichen Schritte einleiten und das Aufgebot bestellen.

Clara absolvierte währenddessen eine kurze Tournee durch Thüringen, gab am 5. September 1840 in Weimar das letzte Konzert unter ihrem Mädchennamen und beschloss damit ihre grauenhaft lange, zermürbende und nervenaufreibende Brautzeit, an die Robert sie in seinem letzten Brief vor der Hochzeit noch einmal erinnerte: „Heute vor drei Jahren bat ich Dich um Deine Hand (das Herz hatte ich schon)" (SBE I.7, S. 360f.).

Hochzeit und junges Glück
(1840-1850)

Erste gemeinsame Wohnung – Eheleben –
Die Familie wächst

Am 12. September 1840, einen Tag vor Claras einundzwanzigstem Geburtstag, fand endlich die mühsam erkämpfte und heiß ersehnte Hochzeit in der kleinen evangelisch-lutherischen Gedächtniskirche in Schönefeld nordöstlich von Leipzig statt. Robert Schumanns Zwickauer Schul- und Jugendfreund Carl August Wildenhahn wirkte dort als Pastor. Er vollzog die Trauung und sprach laut Claras Beschreibung eine kurze, einfache, aber von Herz zu Herzen gehende Rede.

Wie von den Brautleuten gewünscht, blieb man im kleinsten Kreis. Sie hatten niemanden eingeladen oder über Ort und Termin informiert. Claras beste Freundinnen Emilie und Elise List brachten aber beides in Erfahrung und ließen es sich nicht nehmen, in der Kirche zu erscheinen. Unmittelbar nach der Zeremonie und noch am Traualtar wollten sie das Brautpaar fröhlich überraschen, was Clara jedoch – ganz anders als beabsichtigt – geradezu verärgerte. Sie fühlte sich unangenehm berührt durch den gut gemeinten Spaß der Freundinnen, weil er die Andacht störte, die die Hochzeitsgesellschaft bei der für Clara so bedeutungsvollen heiligen Zeremonie ergriffen hatte.

Doch letztlich konnte auch dieser Vorfall die Stimmung nicht trüben. Es war insgesamt ein schöner Tag, und Clara erinnerte sich, dass selbst die Sonne, die sich seit vielen Tagen versteckt hatte, am Morgen, als sie zur Trauung fuhren, ihre milden Strahlen auf das Brautpaar warf, als wollte sie den Bund von oben herab segnen.

Mit der Beschreibung dieses in ihren Augen wichtigsten Tages in ihrem Leben schließt Claras Jugendtagebuch. Ihre späteren Tagebücher aus den Jahren 1844 bis 1896 sind verschollen. Vermutlich wurden sie nach ihrer Auswertung durch Claras Biografen Berthold Litzmann auf Wunsch ihrer

Hochzeit und junges Glück (1840–1850)

ältesten Tochter Marie vernichtet. Insofern kann man hinsichtlich ihres Inhalts nur auf dessen dreibändiges Werk zurückgreifen.

Dafür ist aus der Zeit von 1840 bis 1844 ein ganz anderes Tagebuch erhalten, das auf seine Weise eine absolute Rarität darstellt. Es ist das seit dem Tag nach ihrer Hochzeit von Clara und Robert geführte *Ehetagebuch*, in das die Eheleute wöchentlich abwechselnd schreiben wollten. Wenngleich private Tagebücher zur damaligen Zeit weit verbreitet waren, so stellt ein solch gemeinsam angelegtes Journal eine eher außergewöhnliche Form dar, die Clara und Robert für sich entwickelten. Und außergewöhnlich war auch ihre eheliche Partnerschaft, die aus vielerlei Gründen wohl einzigartig in der Musikgeschichte blieb. Die *Ehetagebücher* liefern ein beredtes Zeugnis davon.

Am Anfang ihrer Ehe hielten sich Clara und Robert streng an die Abmachung, allwöchentlich abwechselnd Tagebuch zu führen. Doch je intensiver Robert dann damit beschäftigt war, größere Werke zu komponieren, desto häufiger fiel es Clara zu, über mehrere Wochen hinweg zu berichten.

Das frischgebackene Ehepaar bezog seine erste gemeinsame Wohnung in Leipzig. Sie lag in der ersten Etage eines ansehnlichen Hauses und bot ein kleines, aber „trauliches und freundliches Logis" (CSTb 9), wie Clara zufrieden feststellte.

Leipzig konnten die Schumanns nun doch als Wohnort wählen, weil Friedrich Wieck seinen Instrumentenhandel hier aufgegeben hatte. Er war mit seiner Familie bereits im März 1840 nach Dresden übergesiedelt, weil er sich im Zusammenhang mit dem Eheprozess von der Nähe zum dortigen Oberappellationsgericht Vorteile erhofft hatte. Auch in Dresden arbeitete Wieck wieder als Klavierlehrer, verlegte seinen Unterrichtsschwerpunkt aber in den nächsten Jahren verstärkt auf den Gesang.

Besonders im ersten, noch kinderlosen Ehejahr kehrten bei Schumanns häufig Gäste ein. Beinahe jeder bedeutende Musiker, der sich in Leipzig aufhielt, stattete ihnen einen Besuch ab. Da viele Künstler in die berühmte Musikmetropole kamen, war ständig etwas los, zumal sich die ortsansässigen musikinteressierten Freunde in der Regel gerne dazugesellten. Viele Stunden verbrachte man mit Erzählen, Musizieren und gemeinsamen Essen in heiterer, harmonischer Runde.

Clara bewältigte ihre neue Aufgabe als Hausfrau und Gastgeberin sehr zur Zufriedenheit ihres Ehemannes, aber sie verfügte natürlich auch über eine ausreichende Anzahl helfender Kräfte. Die Löhne der Dienstboten waren zur damaligen Zeit so niedrig, dass es kein Problem war, mehrere Angestellte zu beschäftigen.

Dennoch sorgte sich Clara anfangs stets wieder aufs Neue, wenn Gäste zum Essen kamen. Wie in allen Bereichen ihres Lebens wollte sie auch als Gastgeberin perfekt sein und vor allem ihrem Mann keine Unehre machen. Leicht gestaltete sich der Spagat wahrlich nicht, den sie zwischen ihrer Existenz als Konzertpianistin und jener als Hausfrau zu meistern hatte. Obwohl noch keine Kinder zu versorgen waren, führte dieser Umstand doch gelegentlich zu leichten Spannungen zwischen den Eheleuten. Grundsätzlich aber führten Clara und Robert ein glückliches, harmonisches und erfülltes Leben, das wesentlich geprägt war von gemeinsamen Konzertbesuchen, Wanderungen, Ausflügen und kürzeren Reisen.

Wären da nur nicht weiterhin die Schatten der zermürbenden Fehde mit Claras Vater gewesen. Ein unschönes Nachspiel zum langwierigen Prozessgeschehen um die Eheerlaubnis ergab sich daraus, dass Robert schließlich noch eine Klage gegen seinen Schwiegervater anstrengte wegen dessen diffamierenden Behauptungen vor Gericht. Gleichzeitig verklagten beide Schumanns Wieck auf die Herausgabe des Kapitals, das Clara durch ihre zahlreichen Konzertauftritte selbst verdient hatte. Während man sich in dieser Angelegenheit nach längeren Verhandlungen auf einen Vergleich einigte, wurde der Beleidigungsprozess weiter verfolgt; er führte dazu, dass Wieck im April 1841 zu einer achtzehntägigen Haftstrafe verurteilt wurde.

Claras Versuch, ihren Vater zu dessen Geburtstag am 18. August 1841 mit einem liebevoll formulierten Gratulationsbrief milde zu stimmen und zum Einlenken zu bewegen, verfehlte seine Wirkung. Wieck reagierte in keiner Weise. Vielmehr setzte er seine Angriffe sowohl gegen den Schwiegersohn als auch gegen die eigene Tochter fort, indem er weiterhin verleumderische Gerüchte verbreitete. Auch dies trübte das junge Eheglück.

Bis zur Geburt ihres ersten Kindes genoss Clara die Freiräume, in denen sie Zeit und Muße fand, sich der Lektüre, dem Notenstudium von Werken anderer Komponisten und vor allem dem eigenen Klavierspiel zu widmen. Allerdings musste sie in der etwas hellhörigen Wohnung darauf achten, ihren Mann nicht beim Komponieren zu stören. Meist nutzte sie die Gelegenheiten, wenn er aus dem Haus ging. Auch intensive gemeinsame Studien wurden

Hochzeit und junges Glück (1840–1850)

betrieben, *Das Wohltemperierte Klavier* von Johann Sebastian Bach stand dabei lange Zeit im Mittelpunkt.

Da Clara davon ausging, dass sie sich als zukünftige Mutter allmählich vom öffentlichen Auftreten würde zurückziehen müssen, versuchte sie ihren Mann via *Ehetagebuch* zu einer gemeinsamen Konzertreise in die Niederlande und nach Belgien zu überreden, um noch einmal im Ausland gastieren zu können. Zu ihrem Leidwesen ging Robert nicht auf ihren Vorschlag ein, die Reise kam nicht zustande. Stattdessen nahm Clara jetzt Klavierschülerinnen an, vorerst aber nur sehr wenige und diese erst nach vorheriger sorgfältiger Prüfung.

Grundsätzlich strebte Clara von Anfang an danach, ihren Teil zum Familieneinkommen beizutragen, schließlich war sie daran gewöhnt, Geld zu verdienen. Daneben legte sie Wert darauf, sich ständig weiterzubilden und in ihren Fähigkeiten nicht nachzulassen. Sie stellte dabei hohe Ansprüche an sich und klagte, wenn sie diese einmal nicht erfüllen konnte. Roberts emsige Kompositionstätigkeit hinderte sie oft daran, ausreichend Klavier zu spielen, Partituren zu studieren oder gar eigene Kompositionen zu verfassen. Ihre diesbezüglichen Sorgen teilte sie im *Ehetagebuch* mit und hoffte, Robert auf diese Weise darauf aufmerksam machen zu können.

Trotz ihrer herausragenden pianistischen Fähigkeiten und ihrer langjährigen Berufserfahrung verließ Clara sich nie auf die Routine, sondern strebte bis ins hohe Alter nach ständiger Verbesserung. Vor ihren Auftritten kämpfte sie regelmäßig mit Lampenfieber, was sie keinesfalls nötig gehabt hätte. Nach ihren Auftritten war sie dann oft unzufrieden mit sich und ihren Leistungen, was sie ebenso wenig nötig gehabt hätte. In solchen Momenten kam sie regelrecht unglücklich von der Bühne, und es dauerte eine ganze Weile, bis sie sich wieder beruhigt hatte. Am meisten fürchtete sie, ihr Mann könne unzufrieden mit ihrem Spiel sein. Die leiseste Andeutung in dieser Hinsicht genügte ihr, um sich niedergeschlagen zu fühlen. Kritik von Robert traf sie bis ins Mark.

Diese Einstellung führte auch dazu, dass Clara sämtliche Konkurrentinnen – meist vollkommen grundlos – misstrauisch beäugte, in permanenter Sorge, diese könnten sie überflügeln. Regelrecht eifersüchtig reagierte sie darauf, wenn ihr Mann eine andere Künstlerin über Gebühr lobte. Das konnte Clara nicht ertragen, sie ließ sich dann kaum wieder besänftigen. Ihr Ehrgeiz, ihr Selbstanspruch und ihre eiserne Disziplin ließen keine Schwäche, kein Nachlassen der Kräfte zu. Dies blieb auch später so, als sie bereits mehrfache Mutter war und sich die Belastungen verstärkten.

Es bedrückte Clara nach wie vor, dass der Flügel von Conrad Graf in ihrem Elternhaus zurückgeblieben war. Ihr Vater hatte die Herausgabe seinerzeit verweigert, weil er hoffte, dadurch ein weiteres Druckmittel gegen sie und ihre Heiratspläne in der Hand zu haben. Im Februar 1841 wurde Wieck durch die Vermittlung eines guten Bekannten der Schumanns gezwungen, Clara das Instrument zurückzugeben. Sie fand es zwar etwas abgespielt, doch immer noch schön von innen und außen.

Zuvor hatte ihr Vater in seiner ihm eigenen Art tatsächlich versucht, aus dieser Angelegenheit noch Gewinn zu schlagen, indem er von Clara Geld für ihr eigenes Instrument verlangte. Einen Teil erhielt er sogar. Ernüchtert und maßlos enttäuscht stellte Clara fest, dass ihr Vater seine hinterhältigen Machenschaften nicht eingestellt hatte. Wann immer sie versuchte, eine versöhnliche Haltung ihm gegenüber einzunehmen, erstickte er dieses Gefühl durch neue Boshaftigkeiten.

Zwar stand für Clara auch in kompositorischer Hinsicht das Klavier im Mittelpunkt, dennoch ermunterte ihr Ehemann sie nach der Hochzeit immer wieder, sich dem Liedschaffen zuzuwenden. Es fiel ihr sichtlich schwer, aber sie stellte sich dem Versuch, Lieder zu komponieren. Ende des Jahres 1840 gelangen ihr drei Lieder nach Texten von Heinrich Heine (*Ihr Bildnis* und *Volkslied*) sowie Robert Burns (*Am Strande*), mit denen sie selbst einigermaßen zufrieden war. Robert fand die Lieder zu Weihnachten auf dem Gabentisch und zeigte sich hocherfreut darüber.

Spontan kam ihm die Idee, ein gemeinsames Liederheft herauszugeben, was dann ein Jahr später in die Tat umgesetzt wurde. Clara und Robert Schumann vertonten beide zahlreiche Texte aus dem *Liebesfrühling* von Friedrich Rückert und ließen das Heft als ihr Opus 12 und sein Opus 37 drucken. Bis heute erfreut sich der Liederzyklus op. 37 von Robert Schumann größter Beliebtheit und wird oft gesungen. Nur die wenigsten wissen allerdings, dass drei der Lieder aus Clara Schumanns Feder stammen.

Neben den Geschenken, Überraschungen und Feiertagsaktivitäten zu Weihnachten erfreute Clara auch die Gewissheit, mit ihrem ersten Kind schwanger zu sein. In trauter Zweisamkeit und mit dieser wunderbaren

Hochzeit und junges Glück (1840–1850)

Der Flügel, den Clara Wieck 1838 in Wien von Conrad Graf zum Geschenk erhielt. Clara gab ihn später an Johannes Brahms, der ihn der Gesellschaft der Musikfreunde Wien schenkte.

Aussicht beendeten Clara und Robert Schumann das Jahr 1840, das wohl eines der ereignisreichsten und turbulentesten ihres bisherigen Lebens war.

Wenn ein Mann eine Sinfonie komponiert, könne man wohl nicht verlangen, dass er sich mit anderen Dingen abgibt. Mit diesem Gedanken eröffnete Clara im Januar 1841 das *Ehetagebuch*, obwohl die Reihe eigentlich an Robert gewesen wäre. Und obwohl sie sich ein bisschen benachteiligt fühlte, unterstützte sie ihn nach Kräften, so sehr freute sie sich darüber, dass er sich endlich auf das Gebiet der großen sinfonischen Musik wagte.

Schumanns erste Sinfonie op. 38 bestimmte fast drei Monate lang das Thema der Tagebucheinträge. Sie wurde im Leipziger Gewandhaus unter der Leitung von Kapellmeister Felix Mendelssohn Bartholdy am 31. März 1841 uraufgeführt. Es war auch für Clara ein Freudentag, weil sie zum ersten Mal unter ihrem neuen Nachnamen in einem Konzert auftreten konnte. Auf dem

Programm standen neben Roberts Sinfonie ein von Mendelssohn eigens für dieses Konzert komponiertes Klavier-Duo *Allegro brillant* op. 92, das er selbst gemeinsam mit Clara aufführte. Außerdem spielte sie diverse Solostücke sowie zwei Sätze aus dem Klavierkonzert f-Moll von Frédéric Chopin. Clara habe „wie eine Meisterin" und in „erhöhter Stimmung" gespielt, so dass „alle Welt entzückt war" (Etb, S. 70), hielt Robert im *Ehetagebuch* fest. Er selbst war überglücklich über den großen Erfolg seiner ersten Sinfonie.

Im Mai begann Clara, die Ausstattung für ihr erstes Kind einzukaufen. Im Sommer wurde sie immer fülliger, jede Bewegung fiel ihr schwer. Am Vormittag des 1. September 1841 wurde nach schmerzvollen Stunden ein kleines Mädchen geboren, das man an Claras zweiundzwanzigstem Geburtstag auf den Namen Marie taufen ließ. Zu den Paten zählte auch der Freund Mendelssohn Bartholdy, der selbst jedoch nicht anwesend sein konnte und sich vertreten ließ.

Während Claras Mutter aus Berlin anreiste und für einige Tage bei der jungen Familie blieb, ignorierte ihr Vater die Nachricht von der Geburt seines ersten Enkelkindes. Bei aller Freude blieb der schwelende Streit mit Friedrich Wieck ein steter Wermutstropfen im Schumann'schen Hause.

Clara stellte, wie damals im gut situierten Bürgertum üblich, zum Stillen eine Amme und für die weiteren Arbeiten ein Kindermädchen ein. Die Kosten dafür waren gering, und sie verschaffte sich so die dringend erforderlichen Freiräume zum Komponieren und Klavierspielen.

Schon ein knappes Jahr nach Maries Geburt nahm Clara ihre Karriere wieder in vollem Umfang auf. Durch die gemeinsamen Studien mit ihrem Mann und aufgrund seiner steten Anstöße hatte sie sich musikalisch weiterentwickelt und war als Künstlerin enorm gereift. Aber insbesondere jüngere Klaviervirtuosen drängten von überall an die Öffentlichkeit und drohten ihr den Rang abzulaufen. Clara wusste genau, dass sie dieser Konkurrenz nur Herr werden konnte, wenn sie regelmäßig auftrat und sich ihr Publikum ständig neu eroberte. Daher freute sie sich über die zahlreichen Engagements, die an sie herangetragen wurden, und nahm die meisten nach Möglichkeit auch an.

Ende November 1841 unternahm das Ehepaar Schumann eine Konzertreise nach Weimar, während der Roberts erste Sinfonie erfolgreich aufgeführt wurde und Clara gemeinsame Auftritte mit Franz Liszt absolvierte.

Sie war dieses Mal insgesamt unzufrieden mit sich und ihrem Klavierspiel. Auch einige kleine Missgeschicke – sie stach sich in den Finger und war vorübergehend unfähig zu spielen – erzürnten sie, und den Umgang mit Liszt konnte sie nicht genießen. Sie beneidete ihn um sein weltgewandtes Auftreten und war verärgert über seine brillanten Kompositionen und die Furore, die er damit machte.

Claras Urteil über Liszt als Person und als Künstler war von Anfang an ausgesprochen ambivalent und gestaltete sich im Laufe ihres Lebens immer unfreundlicher. Während der acht Jahre ältere Liszt sich stets höflich und respektvoll ihr gegenüber verhielt, zeigte sie sich extrem unzugänglich. Sie gab sogar zu, dass sie ihn als Komponisten fast hasse, denn seine Stücke fand sie schauderhaft. „Ein Chaos von den grellsten Dissonanzen, ein immerwährendes Gemurmel im tiefsten Bass und höchsten Diskant zusammen" (Etb, S. 108f.) glaubte sie da zu hören, also nichts, was sie harmonisch und melodiös fand.

Als Pianist hingegen versetzte er sie regelmäßig in höchstes Erstaunen. Sein Klavierspiel erschien ihr hinreißend und geistvoll, wenn auch manchmal etwas geschmacklos. Den Menschen Liszt beurteilte sie mit den widersprüchlichsten Attributen, nannte ihn gutmütig und herrschsüchtig, liebenswürdig und arrogant, nobel und freigebig, aber auch oft hart gegen andere. Insgesamt empfand sie sein Wesen als eine sonderbare Mischung unterschiedlicher Charakterzüge.

War diese kurze Konzertreise ins nicht weit entfernte Weimar noch einfach zu bewerkstelligen, so warf die nächste, die im Februar und März 1842 nach Bremen und Hamburg gehen sollte, schon größere Probleme für Clara und Robert auf. Die sechs Monate alte Marie musste während ihrer Abwesenheit versorgt und Schumanns Redaktion der *Neuen Zeitschrift für Musik* in die Hände eines Vertreters gegeben werden. Beides waren keine leichten Unterfangen, ließen sich aber regeln.

Die Tournee verlief erfolgreich, bis Clara in Hamburg der Gedanke kam, die Reise nach Kopenhagen fortzusetzen und dort zu konzertieren. Sie hatte diese Idee schon zwei Jahre zuvor entwickelt, sie damals aber nicht umsetzen können. Auch jetzt schien die Realisierung nicht gerade einfach. Weder konnte die kleine Marie länger bei Roberts Bruder in Schneeberg gelassen noch die Zeitschrift für zwei weitere Monate in Vertretung gegeben werden. Clara traf schließlich eine bemerkenswerte Entscheidung: Sie beschloss, die Reise ohne ihren Mann durchzuführen.

Das behagte Robert natürlich gar nicht, und er versuchte bis zuletzt, sie von ihrem Plan abzubringen. Doch musste er nach reiflicher Überlegung zugeben, dass sich seine Frau in einem echten Dilemma befand. Um sein Verständnis und Einfühlungsvermögen unter Beweis zu stellen, schrieb er für sie ins *Ehetagebuch*:

„Soll ich denn mein Talent vernachlässigen, um dir als Begleiter auf der Reise zu dienen? Und du, sollst du deshalb dein Talent ungenutzt lassen, weil ich nun einmal an Zeitung und Clavier gefesselt bin? Jetzt, wo Du jung u. frisch bei Kräften bist? Wir haben den Ausweg getroffen. Du nahmst dir eine Begleiterin, ich kehrte zum Kind zurück u. zu meiner Arbeit. Aber was wird *die Welt* sagen? So quäle ich mich mit Gedanken. Ja, es ist durchaus nöthig, daß wir Mittel finden, unsere beiden Talente nebeneinander zu nützen u. zu bilden." (Etb, S. 112)

Und „die Welt" reagierte tatsächlich, und zwar initiiert und gesteuert von Friedrich Wieck, der einmal mehr die Gelegenheit wahrnahm, seine Tochter und den verhassten Schwiegersohn durch üble Nachrede zu verunglimpfen. Wieck verbreitete das Gerücht, die jungen Leute hätten sich getrennt und würden sich schon bald scheiden lassen, weshalb Clara allein nach Kopenhagen gereist sei. Es war nur ein schwacher Trost für Clara, dass ihrem Vater inzwischen niemand mehr glaubte. Seine Hinterhältigkeit traf sie immer noch tief.

Es war in der Tat bemerkenswert und für die Zeit unkonventionell, dass eine Frau allein eine solche Reise antrat, vor allem wenn sie verheiratet war. Robert litt unendlich darunter, hätte sich aber andererseits auch nicht in die Rolle des puren Begleiters oder gar Impresarios seiner Frau hineinfinden können. Seine eigenen künstlerischen Aktivitäten und die Herausgeberpflichten bei seiner Zeitschrift hinderten ihn ebenso daran wie die Tatsache, dass er seine kleine Tochter nur ungern für längere Zeit verließ. Nicht zuletzt gefielen ihm aber auch die häusliche Ruhe und die geregelte Tagesordnung, die er zum Komponieren brauchte.

Hatte er zunächst sicher im Stillen gehofft, Clara würde nach der Hochzeit und mit zunehmender Kinderzahl ihre Konzerttätigkeit stärker einschränken oder sogar ganz aufgeben, so musste er jetzt erkennen, dass dies für sie keine Option darstellte. Robert befand sich in einem Zwiespalt. Einerseits war ihm bewusst, dass Claras Tätigkeit als Pianistin auch für ihn von Vorteil war. Der Erfolg und die pianistische Leistung seiner Frau erfüllten ihn mit berechtigtem Stolz. Auch vergaß er nicht, dass sie die wichtigste Botschafterin seiner Werke in der Öffentlichkeit war. Und schließlich trug Clara durch ihre beträchtlichen Gagen nicht unerheblich zum Familieneinkommen bei, was er ebenfalls begrüßte. Als Mann seiner Zeit verletzte es Robert andererseits aber auch, nicht der Alleinverdiener zu sein.

Clara litt in Kopenhagen ebenfalls unter der langen Trennung von Mann und Kind, fühlte sich unglücklich und durch ein schlechtes Gewissen belastet. Noch Ende Mai, da war sie längst schon wieder in Leipzig, beschäftigte sie sich mit dieser grundsätzlichen Problematik und verteidigte rückwirkend in einem ellenlangen Brief an Emilie List ihren Entschluss, alleine nach Kopenhagen zu reisen. Mehrfach betonte sie, wie viel es ihr bedeute, der Haushaltskasse Geld beisteuern zu können.

Der Aufenthalt in Kopenhagen verlief, nachdem Clara die gefürchtete und beschwerliche Fahrt übers Meer von Kiel aus überstanden hatte, recht ereignisreich. Sie gab zahlreiche Konzerte, lernte interessante Künstler kennen und wurde dem dänischen Königshaus vorgestellt. Erfolg, Ruhm und Honorare stimmten, Clara konnte zufrieden sein. Die Sehnsucht nach ihren Lieben wuchs, so dass sie ihr Wiedersehen im April 1842 kaum noch erwarten konnte. Letztlich blieb es die einzige längere Konzertreise, auf die sich Clara während ihrer Ehejahre allein begab.

Zu Hause in Leipzig kehrte wieder Normalität ein. Robert komponierte jetzt erstaunlich viel Kammermusik, nachdem sie zuvor gemeinsam Streichquartette anderer Komponisten studiert hatten. Clara nahm ihre Pflichten als Hausfrau, Mutter und Gastgeberin wieder gewissenhaft wahr, daneben wurden kürzere Erholungsreisen und gelegentliche Ausflüge in die Umgebung unternommen.

Dann meldete sich völlig überraschend im Januar 1843 nach dreijähriger Funkstille Friedrich Wieck. Er lud seine Tochter nach Dresden ein und bat sie, in einem von ihm organisierten Konzert das eben vollendete Klavierquintett op. 44 ihres Mannes aufzuführen. Kein weiteres Wort verlor er, weder eine Begründung für sein langes Schweigen noch Erklärungen hinsichtlich seiner vielen zurückliegenden Intrigen und Verleumdungen. Lediglich der lapidare Satz fiel, dass Claras Mann und er zwei sehr harte Köpfe seien, und die knappe Bitte, kein Wort über die vergangenen Jahre zu verlieren. Das war keine herzliche, aber eine für Wiecks Art typisch formulierte Einladung.

Roberts Klavierquintett machte allerorten große Furore. Er hatte es für seine Frau komponiert, die bei der Uraufführung des Werkes am 8. Januar 1843 im Leipziger Gewandhaus rauschenden Beifall erhielt. Von diesem Moment an trat das Stück seinen unaufhaltsamen Siegeszug durch die Konzertsäle der Welt an, der bis heute ungebrochen ist. Die zeitgenössischen Rezensenten reagierten überschäumend und lobten die Originalität und die Erfindungskraft des Klavierquintetts in den höchsten Tönen, ohne schon ahnen zu können, dass es einmal zu den bedeutendsten Kammermusiken des Jahrhunderts zählen würde.

Wen wundert es also, dass Wieck in seinem untrüglichen Gespür für günstige Gewinnmöglichkeiten auch selbst von diesem Erfolg profitieren wollte. Dafür sprang er sogar über seinen Schatten, was für ihn viel bedeutete. Viermal reiste Clara daraufhin im Jahr 1843 nach Dresden, wohnte im Haus ihres Vaters, traf dessen Familie und brillierte mit dem Klavierquintett ihres Mannes.

Es dauerte noch bis zum Ende des Jahres, dann traf eine Art Versöhnungsbrief bei Robert Schumann ein. Beginnend mit den Worten „Tempora mutantur et nos mutamur in eis" (Die Zeiten ändern sich, und wir ändern uns in ihnen), lud Wieck nun auch seinen Schwiegersohn nach Dresden ein und machte den Vorschlag, das Weihnachtsfest gemeinsam zu verbringen. Robert willigte nach reiflicher Überlegung seiner Frau zuliebe ein. Ein mulmiges Gefühl beschlich ihn bei der Abreise trotzdem.

Den Heiligen Abend verbrachten die Familien dann gemeinsam im Wieck'schen Hause, allerdings nicht in harmonischer Atmosphäre. Auf beiden Seiten herrschte eine gewisse Zurückhaltung, und jeder fühlte sich gleichermaßen unwohl in seiner Haut. Zwar bemühten sich alle um ein höfliches Miteinander und vorsichtiges Näherkommen, aber eine familiäre Vertrautheit stellte sich nicht ein. Über den ursprünglichen Streit wurde, wie von Wieck gewünscht, Stillschweigend bewahrt, zu einem unbeschwerten Umgang miteinander kam es jedoch auch in der Zukunft nie mehr.

Hochzeit und junges Glück (1840–1850)

Drei Monate vor der erfolgreichen Leipziger Uraufführung des Klavierquintetts waren im September 1842 Maries erster Geburtstag und der zweite Hochzeitstag ihrer Eltern gebührend gefeiert worden. Da wusste Clara bereits, dass sie erneut schwanger war. Am 25. April 1843 erblickte die zweite Tochter Elise das Licht der Welt, wobei die Geburt dieses Mal viel leichter verlief als beim ersten Kind. Auch fühlte Clara sich im Wochenbett überraschend wohl und konnte schon nach elf Tagen wieder aufstehen, was für damalige Verhältnisse recht früh war.

Noch bis kurz vor der Entbindung hatte Clara Konzerte und Opernaufführungen besucht und war selbst aufgetreten, unter anderem in Dresden bei ihrem Vater. Sie war in dieser Hinsicht ausgesprochen stabil und ließ sich in ihrer Lebensweise durch die Schwangerschaften auch zukünftig so wenig wie möglich beeinflussen.

Mehr Ärger bereitete ihr zu dieser Zeit das Personal. Sie entließ eine Köchin, die sich als recht grob im Umgang erwiesen und Clara bestohlen hatte. Auch die Kindermädchen schienen untauglich und mussten mehrfach gewechselt werden. Da gute Dienstkräfte nur schwer zu finden waren, war dies mit Unannehmlichkeiten verbunden. Clara kümmerte sich aber gewissenhaft um diese Dinge, da es ihr ein großes Anliegen war, eine gute Hausfrau und Mutter zu sein. Doch konnte sie daneben nie die Künstlerin in sich verleugnen, brauchte stets auch die große Bühne, den Ruhm, die Erfolge und den Applaus des Publikums. So trat sie auch nach Elises Geburt ziemlich bald wieder auf und gab Konzerte in Leipzig und Dresden.

Robert, der die häusliche Behaglichkeit vorzog, wusste inzwischen genau, dass Tourneen für Claras Karriere unabdingbar waren. Während ihm das anstrengende Reisen oft zuwider war, schien es Clara nichts auszumachen. Daher bat sie ihn wiederholt darum, einmal gemeinsam eine größere Konzertreise zu unternehmen. Sogar Amerika stand dabei in Rede. Nachdem er seine Frau mehrfach vertröstet hatte, sah Robert endlich einen günstigen Zeitpunkt dafür gekommen.

Ende Januar 1844 brachen die Schumanns zu einer Konzertreise nach Russland auf. Es war die längste und weiteste Reise, die sie je zusammen machten. Die beiden Töchter wurden in bewährter Weise bei Roberts Bruder und seiner Frau in Schneeberg untergebracht, nachdem sich in Leipzig keine passende Betreuerin hatte finden lassen.

Erste gemeinsame Wohnung – Eheleben – Die Familie wächst

Für Clara bedeutete diese Reise die Erfüllung eines lang gehegten Wunschs. Sie freute sich auf die zahlreichen Konzerte, die Einnahmen und auf die interessanten Bekanntschaften, die zu erwarten waren. Ihr Mann begleitete sie nicht nur, um ihr einen Gefallen zu erweisen. Daneben hoffte er wohl auch, selbst etwas zur Ruhe zu kommen, sich zu erholen und vielleicht sogar arbeiten zu können. Nach der Komposition seines ersten großen vokalsinfonischen Werkes *Das Paradies und die Peri* op. 50 fühlte er sich einigermaßen erschöpft und geistig ausgelaugt.

Mit einem Dampfwagen fuhren die Schumanns zunächst bis Berlin, wo sie Claras Mutter Mariane besuchten und neben vielen anderen befreundeten Musikern auch wieder einmal Felix Mendelssohn Bartholdy trafen, der hier derzeit als Kapellmeister wirkte.

Die nächste Station der langen Reise war die Residenzstadt Königsberg in Ostpreußen. Auf dem Weg mussten sie die vereiste Weichsel überqueren und erreichten ihr Ziel erst nach fast sechsunddreißigstündiger Fahrt. In der malerischen Stadt, die als geistiges Zentrum Preußens galt, verbrachten die Schumanns einige schöne Tage, bevor ihre Reise sie dann in immer kältere, einsamere und schroffere Landschaften führte.

Ihnen stand eine grausige Fahrt über den Njemen bevor, der Clara mit Herzklopfen entgegensah, weil die gefürchtete Grenze zum zaristischen Russland nahte. Überraschenderweise verlief der Grenzübertritt – unter der Aufsicht angsteinflößender, bewaffneter Soldaten – ohne größere Schwierigkeiten. Nun konnte die Reise im Tiefschnee durch das damals zu Russland gehörige Litauen fortgesetzt werden. Gelegentlich blieb ihre Kutsche stecken und kam nur mit Mühe voran, obwohl die von Schumanns benutzte so genannte Mallepost oder Courierpost als ausgesprochen schnell und bequem galt.

Wieder einmal zeigte sich, wie gut Clara derart beschwerliche Reisen auch unter schwierigsten Bedingungen bewältigen konnte. Tapfer ertrug sie sämtliche Strapazen und gab ihrem Mann hilfreiche Ratschläge. Gegen die ungewohnt grimmige Kälte schützten sie sich mit dicken Decken und wärmenden Pelzen. Und die sehr kurzen Nächte verbrachten sie in eher primitiven Gasthäusern, die sie in der Regel schon um vier Uhr morgens wieder verlassen mussten, um zur nächsten Station aufzubrechen.

Trotz dieser enormen Anstrengungen und des Schlafmangels brachte es Clara fertig, Konzerte in allen Orten zu geben, die sie auf ihrer Fahrt er-

Hochzeit und junges Glück (1840–1850)

reichten. Mitau, Riga, Dorpat, keine Stadt wurde ausgelassen. Eines Abends übermannte aber selbst sie die Müdigkeit dermaßen, dass sie fast ihren Auftritt verschlafen hätte. In allerletzter Sekunde konnte Clara dann noch rasch ihr Bühnenkleid überstreifen, in den Konzertsaal rennen und auf die Bühne springen.

Für das letzte Stück der Fahrt mieteten die Schumanns sich eine wesentlich schnellere, geräumigere und komfortablere Privatkutsche. Die unerträgliche Kälte, das wüste Schneetreiben und die grässlichen Straßenverhältnisse waren nun etwas weniger deutlich spürbar.

Das erklärte Hauptziel der Reise war natürlich von Anfang an St. Petersburg gewesen, ein Mekka für jeden Musiker der damaligen Zeit, der etwas auf sich hielt. Spätestens seit sich hier auf Initiative der Zarin Katharina die Große eine komplett westlich orientierte Kulturszene entwickelt hatte, galt das Interesse des russischen Adels ausschließlich der westeuropäischen Musik. Künstler aus Italien, Frankreich und Deutschland wurden favorisiert, Französisch war die Sprache der Aristokratie, alles Russische wurde abgelehnt und den Bauern überlassen.

So hielten es selbstverständlich auch der nun regierende Zar Nikolai I. und seine Frau, die aus Preußen stammende Zarin Alexandra Fjodorowna, an ihrem Hof. Letztere gewährte Clara Schumann eine Audienz im Winterpalais, zu der allerdings Robert nicht eingeladen war. Claras Vorspiel gefiel der seit Langem kränkelnden Zarin ausnehmend gut, sie hörte ihr aufmerksam zu und beschäftigte sich eingehend mit den vorgestellten Musikstücken. Clara kam anschließend höchst zufrieden und entzückt von der guten Aufnahme nach Hause und berichtete ihrem Mann ausführlich und in leuchtenden Farben bei einer Flasche Champagner von ihren Erlebnissen am Zarenhof.

Zum Dank ließ die Zarin Clara später ein wertvolles Armband als Geschenk zukommen. Dem Zaren selbst begegneten die Schumanns in St. Petersburg kurz darauf noch einmal, als er in einem einspännigen Schlitten ohne Eskorte zufällig ihren Weg kreuzte.

Durch Claras Auftritt bei der Zarin erhöhte sich das Interesse an ihren Konzerten deutlich. Das – zumeist adlige – Publikum riss sich jetzt geradezu um Eintrittskarten. Die insgesamt sieben Konzerte in St. Petersburg brachten ihr nicht nur einen ansehnlichen Gewinn, sondern auch hohe Anerkennung ein. Sie wurde zum Ehrenmitglied der Philharmonischen Gesellschaft von St. Petersburg ernannt.

In fast allen Städten ihrer Reise machten Clara und Robert die Bekanntschaft bedeutender Künstler, woraus sich zum Teil lebenslange Freundschaften entwickelten. Gute Kontakte waren auch in Russland unerlässlich, wollte man rasch geeignete und günstige Auftrittsmöglichkeiten finden. Am meisten freute Clara, dass sie in St. Petersburg Pauline Viardot-García antraf, mit der sie seit 1838 befreundet war. Die Sängerin und Komponistin, die Russland sehr verbunden und dort viel bewundert war, befand sich gerade auf der letzten Station einer triumphalen Tournee.

Pauline war ebenfalls in Begleitung ihres Mannes unterwegs. Die beiden Ehepaare lernten sich schon bald näher kennen und verbrachten viel Zeit miteinander. Gemeinsam besuchten sie Konzerte, an deren Ausführung beide Schumanns allerdings häufig etwas zu bemängeln hatten. Die Bevorzugung der damals als modisch geltenden italienischen Musik mit ihren vielen Bravourarien sagte ihnen gar nicht zu.

Nach ihrem langen Aufenthalt in St. Petersburg setzten Clara und Robert schließlich Anfang April 1844 ihre Reise fort und brachen am Abend in einem offenen Schlitten nach Moskau auf. Wieder folgte eine entsetzliche Nacht, die Clara im *Ehetagbuch* eindrucksvoll schilderte. Die ausgewählte Strecke befand sich in einem Zustand, den man aus Deutschland nicht kannte. Der Weg war voller Schlaglöcher, die so tief waren, dass man glaubte, hineinfallen zu müssen und nicht wieder herauskommen zu können. Keine Minute konnten sie auf der Reise ruhig, geschweige denn angenehm sitzen. Entsprechend zerschlagen fühlten sie sich bei der Ankunft in Moskau.

Wegen der extremen Schneeverhältnisse war der russische Schlitten mit besonders breiten Kufen ausgestattet, was den Fahrkomfort verbessern sollte. Aber diese Ausrüstung war nicht in jeder Situation hilfreich. Auch ärgerte sich Clara sehr über ihren Fahrer, da er unterwegs die Schäden, die durch die miserablen Straßenverhältnisse entstanden waren, nie beizeiten sachgerecht reparieren ließ. Mehrfach mussten sie daher außerplanmäßig in abgelegenen Dörfern ohne geeignete Werkstatt und ohne jeglichen Komfort für die Reisenden pausieren, weil ihr Schlitten vollständig fahruntüchtig geworden war. Geduldig harrten sie dann aus, bis er wenigstens wieder halbwegs ausgebessert war.

Hochzeit und junges Glück (1840–1850)

Mit einer längeren Unterbrechung im zentralrussischen Städtchen Twer, wo sie Roberts Verwandte besuchten, kamen die Schumanns nach einem weiteren beschwerlichen Reisetag in ihrem „fahrbaren Bretterkasten" (Etb, S. 219) endlich in Moskau an. Der imponierende Anblick des Kremls entschädigte sie für alle Reisestrapazen. Das Bauwerk gefiel ihnen so gut, dass sie es während ihres Aufenthalts fast täglich besuchten.

Zunächst mussten die üblichen Erkundigungen eingeholt werden, damit Clara möglichst rasch auftreten und Einnahmen erzielen konnte. Entgegen ihren Erwartungen waren die daraufhin arrangierten Konzerte verhältnismäßig schwach besucht, so dass der bisherige Erfolg der Tournee einen leichten Einbruch erlitt. Clara spielte trotzdem, auch für wenige Zuhörer, die jedes Mal begeistert waren. Das stimmte sie doch versöhnlich.

Robert fühlte sich gesundheitlich während der gesamten Russland-Reise angeschlagen. Ihn plagten abwechselnd Erkältungen, Fieber, rheumatische Beschwerden und unerklärliche Stimmungsschwankungen. Da er nicht annähernd mit der Robustheit seiner Frau gesegnet war, strengten ihn die langen und beschwerlichen Fahrten in Eiseskälte enorm an. Während Clara nach ihrer Ankunft sofort Auftrittsorte sowie die zur Verfügung stehenden Klaviere prüfte und organisatorische Dinge regelte, blieb ihr Mann meist im Hotel, um sich auszuruhen.

Zu Beginn ihrer Tournee war er noch nicht einmal in der Lage, die Konzerte seiner Frau zu besuchen, so schwach fühlte er sich. Dabei setzte Clara viele seiner Werke aufs Programm, um sie auch in Russland populärer zu machen. Als es Robert etwas besser ging, konnte er seine Werke gelegentlich selbst dirigieren. Den größten Gefallen fand das Publikum an seiner ersten Sinfonie op. 38.

Anfang Mai 1844 traten Clara und Robert die lange Heimfahrt an, freuten sich über das erste Grün des Frühlings, die hellen Nächte und die milde Luft. So ließ sich das Reisen deutlich besser ertragen als im frostigen Winter. An jeder Station nahmen sie Abschied von lieb gewonnenen Menschen, sehnten aber inzwischen das Wiedersehen mit ihren beiden Töchtern herbei.

Zweieinhalb Wochen später war es endlich soweit, sie fuhren nach Schneeberg zu Roberts Bruder Carl und seiner Frau Pauline, um die Kinder abzuholen. Als sie abends eintrafen, fanden sie Marie und Elise schlafend vor. Clara freute sich über diesen lieblichen und beglückenden Anblick.

Insgesamt konnte die Russland-Reise als großer Erfolg verbucht werden. Nach Abzug sämtlicher Kosten blieb ein beachtlicher Gewinn übrig, der der jungen Familie ein gutes finanzielles Polster für die nächsten Jahre bot.

Ansonsten stellte die Reise eine deutliche Zäsur im Leben der Schumanns dar. Nachdem Robert zehn Jahre lang an die Redaktion seiner Zeitschrift gebunden war, trennte er sich nach seiner Rückkehr aus Russland ganz von ihr und übergab sie einem neuen Herausgeber. Auf diese Weise wollte er sich größere Unabhängigkeit und mehr Zeit verschaffen, um sich stärker seinen kompositorischen Arbeiten widmen zu können.

Im Sommer übernahm Clara einen Lehrauftrag für Klavier am 1843 von Mendelssohn Bartholdy gegründeten Leipziger Konservatorium, wo Robert schon seit einiger Zeit unterrichtete. Als es ihm dann jedoch gesundheitlich schlecht ging, unterbrachen beide ihre Tätigkeit und reisten im September zu einem Erholungsaufenthalt in den Harz, um Robert Besserung zu verschaffen. Clara, die mittlerweile zum dritten Mal schwanger war, sollte ebenfalls auf sich achten und ein wenig zur Ruhe kommen.

Angestoßen durch Roberts schlechten Gesundheitszustand oder aus welchen Gründen auch immer, stellten Robert und Clara in dieser Zeit Überlegungen an, in eine andere Stadt zu ziehen. Im Herbst 1844 fuhren beide zunächst probeweise für eine längere Zeit nach Dresden, vorwiegend wohl des günstigeren Klimas wegen. Die aus dem Elbtal kommende milde Luft und ausgiebige Spaziergänge im landschaftlich reizvollen Umland waren von den Ärzten empfohlen worden. Auch bot die Stadt deutlich mehr Rückzugsmöglichkeiten und erholsame Orte als das lebhafte Leipzig.

Dann entschlossen Clara und Robert sich zu einer kompletten Übersiedelung, mieteten eine Wohnung und zogen mit ihrer ganzen Familie in die Hauptstadt des Königreichs Sachsen. Am 8. Dezember 1844 gaben sie eine Abschiedssoirée im Leipziger Gewandhaus für ihre Freunde und Bekannten, die sie nur sehr ungern gehen ließen. Einige äußerten auch ihr Unverständnis für den geplanten Umzug, fanden sie die Schumanns in Leipzig doch eigentlich bestens aufgehoben.

Für Clara war dieser Ortswechsel tatsächlich ein bedeutender Schritt. Sie verließ damit für immer ihre Heimatstadt, ihren Geburtsort und vor allem die Stätte ihrer frühen Triumphe. Nachdem Robert seine Zeitschrift und auch den Leipziger Lehrauftrag aufgegeben hatte, würde er nun in

Hochzeit und junges Glück (1840–1850)

Clara und Marie Schumann in Dresden um 1844/45 auf der Daguerreotypie eines unbekannten Fotografen.

Dresden deutlich mehr Zeit haben und sich intensiver dem Komponieren widmen können. Auch bliebe künftig sicher mehr Muße für die wachsende Familie. Die entscheidenden Gründe dürften aber weniger aus künstlerischen oder familiären Überlegungen hervorgegangen sein, sondern waren überwiegend gesundheitlicher Art.

Schumanns tauschten eine berühmte und vor Lebendigkeit nur so sprühende Musikmetropole mit einem Spitzenorchester, der ältesten Musikhochschule Deutschlands und einer progressiven Zeitschriftenlandschaft gegen eine eher altmodisch orientierte barocke Residenzstadt, in der das Bürgertum wenig und der Adel viel zu sagen hatte.

Die Musik spielte im kulturellen Leben Dresdens bei Weitem nicht die größte Rolle; diese war den bildenden Künsten, insbesondere der Malerei vorbehalten. Zudem bevorzugte die tonangebende Aristokratie in musikalischer Hinsicht die italienische Oper und die Dresdner Hofkapelle, deren Repertoire absolut nicht dem Geschmack der Schumanns entsprach. Künstler und Publikum waren in Dresden deutlich weniger an anspruchsvoller Musik interessiert als in Leipzig. Die geistige Atmosphäre war in Dresden also eine grundlegend andere.

Für Clara und Robert standen zunächst die herrliche Landschaft, die Ausflüge und Spaziergänge innerhalb der Stadt sowie in der näheren Umgebung im Vordergrund, was sie sehr genossen. Insgesamt blieben sie fast sechs Jahre in der Residenzstadt wohnen. In dieser Zeit ereignete sich viel. Clara erlebte fünf Schwangerschaften und brachte vier weitere Kinder zur Welt, die beiden Söhne Ludwig und Ferdinand sowie die dritte Tochter Julie. Der 1846 geborene Emil überlebte nicht.

Der wachsende Haushalt benötigte bald mindestens drei Dienstboten, die Clara mit der ihr eigenen Gewissenhaftigkeit überwachte. Trotz der Ammen, der Köchin, den Kinder- und Hausmädchen gab es für sie immer noch reichlich zu tun. Dank ihrer starken Natur und ihrer eisernen Disziplin schaffte sie es, auch während dieser Jahre regelmäßig in Konzerten aufzutreten.

Claras Hauptsorge galt während der ersten Zeit in Dresden ihrem Mann, dem es körperlich nicht gut ging. Diverse Übel plagten ihn in wechselnder Folge, weshalb er sich häufig ärztlichen Rat einholte und sich Therapien sowie Kurbehandlungen unterzog. Ein empfohlener Aufenthalt auf der

Hochzeit und junges Glück (1840–1850)

Insel Norderney im Sommer 1846 brachte ihm kaum Linderung. Clara gab dort ein gut besuchtes Konzert und erlitt ihre erste Fehlgeburt.

Erstaunlicherweise erreichte Roberts schöpferische Kraft gerade in Dresden einen wahren Höhepunkt. Aber nicht nur er schuf dort einige seiner bedeutendsten Werke, sondern auch Clara fand neben sämtlichen Anforderungen des Alltags wieder Gelegenheit zum Komponieren. Es gelangen ihr viele schöne Stücke.

Wegen der für sie in Dresden eher ungünstigen Konzertsituation reiste Clara häufig nach Leipzig zu Auftritten im Gewandhaus. Die Fahrt nahm nur vier Stunden in Anspruch, das konnte sie gut an einem Tag bewältigen. Nicht selten durchkreuzte allerdings Roberts schwankender Gesundheitszustand ihre Pläne, so dass sie manchen Auftritt schweren Herzens absagen musste.

In Dresden trat die für Clara früher so wichtige Pflege ihrer Karriere etwas in den Hintergrund. Ob es an ihren wachsenden Pflichten als Hausfrau und Mutter, den häufigen Schwangerschaften oder an den Sorgen um ihren Mann lag, bleibt dahingestellt. Jedenfalls wirkte sie keineswegs unzufrieden dabei. Einfallsreich wie sie war, nutzte sie die Zeit verstärkt zur künstlerischen Weiterbildung.

Gemeinsam mit ihrem Mann unternahm sie ausgedehnte Studien zu Kontrapunktik und Fugen, deren Ergebnisse sich nicht zuletzt in ihren *Drei Präludien und Fugen* op. 16 niederschlugen. Auch begann sie wieder täglich Klavier zu spielen, dieses Mal unter anderen Prämissen. Sie wollte sich neuartige Stücke aneignen, die sie bisher in ihrem Repertoire nie berücksichtigt hatte. Daneben beschäftigte sie sich viele Stunden mit der Erstellung von Klavierauszügen zu den Orchesterwerken ihres Mannes, der mit ihren Arbeiten immer sehr zufrieden war.

Besonders glücklich war Clara, als Robert endlich sein Klavierkonzert op. 54 vollendete. Schon lange wünschte sie sich von ihm ein größeres Stück für Klavier und Orchester, mit dem sie bei ihren Auftritten Furore machen konnte. Es war ihr eine große Freude, Roberts Klavierkonzert im Dezember 1845 im Dresdner Hôtel de Saxe zur Uraufführung bringen zu können. Bis an ihr Lebensende setzte sie das großartige Werk immer wieder auf ihre Konzertprogramme, und schon bald galt sie als dessen beste Interpretin.

Die enge Verzahnung von Claras künstlerischer Tätigkeit mit derjenigen ihres Mannes zeigte sich auch daran, dass sie ihr Repertoire in diesen

Dresdner Jahren grundlegend veränderte. In den Konzerten standen neben ihren wenigen eigenen Kompositionen überwiegend die von Robert auf dem Programm, daneben neuerdings auch Stücke von Bach, Beethoven, Mendelssohn Bartholdy und Mozart, die sie früher nie gespielt hatte. Die meisten dieser Werke gehörten damals nicht zum gängigen Konzertrepertoire und vor allem nicht zu dem, was das Publikum von den umherreisenden Klaviervirtuosen gewohnt war.

Vor ihrer Heirat hatte Clara sich mit diesen messen lassen müssen und deshalb auch die musikalisch leichten Bravourstückchen gespielt, mit denen sie ihre technische Brillanz unter Beweis stellen konnte. Als gereifte seriöse Pianistin, und inzwischen wohl die beste ihrer Zeit, konnte sie sich jetzt eine außergewöhnliche Programmgestaltung leisten, die typisch für Clara Schumann wurde. Noch deutlicher ließ sich die endgültige Ablösung von ihrem Vater, dem es aus Profitgier stets um die gängigen Virtuosenstücke gegangen war, nicht demonstrieren.

Bei den ohnehin nur höchst seltenen Begegnungen, die es in Dresden zwischen den Familien Wieck und Schumann gab, kam es wegen dieser unterschiedlichen musikalischen Anschauungen regelmäßig zum Streit. Die Spannungen, die nach den Querelen um die Eheschließung von Clara und Robert Schumann nie ganz beigelegt werden konnten, wurden durch solche Meinungsverschiedenheiten erneut verschärft. Daher entfernte man sich jetzt wieder stärker voneinander.

Stilbewusstsein, die musikalische Qualität und ein hoher künstlerisch-ästhetischer Anspruch waren für Clara jetzt ausschlaggebende Kriterien für die Auswahl der Werke, die sie interpretierte. Ihrem Inhalt, ihrer Form und ihrem Ausdrucksgehalt maß sie entscheidende Bedeutung bei. In ihrer eigenen kompositorischen Tätigkeit verlegte sie sich dementsprechend auf bisher unerprobte Formen wie Sonaten, Fugen, Präludien und Variationen.

Je mehr sich Claras Anspruch erhöhte, desto unzufriedener wurde sie allerdings mit ihren eigenen Kompositionen. Obwohl sie stets mit großer Freude ans Werk ging, befürchtete sie oft, das Ergebnis sei dilettantisch. Ihr Mann bestätigte sie jedoch immer wieder in ihrer Arbeit und freute sich, wenn er Stücke von ihr als Geschenk auf seinem Gabentisch fand. Sein Urteil darüber war keineswegs so streng wie das der Schöpferin selbst.

Hochzeit und junges Glück (1840–1850)

Im Herbst 1846 fassten Clara und Robert eingedenk früherer Sternstunden den Entschluss, eine Konzertreise nach Wien anzutreten, dieses Mal jedoch gemeinsam. Sie brachen Ende November auf und nahmen ihre beiden ältesten Töchter, die fünfjährige Marie und die dreieinhalbjährige Elise, mit. Hatte vor allem Clara gehofft, unmittelbar an ihre rauschenden Erfolge des Winters 1837/38 anknüpfen zu können, so erlebte sie eine herbe Enttäuschung. Das Wiener Publikum und sein Musikgeschmack hatten sich während der vergangenen Jahre kaum verändert, Claras Spielweise, ihr Repertoire und ihre Musikanschauung jedoch sehr.

Nur vier Konzerte gab sie insgesamt und spielte darin andere Stücke als jene, mit denen die junge Clara Wieck die Wiener begeistert hatte. Was sie nun vortrug, war künstlerisch wesentlich gehaltvoller, aber das wollte offenbar kaum jemand hören. Entsprechend gering blieben ihre Einnahmen, und umso größer wurde ihr Verdruss. Es war ein trauriges Weihnachtsfest, das die vierköpfige Familie in Wien feierte. Nur für die beiden Töchter lagen Geschenke unter dem Weihnachtsbaum, für die Eltern reichte das Geld nicht.

Der einflussreiche österreichische Musikkritiker Eduard Hanslick gab den Eindruck eines Konzerts wieder, bei dem unter Robert Schumanns Leitung dessen Klavierkonzert und erste Sinfonie erklangen. Hanslick zufolge waren der Besuch sehr mäßig und der Applaus, der augenscheinlich nur der Pianistin Clara galt, sehr kühl, während Roberts Werke wenig Anklang fanden. Zum ersten Mal in ihrer Karriere musste Clara Geld zuschießen, um das Konzert zu refinanzieren.

Die Situation besserte sich erst, als die berühmte Sängerin Jenny Lind – auch „Schwedische Nachtigall" genannt – in Wien eintraf und sich spontan bereit erklärte, aus alter Freundschaft in Claras letztem Konzert aufzutreten. Jetzt strömten die Leute in Scharen, die Karten waren in Windeseile ausverkauft und der Saal der Gesellschaft der Musikfreunde bis auf den letzten Platz besetzt. Das Konzert war ein großer Erfolg, der finanzielle Ertrag ausgezeichnet.

Wenngleich Clara auch wusste, dass die meisten Zuhörer in erster Linie der populären Sopranistin wegen gekommen waren, so genoss sie doch die konzentrierte Aufmerksamkeit des Publikums. Es war ein großes Vergnügen für sie, mit dieser hoch geschätzten Künstlerin gemeinsam auf der Bühne musizieren zu können.

Ausgerechnet im Zusammenhang mit diesem wunderbaren Erlebnis bereitete ihnen dann Friedrich Wieck Ärger, vor dessen Verleumdungen Clara sich längst sicher geglaubt hatte. Wieck hielt sich relativ zeitgleich in Wien auf und lancierte einen boshaften Text über Claras Konzert an die Presse. Er war gekränkt, weil Jenny Lind ihm auf seine Anfrage für ein gemeinsames Konzert eine Absage erteilt hatte. Sein beleidigender Artikel gipfelte in den Worten, man habe Clara Wieck vor neun Jahren in Wien vergöttert, während Clara Schumann dem Wiener Publikum gleichgültig sei.

Nach langer Zeit vergoss Clara noch einmal bittere Tränen, so verletzt war sie über die Gehässigkeit ihres Vaters, und sah sich einmal mehr darin bestärkt, die Verbindung zu ihm und seiner Familie auf ein Minimum zu beschränken.

Über Brünn und Prag reisten die Schumanns zurück. In Brünn musste Clara in einem eiskalten Theater auftreten, so dass ihr fast die Finger gefroren. Bei ihrem Konzert in Prag empfing man sie mit überschwänglicher Begeisterung, bevor sie noch zu spielen begonnen hatte. Beide Konzerte fanden vor feinstem Publikum in ausverkauften Häusern statt, der Beifall war enorm.

Das entschädigte Clara für die unterkühlte Resonanz in Wien. Und während sie und Robert zu Beginn ihrer Tournee sogar erwogen hatten, ihren Wohnort vielleicht nach Wien zu verlegen, so wurde beiden jetzt endgültig klar, dass die österreichische Metropole keine Alternative zu Dresden sein konnte.

Am 4. Februar 1847 trafen Clara und Robert nach mehr als zweimonatiger Abwesenheit wieder in Dresden ein, von den beiden daheim gebliebenen Kindern Julie und Emil schon sehnlichst erwartet. Zu ihrer Bestürzung fanden sie ihren Jüngsten krank vor. Emil starb vier Monate später im Alter von nicht ganz anderthalb Jahren. Zu seinem traurigen Begräbnis wählte sein Vater liturgische Texte aus, die er so bearbeitete, dass sie Clara Trost spenden konnten.

Bald schon mussten die Eltern ihre Kinder abermals verlassen, um nach Berlin zu reisen. Robert wollte dort sein derzeit erfolgreichstes Werk *Das Paradies und die Peri* aufführen, Clara plante mehrere Auftritte. Ganz besonders freute sie sich auf ein gemeinsames Konzert mit Pauline Viardot-García, die damals ein Engagement an der Berliner Oper hatte. Enttäuscht war Clara allerdings darüber, dass Pauline auf Roberts Bitte, die Titelrolle der Peri in der Berliner Aufführung zu singen, nicht einging.

Hochzeit und junges Glück (1840–1850)

Den ursprünglichen Plan, an den Berliner Aufenthalt eine Konzertreise in die schlesischen Städte anzuschließen, ließen Clara und Robert wieder fallen, zu groß war ihre Sehnsucht nach den Kindern. Auf der Rückfahrt nach Dresden trafen sie sich in Leipzig mit Felix Mendelssohn Bartholdy, nicht ahnend, dass sie den Freund zum letzten Mal sehen sollten.

So groß Claras Freude über die Heimkehr auch war, so musste sie doch feststellen, dass sie sich in Dresden nicht sonderlich wohl fühlte. Ihr fehlte ein Freundeskreis, wie sie ihn in Leipzig hatte. Es gab so viele Dinge, die sie gern mit vertrauten Menschen besprochen hätte. Die Kinder waren dafür noch zu klein und der Ehemann nicht immer der geeignete Gesprächspartner.

Eine erbauliche Abwechslung brachte da ein zweiwöchiger Aufenthalt in Zwickau. Roberts Vaterstadt veranstaltete zu seinen Ehren im Juli 1847 ein großes Musikfest. Neben vielen anderen Werken dirigierte Schumann beim großen Festkonzert am 10. Juli 1847, das bei drückender Hitze stattfand, unter anderem seine zweite Sinfonie op. 61 und sein Klavierkonzert, in dem natürlich Clara den Solopart übernahm.

Am Abend des Konzerts brachten Chor und Orchester dem berühmten Musikerpaar ein Ständchen und feierten es gebührend. In der ganzen Stadt herrschte eine Art Volksfeststimmung. Clara und Robert trafen mit vielen musikbegeisterten Menschen zusammen, was ihnen endlich wieder Gelegenheit zu interessanten Gesprächen und angeregtem Austausch gab. Clara schwelgte förmlich im Glück und zehrte noch lange von diesen wunderbaren Tagen.

Im Herbst traf eine erschütternde Nachricht ein: Anfang November 1847 war unerwartet Felix Mendelssohn Bartholdy an den Folgen mehrerer Schlaganfälle gestorben. Für beide Schumanns war dies ein schmerzlicher Verlust. Wie froh waren sie jetzt, ihn kürzlich noch getroffen zu haben. Robert fuhr nach Leipzig, wo in der Paulinerkirche eine würdige Trauerfeier stattfand. Clara blieb bei den Kindern in Dresden und trauerte um den geliebten Freund und hoch geschätzten Musikerkollegen auf ihre Weise.

Zumindest in räumlicher Hinsicht mussten sie sich kurz darauf von einem weiteren Freund trennen, der ihnen ans Herz gewachsen war. Der Komponist und Dirigent Ferdinand Hiller verließ Dresden. Er war Claras Meinung nach der einzige Mensch in der Stadt, mit dem man vernünftig über Musik sprechen konnte.

Hiller folgte einem Ruf nach Düsseldorf, wo er als Städtischer Musikdirektor angestellt wurde. Seinen Männerchor – „Dresdner Liedertafel" genannt – überließ er Schumann, der nun zu deren Liedmeister wurde. Inspiriert von dieser Aufgabe, komponierte Robert innerhalb kürzester Zeit mehrere Stücke für Männerchorbesetzung, doch auf Dauer fesselte ihn dieses Genre nicht, und er gab die Chorleitung schon bald wieder ab.

Zu Beginn des Jahres 1848 gründete Robert selbst einen Verein für gemischten Chorgesang, der ihm und auch seiner Frau deutlich mehr Vergnügen bereitete. Eine wahre Flut von Werken für A-capella-Chor entstand daraufhin, an deren Komposition sich auch Clara beteiligte.

Zunächst einmal stellte sie aber sämtliche Tätigkeiten ein, da am 20. Januar 1848 ihr zweiter Sohn Ludwig geboren wurde. Nachdem sie den kleinen Emil so früh verloren hatte, war ihr Ludwigs Geburt eine große Freude und verfolgte sie das Aufwachsen ihres Jüngsten mit besonderem Interesse. Die häuslichen Pflichten und die Sorgen um ein weiteres Kind nahmen sie so stark in Anspruch, dass sie jetzt länger pausierte als nach den vorausgegangenen Geburten. Erst Ende März 1848 trat Clara wieder in der Öffentlichkeit auf.

Fast zur selben Zeit begannen politische Ereignisse das Leben der jungen Familie zu überschatten. Im März 1848 überrollte eine Welle revolutionärer bürgerlich-demokratischer Bestrebungen gegen die reaktionären Herrscherhäuser das gesamte Gebiet des Deutschen Bundes. Vor dem Berliner Stadtschloss fanden blutige Barrikadenkämpfe zwischen protestierenden Bürgern und den Truppen des preußischen Königs statt, der sich weigerte nachzugeben, geschweige denn, zurückzutreten.

Clara bezog eindeutig Stellung. Sie zeigte Sympathien für die Aufständischen, beklagte die zahlreichen Opfer und sprach sich entschieden für die Einführung von Presse-, Versammlungs- und Vereinsfreiheit aus. Die Forderungen nach demokratischen Reformen begrüßte sie und hoffte auf die Abdankung des ungeliebten Regimes. Als es darüber im Freundeskreis zu heftigen Disputen kam, war Clara überrascht, dass nicht jeder ihre liberalen Ansichten teilte. Sie selbst stellte sich öffentlich auf die Seite des Fortschritts und wirkte bei Wohltätigkeitskonzerten mit, deren Erlös der bürgerlichen Bewegung zu Gute kam.

Im Jahr darauf verschärfte sich die politische Lage. Nachdem im Dresdner Maiaufstand eine sächsische Republik ausgerufen worden war, erreichten die

Hochzeit und junges Glück (1840–1850)

schon lange schwelenden Unruhen auch Dresden. Gegen die Aufständischen, die sich in Bürgerwehren zusammengeschlossen hatten, wurden sächsische und preußische Truppen eingesetzt, die die Revolution schließlich niederschlugen.

Zwar stand Robert auf Seiten der demokratischen Bestrebungen, sah sich aber aufgrund seiner physischen und psychischen Verfassung sowie vor allem angesichts seiner Verantwortung als mehrfacher Familienvater außer Stande, der Sicherheitswache in seiner Straße oder den kämpfenden Truppen beizutreten. Er konnte sich dem kaum entziehen und musste sich verstecken.

Als dies entdeckt wurde und man drohte, nach ihm zu suchen, ergriff Clara die Initiative. Sie flüchtete mit Robert und der fast achtjährigen Tochter Marie heimlich durch das Gartentor ins etwa fünfzehn Kilometer entfernte Maxen, wo das befreundete Ehepaar Serre lebte und wohin sich weitere Dresdner vor den revolutionären Ereignissen in der Stadt geflüchtet hatten.

Das Schloss und Rittergut Maxen galt seit jeher als Treffpunkt der geistig-künstlerischen Intelligenz Dresdens, auch Clara hatte in ihrer Jugend einige Zeit dort verbracht. Nun gewährten Major Serre und seine Frau auf ihrem Anwesen zahlreichen Menschen Asyl. Da es sich bei ihnen überwiegend um Angehörige der Aristokratie handelte, gerieten Clara und Robert aufgrund ihrer liberalen Einstellung mit ihnen in Streit. Clara störte sich massiv an den abfälligen Äußerungen der Adligen über das bürgerliche „Gesindel" und äußerte deutlich ihre Kritik an derart geringschätzigen Urteilen. Es kam zu unangenehmen Meinungsverschiedenheiten, die dazu führten, dass die Schumanns das Schloss schon nach fünf Tagen verließen und ins nahe gelegene Kreischa übersiedelten.

Da sie überstürzt aus Dresden geflohen und davon ausgegangen waren, am Abend wieder zu Hause zu sein, hatten Clara und Robert die jüngeren Kinder schweren Herzens bei den Dienstboten zurückgelassen. Als nun die erschreckenden Nachrichten der immer dramatischer werdenden Kämpfe zu ihnen drangen und klar wurde, dass sie so schnell nicht wieder nach Dresden würden zurückkehren können, wollte Clara ihre Kinder am liebsten sofort abholen.

Doch angesichts der Umstände galt es, vernünftig vorzugehen. Für Robert war eine Rückkehr unmöglich, und alleine konnte Clara nicht gehen. So war sie froh darüber, in der Tochter des Gutsverwalters eine bereitwillige Begleiterin zu finden, mit der sie in der nächsten Nacht nach Dresden ging, um Elise, Julie und Ludwig mit nach Maxen zu nehmen. Weite Strecken mussten sie unter fortwährendem Kanonendonner und zwischen den bewaffneten Truppen hindurch zu Fuß bewältigen, immer in der Furcht, nicht wieder aus der Stadt herauszukommen. All das stand Clara dank ihrer erstaunlichen Robustheit durch, was umso bemerkenswerter ist, als sie im siebten Monat schwanger war.

Gut drei Wochen blieben die Schumanns auf dem Land. Sie fühlten sich in Kreischa wohl und genossen die Ruhe. Ganz bewusst abonnierten sie eine Zeitung, um über die Ereignisse in der Stadt informiert zu sein.

Als sich die Unruhen gelegt hatten und sie zurückkehren konnten, waren sie entsetzt über das Bild der Verwüstung, das sich ihnen bot. Die Stadt befand sich im Belagerungszustand, Straßen und Häuser waren zerstört, an ein normales Leben war dort nicht zu denken. Clara wäre lieber noch länger in Kreischa geblieben. Sie ärgerte sich vor allem über die Einquartierung preußischer Truppen und kritisierte, dass man nun denjenigen zu essen und zu trinken geben müsse, die zuvor ihre Mitbürger niedergeschossen hatten.

Dann wurde am 16. Juli 1849 der dritte Sohn Ferdinand geboren, und Clara musste sich wieder anderen, häuslichen Dingen zuwenden. Die revolutionären Ereignisse traten in den Hintergrund. Ihre Gedanken kreisten nun darum, wie sie ihre zahlreichen Alltagsverpflichtungen am besten bewältigen könne.

Ihrer Freundin Emilie List schilderte sie brieflich ihren Tagesablauf, in dem Minute für Minute verplant war. Täglich unterrichtete Clara bis zu drei Schülerinnen oder Schüler, spielte mindestens eine Stunde selbst Klavier und fertigte Klavierarrangements unterschiedlicher Werke an. Nebenher führte sie ihr Tagebuch, ging täglich eine Stunde mit Robert spazieren, versorgte ihre Kinder und lernte mit Unterstützung einer Schülerin aus Plymouth Englisch. Hinzu kamen Besuche, die sie empfangen oder auch machen musste.

Nicht alle Besucher und Besuche nahm sie als leidige Pflicht wahr, denn selbst in Dresden entstanden mit der Zeit einige intensive Freundschaften. In ganz besonderem Maß galt dies für die beiden Künstlerehepaare Bendemann und Hübner.

Eduard Bendemann, Maler und Professor an der Königlichen Kunstakademie Dresden, und seine Frau Lida, Tochter des berühmten Bildhauers

Hochzeit und junges Glück (1840–1850)

Johann Gottfried Schadow und Halbschwester des Malers Friedrich Wilhelm Schadow, standen in einem engen freundschaftlichen Verhältnis zu Schumanns. Der ebenfalls an der Kunstakademie wirkende Maler Julius Hübner war mit Pauline, der Schwester Eduard Bendemanns, verheiratet und gehörte zum selben Freundeskreis.

Die drei Ehepaare trafen sich regelmäßig, tauschten sich über Malerei und Musik aus, veranstalteten oder besuchten gemeinsam Soiréen und kleinere Hausmusiken. Die gegenseitige Übernahme von Patenschaften festigte die Beziehungen noch stärker. Clara und Robert widmeten den Freunden Kompositionen und erhielten umgekehrt gelegentlich kleinere Kunstwerke zum Geschenk. Bendemann fertigte später nach Roberts Tod auf Basis einer Vorlage Porträtzeichnungen als Erinnerungsstücke für Clara an.

Trotz aller geselligen Ablenkung ließ sich aber nicht leugnen, dass Clara im Grunde ihres Herzens Zukunftssorgen plagten. Das Leben in Dresden behagte ihr und ihrem Mann zunehmend weniger. In künstlerischer Hinsicht hatten sie beide nie richtig Fuß gefasst. Weder gelangten sie in die führenden musikalischen Kreise, noch wurde Robert eine angemessene Stellung angeboten. Da kam Ende November 1849 eine vertrauliche Anfrage vom Freund Hiller aus Düsseldorf gerade recht. Nachdem ihm angetragen worden war, als Musikdirektor nach Köln zu wechseln, wollte er wissen, ob Robert sein Nachfolger auf diesem Posten in Düsseldorf werden wolle.

Das kam überraschend. Als wahre Kinder des romantischen Zeitalters liebten beide Schumanns den Rhein. Doch im Rheinland zu leben, in einer so gänzlich anderen Gegend, weit entfernt von ihren bisherigen Wohnorten und dazu umgeben von Menschen einer vollkommen unbekannten Mentalität, war doch eine andere Sache. Das konnten sie so rasch nicht entscheiden, da musste in Ruhe nachgedacht und abgewogen werden.

In Düsseldorf war man von Hillers Vorschlag begeistert und hoffte, in Robert einen der bekanntesten Komponisten und Musikschriftsteller Deutschlands als Musikdirektor verpflichten zu können. Außerdem wusste man, dass er mit einer gefeierten Konzertpianistin verheiratet war, die sicherlich ihrerseits der Stadt zu größerem musikalischen Glanz verhelfen würde.

Gerade an seine Frau dachte Robert, als er Hiller während der Entscheidungsphase fragte, ob sich denn auch für Clara in Düsseldorf ein

Wirkungskreis finden ließe. Hiller muss positiv geantwortet haben, denn nach reiflicher Überlegung sagte Robert schließlich am 31. März 1850 zu. Bereits im April erhielt er ein Gehalt inklusive Reisegeld aus Düsseldorf. Darüber hinaus sicherte man ihm vertraglich freie Hand bei der künftigen Programmgestaltung der Konzerte sowie bei der Direktion des Musikvereins zu – Konditionen, die Vorfreude in ihm aufkommen ließen. Clara war glücklich, dass ihr Mann, der lange Jahre als freischaffender Künstler gearbeitet hatte, nun eine adäquate Festanstellung erhielt.

Im Frühjahr 1850 sorgte eine Tournee nach Hamburg für Abwechslung und brachte Clara große Erfolge ein. Anschließend musste Robert in Leipzig noch die Uraufführung seiner einzigen Oper *Genoveva* vorbereiten, bevor die Familie dann am 1. September 1850, dem neunten Geburtstag der ältesten Tochter Marie, von Dresden abreiste.

Im letzten Dresdner Jahr veränderte sich die Situation im Hause Schumann insofern, als sich Roberts Einnahmen durch den Verkauf seiner Kompositionen deutlich erhöhten, während sich Claras Anteil am Familieneinkommen aus verschiedensten Gründen reduzierte. Robert Schumann galt nun als renommierter Komponist. Als solcher trat er die Position des Städtischen Musikdirektors in Düsseldorf an, wo er freudig erwartet wurde.

Schwere Zeiten (1850-1857)

Rheinisches Leben – Roberts Krankheit und Tod – Alleinerziehend

Zum ersten Mal in seinem Leben bekleidete Robert Schumann nun ein öffentliches Amt. In Düsseldorf fiel eine exponierte und zugleich prominente Position zu, und das in einer ihm gänzlich unbekannten Umgebung, unter fremden Menschen und fern seiner Heimat, dem Königreich Sachsen.

Seine Verpflichtung in der Stadt am Rhein bestand darin, die örtliche Chorvereinigung und das dazugehörige Orchester zu leiten. Mit beiden hatte er pro Jahr zehn weltliche Konzerte zu geben und außerdem vier kirchenmusikalische Veranstaltungen in den beiden katholischen Hauptpfarrkirchen St. Lambertus und St. Maximilian. Die Stadt zahlte ihm dafür ein angemessenes Gehalt, wodurch sich die finanzielle Gesamtsituation der Familie Schumann nochmals verbesserte. Jetzt ging es ihnen wirklich gut.

„Montag, den 2. September, abends 7 Uhr kamen wir in Düsseldorf, das wider unser Erwarten freundlich liegt, sogar auch von einem kleinen Bergrücken umgeben ist, an und wurden von Hiller und dem Konzert-Direktorium empfangen. Letzteres empfing Robert mit einer Anrede in sehr freundlicher Weise. Hiller begleitete uns ins Hotel Breidenbach, wo wir Zimmer für uns vorgerichtet und festlich mit Blumen, am Eingange zwei Lorbeerbäume, verziert fanden." (Litzmann II, S. 223)

So anschaulich schilderte Clara ihre Ankunft in Düsseldorf. Wie vielversprechend das alles schien! Ihren Mann als Städtischen Musikdirektor einer solchen Stadt zu sehen, empfand Clara als ausgesprochen ehrenvoll. Es war ein großes Ereignis für die siebenköpfige Familie Schumann.

Düsseldorf sollte nun auch Claras neue Heimat werden, weshalb sie sich zunächst einmal einen Überblick verschaffte. Das einst so kleine und beschauliche Dorf an der Düssel hatte sich im Verlauf des 18. Jahrhunderts zu jener ansehnlichen Provinzstadt gemausert, wie sie sich der Familie bei ihrem Eintreffen darbot. Das Städtchen wirkte ganz besonders durch die von Maximilian F. Weyhe gestalteten Gärten und Gewässer in seiner lockeren Bebauung und der harmonischen Durchgrünung auf Clara ausgesprochen freundlich. Die Entwicklung Düsseldorfs von einer Gartenstadt zur Großstadt vollzog sich erst nach Schumanns Zeit im letzten Drittel des 19. Jahrhunderts infolge der industriellen Neuerungen.

Grundlegende Voraussetzung für den allmählich einsetzenden wirtschaftlichen Fortschritt war die 1846/47 geschaffene Köln-Mindener Eisenbahnlinie, die eine Anbindung an wichtige Industriestädte ermöglichte. Mit diesem Verkehrsmittel reiste auch die Familie Schumann von Dresden an. Sie fuhren über Leipzig, wo sie sich von den dortigen Freunden verabschiedeten, und Hannover, wo sie ein weiteres Mal übernachteten.

Die neue und noch recht ungewohnte Stellung ihres Mannes veränderte auch Claras Leben. Sie stellte fest, dass auch sie in der Stadt eine öffentliche Rolle spielte. Sie hatte zu berücksichtigen, was die Gesellschaft von ihr erwartete, musste sofort reagieren und sich vor allem möglichst schnell die Namen der wichtigsten Persönlichkeiten einprägen.

Schon am Tag nach seiner Ankunft unternahm das Ehepaar Schumann in Begleitung des Amtsvorgängers Ferdinand Hiller diverse Antrittsbesuche. Die gewählte Reihenfolge wirft ein bezeichnendes Licht auf die gesellschaftliche Hierarchie in der Stadt: Sofort aufgesucht wurden Friedrich Wilhelm von Schadow, Halbbruder von Claras Freundin Lida Bendemann und seit 1826 Direktor der Düsseldorfer Kunstakademie, und die beiden ebenfalls dort als Professoren wirkenden Carl Ferdinand Sohn und Rudolf Wiegmann sowie andere Künstler oder dem Künstlerkreis nahestehende Ärzte, wie beispielsweise der Schwiegersohn Schadows und Musikenthusiast Dr. Richard Hasenclever und Dr. Wolfgang Müller von Königswinter. Bei den Stadtoberen, wie Regierungspräsident von Massenbach und Bürgermeister Ludwig Hammers, stellten Schumanns sich erst wesentlich später vor.

Offenkundig genossen die bildenden Künste und deren Vertreter hohes Ansehen. Die vor allem im 19. Jahrhundert ausgebildete und in Europa bekannte Düsseldorfer Malerschule beeinflusste maßgeblich das kulturelle Leben der Stadt. Um 1850 galt die berühmte Düsseldorfer Kunstakademie

Schwere Zeiten (1850–1857)

namentlich durch das Wirken des Direktors Wilhelm von Schadow weltweit als eine der besten Ausbildungsstätten für Maler. So erklärte es sich fast von selbst, dass Schadow zu den ersten Kontakten zählte, die Clara und Robert herstellten.

Aus allen gesellschaftlichen Schichten und den unterschiedlichsten Ländern stammten die an der Kunstakademie lehrenden und lernenden Maler, die ihrerseits wieder eine große Schar von Künstlern anderer Sparten anzogen. So hatte sich in Düsseldorf um diese Zeit ein intellektuell hochstehender Kreis gebildet, der die geistige und gesellschaftliche Atmosphäre in der Stadt entscheidend prägte.

Nicht zuletzt gehörte Düsseldorf neben Leipzig und Berlin, wenn auch nicht ganz in deren Rang, zu den bedeutendsten Musikstädten Deutschlands, wozu hauptsächlich die seit 1818 bestehende Tradition der Niederrheinischen Musikfeste beigetragen hatte. Im Zusammenhang damit waren auch der Chor und das Orchester entstanden, denen Schumann nun als Musikdirektor vorstand. Die mehrtägigen Musikfeste wurden jährlich zu Pfingsten im Wechsel von den Musikvereinen der Städte Düsseldorf, Elberfeld, Köln und Aachen organisiert. Auch sie wirkten als Multiplikator und zogen scharenweise bedeutende Musiker aus aller Herren Länder an. Mit vereinten Kräften wurden dann meist hochrangige Werke auf die Bühne gebracht, wobei nicht selten an die sechshundert Musizierende in Chor und Orchester beteiligt waren.

Das waren auf den ersten Blick ungemein rosige Aussichten für den Komponisten Robert Schumann und seine Frau, die Konzertpianistin. Voll freudiger Erwartung sahen sie ihrer Zukunft in dieser offenbar lebendigen Kunststadt entgegen und tauschten dafür gern ihr bisheriges Dasein im zuletzt kulturell als arg angestaubt empfundenen Dresden ein.

Innerhalb kürzester Zeit lernten die Schumanns in den schillernden Düsseldorfer Künstlerkreisen zahlreiche faszinierende Menschen kennen und schätzen. Mit einigen schlossen sie bald engere Freundschaften. Fruchtbare Beziehungen ergaben sich vor allem zu den Angehörigen der großbürgerlichen Bildungsschicht, den Malern und Musikern, den äußerst musik- und kunstinteressierten Ärzten, Juristen und Historikern.

Aber nicht nur das Ehepaar Schumann knüpfte hohe Erwartungen an die ungewohnte Aufgabe und die unbekannte Wirkungsstätte, auch die Düs-

Clara und Robert Schumann am Pianino. Foto nach der Daguerreotypie von Johann Anton Völlner, Hamburg 1850.

Schwere Zeiten (1850–1857)

seldorfer Gesellschaft sah dem Schaffen des neuen Musikdirektors und der prominenten Pianistin mit Spannung entgegen. Man erhoffte sich eine Bereicherung des kulturellen Lebens durch attraktive musikalische Angebote sowie einen weiteren Aufschwung des städtischen Musiklebens.

In den ersten Wochen hatten Clara und Robert zunächst einmal rein praktische Dinge zu regeln. Eine echte Herausforderung für die siebenköpfige Familie stellte die Wohnungssuche dar – ein Problem, das sie über mehrere Tage beschäftigte und das sich fortan wie ein roter Faden durch ihre Düsseldorfer Zeit ziehen sollte. Innerhalb von knapp vier Jahren zogen die Schumanns vier Mal um.

Clara fand alle in Frage kommenden Häuser unkomfortabel und die Fenster ungemütlich groß. Auch gefielen ihr weder die niedrigen Mauern noch die, wie sie meinte, durch garstige hohe Wände verbauten Höfe, die man hier Waschküchen nannte. Clara sah vor allem für die Hausfrau gar keine Bequemlichkeiten. Ihre Enttäuschung war umso größer, als sie in dieser wunderbar grünen Stadt erwartet hatte, ohne Schwierigkeiten eine Bleibe mit Garten zu finden.

Doch bald stand der Möbelwagen aus Dresden samt Packern vor der Tür, und die Rechnung für die beiden Zimmer im noblen Hotel Breidenbacher Hof wurde von Tag zu Tag höher. Was blieb ihnen anderes übrig, als sich schnell für eine Wohnung zu entscheiden, obwohl sie unbequem und recht teuer war und zudem durch ein Geschäft im Erdgeschoss des Hauses so viel Lärm entstand, dass sich Robert erheblich beim Komponieren gestört fühlte.

Der Umzug und die Neueinrichtung gestalteten sich für Clara anstrengender als angenommen. Erschwerend hinzu kamen schier unüberwindliche Probleme im Umgang mit den Handwerkern und ihrer rheinischen Mentalität. Vor allem deren Unpünktlichkeit ging der disziplinierten und fast schon preußisch korrekten Clara gewaltig gegen den Strich.

Die positiven Empfindungen, die den Ortswechsel anfangs begleitet hatten, wichen einer trüben Stimmung. Clara fühlte sich jetzt oft unglücklich, die häuslichen Sorgen belasteten sie stark. Denn zu allem Überfluss schien auch das Personal völlig unbrauchbar, der Umzug verschlang enorm viel Geld, sie konnte aus Zeitmangel gar nichts verdienen und ihr Mann durch die störenden Geräusche nicht vernünftig arbeiten.

Da konnte auch ein fröhliches Fest die Stimmung nicht aufhellen, das ihnen zu Ehren gleich am ersten Samstag nach ihrem Eintreffen vom Musikverein ausgerichtet wurde. Konzert, Souper und den anschließenden Ball konnten sie kaum genießen, so übermüdet waren sie nach den aufregenden Umzugstagen. Die Darbietungen von Roberts Musik zu Beginn der Veranstaltung fielen nicht ganz zu Claras Zufriedenheit aus. Beim Souper erheiterte sie sich über die Winzigkeit der angebotenen Portionen und das enorme Aufhebens, das man beim Servieren darum machte, sie war aus ihrer sächsischen Heimat andere Dimensionen gewohnt. Am folgenden Ball nahmen die Schumanns dann nicht mehr teil, sondern zogen es vor, schlafen zu gehen.

Dennoch fand Clara mit der Zeit Anschluss an einige freundliche Damen, deren heiteres und ungezwungenes Wesen ihr persönlich zwar eher fremd, aber durchaus angenehm war. Dass sie zuweilen die Grenzen von weiblicher Schicklichkeit und Anstand überschritten und das eheliches Leben eher leichter, „französischer" Art sein sollte, irritierte sie allerdings doch ein wenig. Trotz alledem schien es aber so, als könnte Clara nun das Leben in der neuen Umgebung genießen. Da geschah der Eklat um ihren ersten Auftritt in Düsseldorf.

Robert Schumann leitete am 24. Oktober 1850 im Geislerschen Saal sein erstes Abonnementskonzert, bei dem auch Clara mitwirkte. Sie wurde vom Düsseldorfer Publikum mit tosendem Beifall bedacht, so sehr begeisterte ihr Klavierspiel. Darüber war sie hoch erfreut und auch mit ihrer eigenen Leistung überaus zufrieden, was eher selten der Fall war. Sie fand, dass ihr die Interpretation aller Stücke vortrefflich gelungen war. Besonders froh war sie, dass sie zudem die umfangreicheren Stücke hatte auswendig spielen können.

Doch dann erhielt sie am nächsten Tag die „Gage" für diesen Auftritt, die ihr in Gestalt eines Blumenkörbchens vom Musikvereinskomitee ins Haus geschickt wurde. Clara war fassungslos. Derartiges war ihr noch nie passiert. Für die prominente Konzertpianistin, die von Kind auf gewöhnt war, für ihre Leistungen auf der Bühne angemessen bezahlt zu werden, war dies ein Schlag ins Gesicht. Natürlich war sie davon ausgegangen, dass die Düsseldorfer wussten, wie man eine Künstlerin ihres Ranges zu bezahlen hatte.

Ferdinand Hiller, Amtsvorgänger und Freund ihres Mannes, war mit seiner Frau eigens für dieses Konzert aus Köln angereist. Ihm berichtete Clara einige Tage später von diesem merkwürdigen Geschenk und erboste sich:

Schwere Zeiten (1850–1857)

„Es ist doch ganz unbegreiflich, wie die Herren denken können, daß ich zum ersten Male hier gratis in ihren Concerten spielen werde, noch dazu kann ich die Undelicatesse nicht begreifen, so etwas nur zu verlangen! Halten sie uns denn für reiche Leute? oder denken sie, daß ich für den Gehalt, den mein Mann erhält, auch spielen soll, wenn sie es wünschen! Lieber Herr Hiller, hätte ich keine Kinder und wäre reich, dann wollte ich spielen so oft es die Leute wünschten, und es würde mich beglücken, es nie anders als gratis zu thun, aber in meinen Verhältnissen kann ich das nicht ..." (Clara Kat., S. 198)

Versöhnt zeigte sich Clara erst, als sie ihr erstes Solokonzert gab, in einer vom Allgemeinen Musikverein initiierten Soirée, die in kleinerem Rahmen am 9. November 1850 im Cürtenschen Saal in der Düsseldorfer Altstadt stattfand. Neben vielen anderen Stücken spielte sie einen Part in den *Variationen für zwei Klaviere* op. 46 sowie im Klaviertrio op. 63 ihres Mannes. Das Publikum war wieder begeistert, sowohl von Claras Spiel als auch von Roberts Kompositionen. Mit lang anhaltendem und enthusiastischem Beifall bejubelte man das Musikerpaar, und dieses Mal wurde Clara – wie bei allen folgenden Auftritten – ordnungsgemäß honoriert.

Vom ersten Augenblick an erzielte Clara gerade im Rheinland große Erfolge, wodurch der Grundstein für ihre dauerhafte künstlerische Verbundenheit mit dieser Region gelegt wurde. Schon bald erkannte sie die für ihre Zwecke günstige Lage Düsseldorfs. Köln, Barmen, Elberfeld, Krefeld und Bonn waren schnell zu erreichen, boten ein musikinteressiertes Publikum und verfügten über gute Orchester, Musiker sowie Auftrittsmöglichkeiten. Da Clara aufgrund der angewachsenen Familie und der damit verbundenen häuslichen Aufgaben längere und weite Konzertreisen nicht so ohne Weiteres durchführen konnte, freute sie sich über jede sich bietende Gelegenheit, im Umkreis ohne großen Aufwand auftreten zu können. Auch für den Fall, dass sie einmal wieder mehr reisen könnte, war die Nähe zu den Niederlanden, zu Paris und zu England von großem Vorteil.

Mit Dankbarkeit und einer gewissen Genugtuung empfand sie, dass sie sofort Anerkennung als führende Pianistin der Region fand. Anders als es nach dem ersten Düsseldorfer Auftritt den Anschein hatte, wurde sie als eigenständige Künstlerin gewürdigt und galt nicht nur als das Anhängsel ihres Mannes. Diesem Umstand war es unter anderem zu verdanken, dass sie im Laufe der Zeit von Düsseldorf aus ihre Karriere neu aufbauen konnte.

Neben ihren Hausfrauenpflichten widmete sich Clara in Düsseldorf den mit ihren Auftritten verbundenen Proben und der Organisation ihrer Konzerte, die sie wie gewohnt komplett selbst in die Hand nahm. Außerdem versammelte sie hier auch bald zahlreiche Klavierschülerinnen um sich.

Die meisten von ihnen legten großen Wert auf die hohe Qualität ihres bekanntermaßen guten Unterrichts, so dass sie weder Kosten noch Mühen scheuten, um in diesen Genuss zu kommen. Von weit her reisten sie nach Düsseldorf, um bei Clara zu studieren. Es kamen Martha von Sabinin aus Weimar, Karoline Dupré aus Braunschweig, Nanette Falk und Louise Japha aus Hamburg.

Clara bedeutete es viel, dass sie durch diese große Schülerschar verstärkt musikpädagogisch arbeiten konnte, eine Tätigkeit, die ihr sehr am Herzen lag und große Befriedigung verschaffte. Und nicht zuletzt vermochte sie mit den dadurch erzielten Einnahmen zum Familieneinkommen beizutragen.

Nach kürzester Zeit war Clara in Düsseldorf über die Maßen ausgelastet. Ihre Lehrtätigkeit, Proben und Konzerte, die Betreuung ihrer großen Familie und die häufigeren Krankheitsphasen ihres Mannes nahmen sie stark in Anspruch. Als Hilfe stand ihr größtenteils nur, wie sie fand, unbrauchbares Personal zur Seite. Mit den meisten Dienstboten war Clara aufgrund des ihr völlig unverständlichen rheinischen Schlendrians ganz und gar unzufrieden. Da mussten ständig Kinder- oder Dienstmädchen ausgetauscht oder händeringend eine neue Köchin gefunden werden, da die alte sich doch am liebsten selbst bedienen ließ. Immer wieder fanden sich Anzeigen in der Zeitung, mit denen der Herr Musikdirektor neue Hausangestellte suchte.

Auch die Geselligkeit, die in der rheinischen Metropole so wichtig war, durfte nicht zu kurz kommen. Häufig besuchten Clara und Robert kleinere private oder größere öffentliche Veranstaltungen und organisierten gelegentlich selbst Hausmusiken wie früher in Leipzig.

Engen Kontakt pflegten sie zu den Düsseldorfer Malern. Clara und Robert interessierten sich für ihre Arbeit und besuchten ihre Ateliers und Ausstellungen. Umgekehrt wirkten die Künstler und deren Familien auch an den Schumann'schen Musikabenden mit. Viele von ihnen sangen im

Schwere Zeiten (1850–1857)

Chor oder spielten im Orchester, wo sie regelmäßig in vertrauter Runde zusammenkamen.

Aus diesem Kreis setzte sich auch das von Robert ins Leben gerufene „Singekränzchen" zusammen. Alle vierzehn Tage traf man sich im Wechsel in den Häusern der etwa dreißig Mitglieder, um unter Roberts Leitung Stücke zu singen, die in den großen Chorvereinen meist nicht berücksichtigt wurden. Doch schon bald stellte das „Singekränzchen" seine Aktivitäten ebenso ein wie das auf kammermusikalisches Musizieren von Instrumentalstücken ausgerichtete „Quartettkränzchen". Die Vorstellungen vom Ablauf solcher Treffen und von der Art der ausgewählten Musikstücke gingen offenbar weit auseinander.

Ein Bericht Claras über die Zusammenkünfte der beiden musikalischen Ensembles wirft ein Licht auf die Gründe ihres Scheiterns: Zu Beginn eines solchen Abends wurde regelmäßig erst einmal der neueste Klatsch und Tratsch ausgetauscht, und mit dem Musizieren begann man erst zu später Stunde, wenn Clara vor Müdigkeit längst die Augen zufielen. Nicht selten endeten solche Abende mit einem opulenten Souper, das wichtiger schien als die Musik selbst. Während der eigentlichen Proben wurde nach Claras Geschmack viel zu viel geschwatzt und gelacht, so dass die Stimme des Dirigenten den Geräuschpegel kaum durchdringen konnte.

Ernsthaftes Musizieren im Sinne der Schumanns war das also keineswegs, sondern hier wollten engagierte Laien Musik machen, um sich in geselliger Freundesrunde zu unterhalten. Offensichtlich hatten Clara und Robert ihre neuen, lieb gewonnenen Freunde in musikalischer Hinsicht doch überschätzt bzw. für Düsseldorfer Verhältnisse zu hohe musikalische Ansprüche gestellt. Den rheinischen Sinn für ein fröhliches Musizieren, das nur Vergnügen bereiten wollte, statt nach künstlerischer Vollkommenheit zu streben, konnten und wollten sie nicht nachvollziehen. Sie schienen in diese Art des Musiklebens und Musikerlebens nicht hineinzupassen. Deshalb fanden in ihrem Haus auch nie die in Düsseldorf so beliebten fröhlich-geselligen Festivitäten statt, bei denen die Musik nur eine Randstellung einnahm. Bei Schumanns sollte sich stattdessen ein kunstsinniger Kreis einfinden, der bereit und fähig war, auf hohem Niveau ernsthaft zu musizieren.

Auch die Arbeit mit seinem Chor und dem Orchester, die Robert zu Beginn seiner Tätigkeit so gelobt hatte, verlief nicht mehr ganz harmonisch.

Rheinisches Leben – Roberts Krankheit und Tod – Alleinerziehend

Vieles gab jetzt Anlass zu Konflikten. Grundlage waren vor allem divergierende Musikauffassungen, unterschiedliche künstlerische Ansprüche, daneben aber auch Spannungen in der Zusammenarbeit zwischen dem Dirigenten, dem es offenbar an Durchsetzungskraft mangelte, und den Musikern, die nur wenig Kooperationsbereitschaft aufbrachten. Erschwerend kam hinzu, dass das überwiegend aus so genannten Dilettanten, den Militärmusikern der in Düsseldorf stationierten preußischen Garnison und nur aus wenigen Berufsmusikern bestehende Orchester Schumanns Methode des Dirigierens vom Pult aus nicht akzeptierte.

Die Musiker waren gewohnt, vom Klavier aus angeleitet zu werden, was ihnen die Umsetzung der musikalischen Intentionen wesentlich erleichterte. Dazu war nun Robert nicht bereit. Zudem sprach er immer recht leise und vergrub aufgrund seiner ausgeprägten Kurzsichtigkeit den Kopf förmlich in der Partitur, um die Noten lesen zu können. So waren seine Anweisungen an das Orchester kaum verständlich. Eine Zeit lang ging Clara mit zu den Proben und versuchte ihrerseits, am Klavier sitzend und spielend die Vorstellungen ihres Mannes an die Musiker weiterzugeben. Aber auch das half kaum weiter. Beide Schumanns empfanden die Situation als recht unbefriedigend, schließlich hatten sie sich völlig andere Ziele gesetzt.

Zunehmend klagte Clara im Laufe der Jahre über die Disziplinlosigkeit in Chor und Orchester, für die sie kein Verständnis aufbringen konnte. Schon im April 1851 vertraute sie ihrer Schwägerin Pauline an, dass Robert und sie vielleicht nicht sehr lange in Düsseldorf bleiben würden. Anders als bei ihrem Eintreffen schien ihr die Stadt jetzt zu unbedeutend für einen Musiker vom Rang ihres Mannes, zumal die Menschen ihrer Ansicht nach nicht zu schätzen wussten, was sie an ihrem Musikdirektor hatten.

Trotzdem blieben sie zunächst in Düsseldorf, fanden sogar im Sommer 1851 eine wesentlich geeignetere, schöne Wohnung in den alten Gärten an der Kastanienallee, einer Prachtstraße, die noch im selben Jahr den Namen Königsallee erhielt. Dieses Haus lag in einer ruhigen Umgebung, was für Robert entscheidend war. Darüber hinaus bot ihre neue Wohnung einen wunderbaren, knapp sechzig Personen fassenden Musiksalon. Eingeweiht wurde er durch die erste Aufführung von Roberts weltlichem Oratorium *Der Rose Pilgerfahrt* op. 112 in seiner ursprünglichen Fassung mit Klavierbegleitung und ohne Orchester. Clara übernahm den Klavierpart, die Sängerinnen

Schwere Zeiten (1850–1857)

und Sänger des Düsseldorfer Künstler- und Freundeskreises bildeten den Chor. Das war endlich einmal eine musikalische Gesellschaft ganz nach dem Geschmack der Schumanns.

Kurze Zeit später unternahmen die Eheleute eine Fahrt über Rüdesheim, Heidelberg und Basel bis in die französische Schweiz, die ihnen unvergessliche Erlebnisse bescherte. Clara empfand sie im Nachhinein als die schönste Reise, die sie jemals gemeinsam unternommen hatten. Es war zugleich die erste, während der sie keine Konzerte gab und die nur der Erholung diente.

Schon als sie in Bonn bei herrlichstem Sommerwetter das Rheinschiff bestiegen, umgeben von lustigen Studenten, lebhaften Gesprächen und heiterer Musik, fühlten sie sich unglaublich wohl. Sollte die Reise ursprünglich nur bis nach Süddeutschland gehen, kam ihnen gerade aufgrund der frohen Stimmung und des allgemeinen Wohlbefindens spontan die Idee, sie bis in die Schweiz fortzusetzen.

Kaum zurück in Düsseldorf, brach das Ehepaar zu einer weiteren, dieses Mal beruflich bedingten Reise nach Antwerpen auf. Man hatte Robert Schumann gebeten, dort als Preisrichter in einem Gesangswettbewerb zu fungieren, was er gerne übernahm. Auf dem Rückweg besichtigten sie mit großem Genuss Brüssel, wo Clara eine angenehme Überraschung erlebte. Sie lernte eine ihrer berühmtesten Rivalinnen kennen, die Pianistin Camilla Pleyel, der oft eine gewisse Arroganz nachgesagt wurde. Clara fürchtete sich ein wenig vor der Begegnung. Doch erwies die Pleyel sich als äußerst liebenswürdig und natürlich im Umgang, so dass es zu einer angeregten Unterhaltung zwischen den beiden Künstlerinnen kam.

Eine weitaus weniger angenehme Überraschung, die sie für einige Tage in Atem halten sollte, erwartete die Schumanns dann nach ihrer Heimkehr Ende August. Franz Liszt war mit seiner Lebensgefährtin Fürstin von Sayn-Wittgenstein und deren Tochter Marie nach Düsseldorf gekommen. Sollten sie lachen oder weinen, erfreut oder erschrocken sein? Aufgrund ihres gespaltenen Verhältnisses zu Liszt wussten es beide Schumanns nicht so recht, durften sich aber aus Höflichkeit ihre wahren Gefühle nicht anmerken lassen.

Zu Claras besonderem Ärger erfolgte der Antrittsbesuch dann auch noch ausgerechnet am Vorabend des zehnten Geburtstags ihrer Tochter Marie, für den sie eine kleine Kindergesellschaft geplant hatte. „Aber wo der Liszt hinkommt, da ist gleich alle häusliche Ordnung umgestoßen und man wird durch ihn in eine fortwährende Aufregung versetzt" (Litzmann II, S. 263f.), stellte sie aufgebracht fest und sagte Maries Feier notgedrungen ab.

Mit spitzer Zunge und kritischem Unterton ist Claras Bericht über diesen Besuch verfasst, der einmal mehr ihre zwiespältige Meinung über Franz Liszt offenbart:

„Nachmittags 5 Uhr kam Liszt mit seiner (zukünftig sein sollenden) Gemahlin Fürstin Wittgenstein, deren 14jährigen Tochter und Gouvernante. Wir waren überrascht, in der Fürstin eine ziemlich matronenartige Frau zu finden, die nur durch ihre Liebenswürdigkeit und ihren Geist und feine Bildung, was sie alles im wahrsten Sinn des Wortes besitzt, ihn fesseln kann. Sie verehrt und liebt ihn leidenschaftlich, und er selbst sagt dem Robert, daß die Frau eine unbeschreibliche Ergebenheit für ihn zeige. Nur die Tochter, ein liebes Wesen, macht einem einen wehmütigen Eindruck, sie hat etwas Gedrücktes, Melancholisches in ihrem Aussehen. Wir musizierten sehr viel ... und zum Beschluß spielte er ein neues Konzertstück und einige seiner ‚Harmonien'. Er spielte, wie immer, mit einer wahrhaft dämonischen Bravour, er beherrscht das Klavier wahrhaft wie ein Teufel (ich kann es nicht anders ausdrücken) aber ach, die Kompositionen, das war doch zu schreckliches Zeug! Schreibt einer jung solches Zeug, so entschuldigt man es mit seiner Jugend, aber was soll man sagen, wenn ein Mann noch so verblendet ist." (ebd.)

Robert teilte das musikalische Urteil seiner Frau. Clara berichtete, sie seien beide traurig und bis ins Innerste indigniert über diese Kostprobe gewesen und hätten anschließend mit keiner Silbe auf Liszts Vorspielen reagiert.

Zu dieser Zeit war Clara erneut schwanger, nahm aber wie stets sämtliche Pflichten wahr und schonte sich kaum. In der Nacht zum 1. Dezember 1851 gebar sie ihr siebtes Kind, ein Mädchen, das auf den Namen Eugenie getauft wurde. Noch am Abend vor der Geburt hatten Robert und sie ein großes Fest anlässlich des silbernen Dienstjubiläums von Akademiedirektor Wilhelm von Schadow besucht, das Clara heimlich früher verließ, als die Wehen einsetzten.

Diese vierte und jüngste Schumann-Tochter berichtete Jahrzehnte später, ihre Mutter sei vor ihrer Geburt recht unglücklich gewesen, auch

Schwere Zeiten (1850–1857)

wenn sie es nicht habe zugeben wollen. Aber Eugenie zufolge war Clara der Ansicht, dass jedes neue Kind auch einen Zuwachs an Sorgen bedeutete. In solchen Momenten habe Robert seine Frau mit den Worten getröstet, Kinder seien doch der größte Segen, man könne nie genug haben.

Als eine der Taufpatinnen Eugenies wurde Claras enge Freundin Rosalie Leser gebeten. Die gebildete und in hohem Maße kunstinteressierte Frau hatte Clara kurz nach ihrem Eintreffen in Düsseldorf kennen- und schätzen gelernt. Als Tochter eines Fabrikanten war Rosalie Leser verhältnismäßig vermögend und lebte, da bereits in früher Jugend erblindet, mit ihrer Gesellschafterin Elise Jungé zusammen. Zwischen den Frauen entstand rasch eine innige Freundschaft, die ein Leben lang währte. Immer wieder kehrte Clara in späteren Jahren nach Düsseldorf zurück oder machte auf ihren Konzertreisen dort Station, um ihre Freundin zu besuchen. Nicht selten verbrachte sie auch die Weihnachtsfeste in deren behaglichem Haus.

Im März 1852 unternahm das Ehepaar Schumann seine – ohne dies freilich ahnen zu können – letzte gemeinsame Reise nach Leipzig. Robert hatte die ehrenvolle Einladung erhalten, Aufführungen seiner Werke im Gewandhaus zu dirigieren. Nach fast zwei Jahren waren sie wieder in ihrer geliebten Heimat und trafen die guten alten Freunde. Die Musik und das gemeinsame Musizieren standen im Zentrum des Aufenthalts, die Konzerte und insbesondere Claras bejubelte Auftritte erlebten sie als künstlerische Höhepunkte. Doch auf diese erfüllten Tage und die von ihnen ausgelöste Hochstimmung fielen schon bald dunkle Schatten.

Kurz nach ihrer Rückkehr musste die Familie schweren Herzens die schöne große Wohnung mit dem Musiksalon räumen, weil das Haus verkauft wurde. Ihre neue, nun schon dritte Düsseldorfer Wohnung lag außerhalb des Stadtkerns in einem gerade erst erschlossenen Neubaugebiet und erwies sich letztlich als Fehlgriff.

Da in der unmittelbaren Umgebung Häuser und auch Straßen noch nicht fertiggestellt waren, fühlte sich Robert durch steten Baulärm erheblich beim Arbeiten gestört. Hinzu kam, dass die Wände in dem Neubau recht dünn waren und neben Schumanns eine englische Familie wohnte, deren Kinder permanent auf dem Klavier klimperten. Zudem störten Robert und Clara sich hier auch gegenseitig beim Klavierspielen bzw. Komponieren. Trotz mehrfachen Umräumens ihrer Instrumente und Arbeitsplätze von einem Zimmer ins andere gelang es ihnen nicht, eine Lösung für das Problem zu finden.

Auch die musikalischen Verhältnisse in Chor und Orchester verschlechterten sich nach dem Dafürhalten beider Schumanns zunehmend. Clara traf wohl den Nagel auf den Kopf, als sie im Mai 1852 ihrer Dresdner Schülerin Marie von Lindeman mit Blick auf die – an sich durchaus gelungene – Düsseldorfer Uraufführung eines Werkes von Robert anvertraute, die Zuhörer hätten so enthusiastisch reagiert, wie es ihnen gerade noch möglich war, in ihren Augen sei die Resonanz aber recht verhalten ausgefallen. In ganz Deutschland schien es nach Claras Ansicht kein kälteres Publikum zu geben als in Düsseldorf. Nach wie vor war sie der Meinung, dass niemand die Qualitäten ihres Mannes erkannte. Auch hatte sie inzwischen erfahren, dass es den früheren Musikdirektoren wie Mendelssohn, Julius Rietz und Ferdinand Hiller wohl ebenso ergangen war, was sie in ihrer Einschätzung bestärkte.

Gleichzeitig bereitete ihr Roberts Gesundheitszustand Sorgen. Immer häufiger fühlte er sich krank oder zumindest unwohl und war dadurch nicht in der Lage zu arbeiten. Zur Verbesserung seines Befindens unternahm das Ehepaar im September 1852 einen von den Ärzten dringend empfohlenen Kuraufenthalt im niederländischen Scheveningen. Für Clara schienen die Seebäder und das milde Reizklima nicht optimal zu sein, sie erlitt während des Urlaubs eine Fehlgeburt.

Schwach und angegriffen kehrte sie nach Düsseldorf zurück, das sie inzwischen gerne auf Dauer verlassen wollte. Zumindest mussten sie nicht mehr in die ungeliebte, laute Neubauwohnung zurückkehren. Während ihrer Abwesenheit hatten die Düsseldorfer Freunde den Umzug in eine sehr behagliche Wohnung für sie bewältigt. Sie lag mitten in der Carlstadt, direkt im Stadtkern.

Es sollte die letzte gemeinsame Wohnung der Familie werden. Hier nun hoffte Clara, bleiben zu können, denn das Zimmer ihres Mannes war sehr freundlich und abgeschieden gelegen, so dass er in Ruhe arbeiten konnte. Noch besser war, dass Clara ihr Studierzimmer im zweiten Stock hatte, wo ihr Mann sie nicht hören und sie ihn nicht stören konnte. „Zum ersten Mal nach unserer Verheiratung treffen wir es so glücklich an" (Litzmann II, S. 272), stellte Clara nach fast zwölfjähriger Ehe fest.

Schwere Zeiten (1850–1857)

Leider blieb Roberts Zustand so bedenklich, dass er zunächst die Konzerte der Saison 1852/53 nicht selbst dirigieren konnte. Sein Stellvertreter Julius Tausch musste sie übernehmen. Während Clara daher allein zum ersten Abonnementskonzert ging, weil sie inständig um ihre Mitwirkung gebeten worden war, holte sie die erlittene Fehlgeburt nochmals in Gestalt heftiger Blutungen ein. Vier volle Wochen musste sie sich nun schonen und im Bett bleiben. Das war eine harte Geduldsprobe für diese starke, energische und aktive Frau. Lediglich die Tatsache, dass es ihrem Mann allmählich besser ging, ließ sie die Qual ertragen.

Sobald sie sich ein wenig wohler fühlte, entwickelte sie großen Tatendrang. Lange Zeit hatte sie aufgrund der ungünstigen Wohnsituation ihre eigenen Musikstudien zurückstellen müssen. Nun konnte sie dank der neuen Verhältnisse ihre Arbeiten wieder aufnehmen. Auch zum Komponieren fand sie nach nahezu fünfjähriger Pause endlich Muße. Ein Geburtstagsgeschenk für Robert wollte sie schaffen, ganz wie in alten Zeiten. Zwar fiel es ihr merklich schwerer als früher, doch es entstanden sieben Variationen über ein Thema ihres Mannes, die sie ihm am 8. Juni 1853 auf den Gabentisch legte. Veröffentlicht wurden sie erst im Herbst 1854 bei Breitkopf & Härtel als *Variationen über ein Thema von Robert Schumann* mit der Widmung „für IHN".

Nicht nur damit machte sie ihrem Mann eine große Freude. Ganz entzückt war er von Claras Sammlung *Sechs Lieder aus Jucunde von Hermann Rollet*, die in den folgenden Tagen entstand. Robert hielt sie für eine großartige Komposition und sparte nicht mit Lob. Gleichzeitig vertonte Clara noch das berühmte Gedicht „Das Veilchen" von Goethe. Dass sie die gleichnamige, recht populäre Komposition Mozarts nicht kannte, amüsierte Robert sehr.

Einmal im Fahrwasser, schrieb Clara drei *Romanzen für Pianoforte*; zwei von ihnen ließ sie zusammen mit einer erst später entstandenen bei Breitkopf & Härtel drucken und widmete sie Johannes Brahms. Zu guter Letzt schuf sie noch *Drei Romanzen für Pianoforte und Violine*, Stücke für eine Besetzung also, die sie bei ihren bisherigen Kompositionen noch nicht berücksichtigt hatte. Clara schrieb sie für den Freund und Geiger Joseph Joachim, dem sie auch gewidmet sind.

Clara hatte den zweiundzwanzigjährigen, damals noch relativ unbekannten Geiger Joseph Joachim beim 31. Niederrheinischen Musikfest kennengelernt, dem einzigen, das ihr Mann in seiner Funktion als Musikdirektor leitete. Beide Schumanns erkannten auf Anhieb das herausragende violinistische Talent des jungen Künstlers und förderten ihn nach Kräften. Joachim erlebte auf dem Düsseldorfer Fest seinen Durchbruch zum absoluten Geigenstar, den er hauptsächlich seiner fantastischen Interpretation des Violinkonzerts von Ludwig van Beethoven verdankte. Dieses Konzert gehörte damals noch nicht zum gängigen Repertoire, weshalb die Publikumsreaktion im Vorhinein eher ungewiss war.

Das Musikfest verlief für alle Beteiligten mehr als zufriedenstellend, sowohl für die ortsansässigen Kräfte und Organisatoren als auch für die von weit her angereisten Künstler. Dem Musikdirektor Schumann setzte man zum krönenden Abschluss einen Lorbeerkranz aufs Haupt als Dank vor allem für seine grandiose Vertonung des beliebten *Rheinweinliedes*, das vom gesamten Publikum am Ende im Stehen mitgesungen wurde. Ein derart fabelhaftes Fest hatte Clara noch nie erlebt. Ihr gefiel die wahrhaft andachtsvolle Stimmung, die sich, gepaart mit echtem Enthusiasmus, während der drei Tage zunehmend steigerte.

Die enge Freundschaft, die Clara Schumann zu Joseph Joachim knüpfte, durchlebte im Laufe der Jahre einige Turbulenzen, hielt aber ein Leben lang. Der deutlich ältere Robert Schumann zog in seinen letzten aktiven Jahren viel Kraft aus dieser Verbindung, Joachims Violinkünste inspirierten ihn zu herrlichen Kompositionen. Clara trat mit Joachim in zahlreichen Konzerten und Städten bis ans Ende ihrer Karriere immer wieder auf, stets mit großem Erfolg. Auch privat stand ihr der Freund später in vielen Lebenskrisen und schweren Stunden bei.

Am 12. September 1853 beging das Ehepaar Schumann seinen dreizehnten Hochzeitstag, einen Tag später wurde Clara vierunddreißig Jahre alt. Es sollte das letzte Mal sein, dass sie diese Feiertage zusammen verbringen konnten. Fast könnte man meinen, Robert hätte dies geahnt, solche Mühe gab er sich, seine Frau zu überraschen und ihr einen unvergesslichen Tag zu bescheren.

Unter einem Vorwand entführte er Clara am Morgen ihres Geburtstags direkt nach dem Frühstück zum nahe gelegenen Schloss Benrath, wohin sie schon häufig mit großem Vergnügen gefahren waren. Doch dieses Mal konnte Clara den Ausflug gar nicht genießen, so ungeduldig war sie. Schließlich

Schwere Zeiten (1850–1857)

wollte sie doch unbedingt ihre Geburtstagsgeschenke sehen und vermutete hinter Roberts merkwürdigem Benehmen eine freudige Überraschung.

Erst am späten Nachmittag durfte sie die Wohnung betreten. In der Mitte des Wohnzimmers erblickte sie einen mit Blumen geschmückten Flügel, an dem eine ihrer Schülerinnen saß. Dahinter standen zwei Damen und zwei Herren, die bei ihrem Eintreten zu singen begannen. Zu Claras Entzücken stimmten sie ein von Robert komponiertes Lied an, genau auf jenen Text, den er dreizehn Jahre zuvor für sie gedichtet hatte, als er ihr ebenfalls einen Flügel schenkte.

Clara vermutete zunächst, der Flügel im Wohnzimmer sei für die kleine musikalische Darbietung ausgeliehen worden. Als sie dann erkannte, dass es sich um ein großzügiges Geschenk ihres Mannes handelte, war sie überwältigt. Robert wiederum hatte seine diebische Freude an seiner überraschten Frau, die sprachlos geworden war vor Erstaunen.

Obwohl Clara der Meinung war, dass dieses kostbare Instrument ihre Verhältnisse weit überstieg, so musste sie doch zugeben, wie sehr es sie beglückte. Den Erbauer des Flügels, Johann Bernhard Klems, hatte sie schon bald nach ihrer Ankunft in Düsseldorf kennengelernt. Er betrieb nur eine relativ kleine Klavierfabrik und baute nur wenige, aber besonders schöne Instrumente. Clara war von Anfang an begeistert von der leichten Spielbarkeit seiner Flügel, die sie einige Male bei Privatkonzerten im Klems'schen Geschäft hatte ausprobieren dürfen. Umso mehr freute sie sich darüber, jetzt selbst einen zu besitzen, und nahm das Instrument später sogar mit, wenn sie auf Konzertreisen außerhalb Düsseldorfs ging. Das Risiko, vor Ort auf schlechte oder gar unspielbare Instrumente zu treffen konnte sie somit ausschließen.

Noch lange saßen die beiden Eheleute an diesem ereignisreichen Geburtstag zusammen, erzählten fröhlich und musizierten gemeinsam auf dem neuen Flügel, nachdem am späten Abend alle Gäste gegangen waren. „Bin ich nicht das glücklichste Weib auf der Erde?" (Litzmann II, S. 277), fragte Clara überwältigt vor dem Zubettgehen.

Dann folgte die größte Überraschung dieses Herbstes: Ende September 1853 traf der zwanzigjährige Johannes Brahms aus Hamburg auf Anraten seines Freundes Joseph Joachim im Schumann'schen Hause ein. Mit schlotternden Knien, bangem Herzen und zahlreichen Empfehlungsschreiben ausgerüstet, dazu viele noch unveröffentlichte Kompositionen im Reisegepäck, stand er beim Düsseldorfer Musikdirektor und seiner Frau vor der Tür, um seine erste Aufwartung zu machen.

„Das ist wieder einmal einer, der kommt wie eigens von Gott gesandt!" (Litzmann II, S. 281), notierte Clara in ihrem Tagebuch und sprach damit aus, was sie und ihr Mann bei der ersten Begegnung mit Johannes Brahms spontan dachten. Dieser hoch talentierte junge Mann und seine fesselnden, technisch äußerst schwierigen Kompositionen begeisterten das Ehepaar Schumann auf Anhieb. Jeden Tag spielte Brahms ihnen neue Stücke vor, von denen er noch kein einziges hatte drucken lassen können. Dafür sorgte jetzt Robert Schumann, der ihn an den renommierten Leipziger Verleger Breitkopf & Härtel vermittelte.

Brahms blieb bis Anfang November 1853 Bewohner des Schumann'schen Gästezimmers, dann zog es ihn weiter. Er fuhr nach Hannover zu seinem Freund Joseph Joachim, der dort eine Stellung angetreten hatte und sich offenbar nach Gesellschaft sehnte.

Alle weiteren Ereignisse in diesem Herbst 1853 waren weniger erfreulich. Die Differenzen zwischen Musikdirektor Schumann und den Musikern in Orchester und Gesangsverein hatten zugenommen und schienen inzwischen unüberbrückbar.

Am 27. Oktober 1853 fand das letzte Düsseldorfer Abonnementskonzert unter Schumanns Leitung statt. Knapp zwei Wochen später wurde Robert vom Komitee des Musikvereins mitgeteilt, dass er fortan nur noch seine eigenen Werke dirigieren dürfe. Alle übrigen Verpflichtungen werde man seinem Vertreter Julius Tausch übertragen. Clara war maßlos empört über diese Verfügung, betrachtete sie als Zumutung für ihren Mann und ereiferte sich über die Niedertracht der Düsseldorfer. Am liebsten hätte sie der Stadt sofort den Rücken gekehrt, wenn dies mit der großen Familie möglich gewesen wäre.

Zur Abwechslung und vor allem als Ablenkung von den heimatlichen Problemen dienten in der nächsten Zeit kürzere Konzertreisen, die sie zunächst in die benachbarten Niederlande führten. Dort konnten beide Schumanns große Erfolge erzielen, sie als Pianistin und er als Komponist und Dirigent seiner Werke. Ihre Tournee nach Utrecht, Den Haag, Rotterdam und Amsterdam glich einem wahren Triumphzug. Überall wurde das berühmte deutsche Musikerpaar gefeiert und geehrt, mal mit einem Lorbeerkranz, mal mit einem Fackelzug oder einem Ständchen. In nur drei Wochen gaben

Schwere Zeiten (1850–1857)

Clara und Robert insgesamt zehn Konzerte. Wie sehr entschädigte sie dies für die in Düsseldorf erlittene Schmach, wie schwer fiel da der Abschied von den niederländischen Freunden, und wie sehr freute man sich auf ein Wiedersehen im nächsten Jahr.

Heitere Stunden brachte ebenfalls eine Tour Anfang des Jahres 1854 nach Hannover, wo die Freunde Joseph Joachim und Johannes Brahms sie erwarteten. Clara und Robert genossen jede Sekunde in dieser wohltuenden menschlichen und künstlerischen Atmosphäre.

Doch dann ließ sich das Schicksal nicht mehr aufhalten. Es begann ein hartes Jahr voller schwerer Stunden für Clara. In der Nacht vom 10. zum 11. Februar 1854 wurde Robert von schweren Gehörshalluzinationen geplagt und fühlte sich von Dämonen und wilden Tieren verfolgt. Diese massiven Beschwerden nahmen in den folgenden Tagen noch weiter zu. Einmal hörte er entsetzliche Geräusche, dann wieder schöne Musik unterschiedlichster Art. An Nachtschlaf war nicht mehr zu denken, auch für Clara nicht, die erneut schwanger war und diese Ruhe eigentlich dringend gebraucht hätte.

Wochen später schüttete Clara der Freundin Emilie List ihr Herz aus. Aus ihrer Schilderung lässt sich entnehmen, dass sich die Ereignisse folgendermaßen abspielten: Sechzehn Tage kam sie selbst nicht ins Bett, weil sie ständig an der Seite ihres Mannes blieb. Er teilte ihr eines Abends mit, dass er dringend in eine Irrenanstalt müsse, weil er seiner Sinne nicht mehr mächtig sei. Zu Hause könne er nicht geheilt werden, in einer geeigneten Einrichtung aber werde er bald genesen. Unverzüglich ließ Clara einen Arzt rufen, der Robert an diesem Abend noch einmal besänftigen und zu Bett bringen konnte.

Doch lange hielt dieser Zustand nicht an, die Unruhe nahm weiter zu. Am 27. Februar 1854 unternahm Robert einen Selbstmordversuch, den man Clara mit Rücksicht auf ihre Schwangerschaft allerdings vollständig verheimlichte. Es war Karneval in Düsseldorf, die Narren tobten auf den Straßen. Am höchsten rheinischen Feiertag, dem Rosenmontag, ging Robert im Schlafrock und mit Filzpantoffeln an den Füßen in einem unbeobachteten Moment aus seinem Schlafzimmer zur nahe gelegenen Rheinbrücke. Von der Mitte der Brücke stürzte er sich in den Fluss, was vorbeifahrende Fischer sahen und ihn aus den eisigen Fluten in ihren Kahn zogen.

Robert wurde triefend nass nach Hause gebracht, wo er in einem klaren Moment seine Bitte wiederholte, man möge ihn nun endlich in eine Anstalt bringen. Schon zu Beginn seiner Erkrankung hatte er sich über entsprechende Einrichtungen in der Nähe informiert und eine Klinik in Endenich bei Bonn ausgewählt, die ihm geeignet schien.

Als man Robert in die Wohnung brachte, war Clara nicht mehr zu Hause. Freunde hatten sie gegen ihren Willen zu ihrer Freundin Rosalie Leser gebracht. Dort drängte Clara täglich auf Rückkehr, wurde jedoch immer wieder vertröstet. Erst Anfang März durfte sie mit den Kindern in die gemeinsame Wohnung zurückkehren nachdem ihr mitgeteilt worden war, dass ihr Mann am 4. März in Begleitung von zwei Wärtern und seinem behandelnden Arzt Dr. Hasenclever zu der von ihm bestimmten privaten Heil- und Pflegeanstalt nach Endenich aufgebrochen war.

Diese von Dr. Franz Richarz geleitete Einrichtung galt für damalige Verhältnisse als überaus progressiv. Alle zur damaligen Zeit in den so genannten Irrenanstalten üblicherweise verwendeten mechanischen Zwangsmittel lehnte Dr. Richarz entschieden ab und legte stattdessen größten Wert auf das persönliche Wohlbefinden seiner Patienten. Gemeinsam mit seinen Kollegen bemühte er sich um eine Heilung der Kranken, weshalb sie – nach den Möglichkeiten der zeitgenössischen Medizin – tatsächlich therapiert und nicht nur, wie anderenorts üblich, aufbewahrt wurden. Da die Ärzte zunächst keine Anzeichen für eine unheilbare Erkrankung Roberts feststellten, gingen sie von einem baldigen Erfolg ihrer Therapie aus.

Clara hatte von ihrem Mann nicht Abschied nehmen können. Sie ertrug dies klaglos, da sie hoffte, ihn bald sehen zu dürfen. Doch dann erhielt sie die nur schwer erträgliche Nachricht aus Endenich, dass ihr auf absehbare Zeit keine Besuche in der Anstalt gestattet seien. Die dortigen Ärzte waren der Ansicht, dass Besuche – insbesondere von nahestehenden Personen wie Ehefrau und Kindern – zu unterbleiben hätten, um jegliche Aufregung vom Patienten fernzuhalten. Andernfalls sei die Heilung gefährdet bzw. habe man mit Rückschlägen zu rechnen.

Während der ersten zehn Monate seines Aufenthalts wurde Robert vollkommen isoliert, danach durften zumindest Freunde ihn besuchen. Clara wehrte sich zu keinem Zeitpunkt gegen diese aus heutiger Sicht unverständliche Bestimmung. Sie war an Gehorsamkeit und Pflichtbewusstsein von Kind auf gewöhnt. Autoritäten stellte sie selten in Frage, Widerstand gegen Anordnungen zu leisten fiel ihr schwer. So war sie auch jetzt überzeugt da-

Schwere Zeiten (1850–1857)

von, das Beste für ihren Mann zu tun, wenn sie sich streng an die Auflagen der Ärzte hielt.

So musste das Leben in Düsseldorf ohne den Ehemann und Vater weitergehen. Claras Mutter Mariane Bargiel war unverzüglich aus Berlin angereist und stand ihrer Tochter in dieser schweren Zeit bei. Auch Johannes Brahms aus Hamburg und einige Tage später Joseph Joachim aus Hannover kamen nach Düsseldorf und boten ihre Hilfe an. Viele Briefe mit Worten des Zuspruchs und des Trostes trafen ein, weitere hilfreiche Freunde kamen, manche nur auf einen kurzen Besuch, manche für mehrere Tage. All das tat Clara unendlich gut und gab ihr Kraft. Auch Angebote zur finanziellen Unterstützung erhielt sie von verschiedenen Seiten, die sie aber nahezu alle zurückwies.

Nur auf Nachrichten aus Endenich wartete Clara lange vergeblich. Und als diese sie dann endlich erreichten, waren sie nur wenig aussagekräftig. Clara litt furchtbar darunter, dass ihr Mann offenbar nicht nach ihr fragte. Freunde aus Bonn und die Anstaltsärzte gaben ihr in der nächsten Zeit die unterschiedlichsten Auskünfte. Mal schöpfte sie Hoffnung auf Roberts rasche Genesung, mal fühlte sie sich am Boden zerstört, weil sie erfuhr, dass noch keine sicheren Erkenntnisse über die Heilungsmöglichkeiten vorlägen.

Clara griff nach jedem Strohhalm und fieberte einem Wiedersehen mit ihrem Mann förmlich entgegen. Doch hatte sie anfangs noch geglaubt, Robert bald vollkommen wiederhergestellt in die Arme schließen zu können, so wurde ihr allmählich schmerzlich bewusst, dass wohl noch ein langer Leidensweg vor ihnen lag.

Am 11. Juni 1854 wurde Claras achtes und letztes Kind geboren, ein Sohn. Clara fand, das liebliche Baby sei seinem Vater wie aus dem Gesicht geschnitten. Auch bezeichnete sie ihn als das stärkste ihrer Kinder. In Erinnerung an den früh verstorbenen geschätzten Freund Felix Mendelssohn Bartholdy nannte sie den Jungen Felix.

Getauft wurde der kleine Felix vorerst nicht, da Clara abwarten wollte, bis sein Vater aus der Heilanstalt entlassen würde. Als sich dann aber sämtliche Hoffnungen auf Roberts baldige Rückkehr zerschlugen, ließ sich die Taufe nicht länger hinauszögern. Sie erfolgte am 1. Januar 1855 in der evangelischen Neanderkirche in Düsseldorf. Ins Taufregister wurde neben den Paten – einer von ihnen war Johannes Brahms – auch ein Vermerk eingetragen, der den späten Tauftermin mit der Erkrankung des Vaters begründete. Dass ein Neugeborenes derart lange ungetauft blieb, galt als ausgesprochen unüblich. Johannes Brahms war für Clara inzwischen eine unverzichtbare Hilfe geworden. Da er als einziger von ihren guten Freunde durch keine feste Anstellung anderweitig gebunden war, konnte er – mit gewissen Unterbrechungen – über zwei Jahre lang in Düsseldorf bleiben. Schon bald mietete er sich ein Zimmer und kümmerte sich häufig um die jüngeren Schumann-Kinder, wenn Clara auf Tournee war.

Die beiden ältesten Töchter, die fast vierzehnjährige Marie und die zwölfjährige Elise, wurden, wie es damals im gehobenen Bürgertum üblich war, in einem Leipziger Pensionat untergebracht. Die stets kränkelnde Julie lebte zu dieser Zeit in Berlin bei ihrer Großmutter, während die vier kleineren Kinder zunächst in Düsseldorf blieben und von der Hausangestellten Bertha betreut wurden.

Mit großer Sorge bemerkte Clara, dass die finanziellen Rücklagen der Familie allmählich schwanden. Obschon die Stadt Düsseldorf das volle Gehalt ihres Mannes weiterhin zahlte, waren doch aufgrund der Erkrankung seine übrigen Einkünfte weggefallen. Die Ausgaben hatten sich dagegen deutlich erhöht. Roberts Unterbringung in der privaten Heilanstalt verursachte monatlich hohe Kosten. Clara war fest entschlossen, ihrem Mann bei seiner Rückkehr eine solide finanzielle Lage vorweisen zu können. Daher beschloss sie nach reiflicher Überlegung und vielen Gesprächen mit Brahms, ihre Konzerttätigkeit wieder in vollem Umfang aufzunehmen. Sie tat es schweren Herzens, da sie eigentlich in der Nähe ihres Mannes bleiben wollte.

Nach einer Erholungsreise ins belgische Seebad Ostende, die sie sich auf Anraten der Freunde gönnte, wollte sie im Herbst 1854 wieder auf Tournee gehen, um für den Familienunterhalt und die Behandlungskosten ihres Mannes zu sorgen. Tatsächlich gelang es ihr, in den Jahren bis zu Roberts Tod das gemeinsame Privatkapital um eine beträchtliche Summe zu vermehren.

Neben finanziellen Überlegungen gab es aber wohl noch einen anderen Grund, warum sie ihre Konzerttätigkeit wieder aufnehmen wollte. Auf keine andere Weise vermochte sie nämlich schreckliche Ereignisse in ihrem Leben besser zu bewältigen als durch unermüdliches Arbeiten. Im Musizieren fand Clara zeitlebens den größten Trost. Es lenkte sie ab, befriedigte sie und gab ihr Kraft.

Und noch etwas geschah, was ihr Auftrieb gab. Sie erhielt einen Brief ihres Mannes aus Endenich. Vermutlich im Bewusstsein ihres Hochzeitstags am 12. September 1854 hatte Robert sich besorgt nach seiner Frau erkundigt. Er habe lange nichts mehr von Clara gehört und frage sich, ob sie gestorben sei. Die verhängte Kontaktsperre bestand inzwischen schon seit einem halben Jahr. Selbst wenn Clara Blumengrüße nach Endenich sandte, verheimlichten die Ärzte dem Patienten den Namen der Absenderin. Nun erhielt Clara endlich die Erlaubnis, ihrem Mann zu schreiben, was sie unverzüglich tat.

In seinem Brief vom 14. September 1854 antwortete Robert ausführlich auf ihre Zeilen. Er fragte nach ihrem und der Kinder Befinden, nach dem, was sich inzwischen in ihrem Leben ereignet habe, nach ihren Instrumenten, seinen Notenmanuskripten und dergleichen mehr. Jetzt erst konnte Clara ihrem Mann von der Geburt des kleinen Felix berichten. Wie freute er sich, davon zu hören, und wie einverstanden war er mit der Wahl seines Namens, der auch ihn an den gemeinsamen Freund erinnerte.

Am Heiligen Abend 1854 fuhr Joseph Joachim in Claras Auftrag zu Robert nach Endenich und überbrachte ihm die Weihnachtsgeschenke. Am wichtigsten war für Robert darunter eine Fotografie seiner Kinder Marie, Elise, Ludwig, Ferdinand, Eugenie und auch Felix, den er ja leibhaftig noch nie gesehen hatte. Nur Julie fehlte, da sie bei der Großmutter Bargiel in Berlin wohnte. Robert stellte das Bild sofort auf seinen Nachttisch, wo es bis zu seinem Tod blieb.

Nun setzte zwischen den Eheleuten ein acht Monate dauernder Briefwechsel ein, den Robert merkwürdigerweise im Mai 1855 ohne ersichtlichen Grund abbrach. Verzweifelt schrieb Clara ihm immer wieder, zuletzt zu seinem sechsundvierzigsten Geburtstag am 8. Juni 1856, wenige Wochen vor seinem Tod. Sie sandte ihm regelmäßig Blumensträuße und Notengeschenke, aber ihr Mann reagierte nicht mehr.

Für Clara waren insbesondere die Jahre 1854 bis 1856 enorm aufreibend. Sie wurde nicht nur von der Sorge um Robert geplagt, sondern musste auch praktisch viel bewältigen, seit das Ausmaß ihrer Reisetätigkeit zugenommen hatte. Meist war sie während der gesamten Saison unterwegs und gönnte sich nur im konzertfreien Sommer kurze Erholungsphasen. Aus mindestens fünfzig Auftritten im Jahr bestand ihr normales Pensum. Leipzig, Weimar, Berlin, Hamburg, Bremen, Breslau, Danzig, verschiedene Städte in den Nie-

Rheinisches Leben – Roberts Krankheit und Tod – Alleinerziehend

Die Schumann-Kinder von links nach rechts: Ludwig, Marie (sitzend), Felix, Elise (hinten stehend), Ferdinand und Eugenie, Julie fehlt. Fotografie von Wilhelm Severin, Düsseldorf 1854.

Schwere Zeiten (1850–1857)

derlanden, Wien, Budapest und Prag waren einige ihrer wichtigsten Stationen der Jahre 1854 bis 1857.

Schweren Herzens musste Clara im August 1855 die schöne Düsseldorfer Wohnung in der Bilker Straße verlassen, in der sie mit Robert so glücklich gewesen war. Wie sehr hatte sie gehofft, ihr Mann würde dorthin zurückkehren, hatte seine Räume unangetastet gelassen und seinen Schreibtisch immer mit frischen Blumensträußen geschmückt, wie er es liebte. Jederzeit hätte er kommen können und die Zimmer so vorgefunden, wie er sie verlassen hatte.

Aber Clara konnte die Wohnung nicht länger halten. Für ihre jetzigen Verhältnisse und die verkleinerte Familie war sie viel zu groß, und für die unbenutzten Räume wollte Clara nicht den hohen Mietzins zahlen. So zog sie ein letztes Mal innerhalb Düsseldorfs um und fand ganz in der Nähe eine geeignetere kleinere Wohnung. Johannes Brahms bezog im Parterre desselben Hauses ein hübsches und anheimelndes Zimmer.

Nach wie vor stand ihr der junge Musiker in fast aufopfernder Weise zur Seite. Er kümmerte sich gemeinsam mit der treuen Bertha nicht nur weiterhin um die jüngeren Kinder, sondern fuhr auch regelmäßig nach Endenich zu Robert, nachdem er die Besuchserlaubnis erhalten hatte. Brahms genoss das Zusammensein mit seinem hoch verehrten älteren Freund und Mentor. Die beiden Männer gingen in Bonn spazieren, unterhielten sich viel und musizierten zusammen, solange es noch möglich war. Da Clara ihren Mann nach wie vor nicht sehen durfte, war sie dankbar für die Berichte, die Brahms ihr lieferte.

Dennoch machte sich Clara inzwischen berechtigte Sorgen um die Zukunft des jungen Freundes, der ihrer Ansicht nach dringend eine feste Anstellung oder zumindest eine regelmäßige Einnahmequelle benötigte. Als Robert schon über ein Jahr in der Heilanstalt war, entschloss man sich in Düsseldorf, den bisher für Robert freigehaltenen Posten des Musikdirektors neu zu besetzen. Doch fiel die Wahl nicht auf Brahms, der sich natürlich unverzüglich beworben hatte. Man entschied sich stattdessen für den ortsansässigen und beliebten Julius Tausch, der seit Jahren als Schumanns Vertreter fungierte hatte.

Zwar versuchte Clara, Brahms möglichst viele Klavierschüler zu vermitteln, aber die Einnahmen aus dieser Unterrichtstätigkeit reichten nicht aus, um ihn finanziell abzusichern. Auch bemühte Clara sich, die Kompositionen des jungen Freundes bei ihren Auftritten verstärkt zu spielen. Sie hoffte, das

Publikum und vor allem die Verleger für Brahms begeistern zu können, musste aber immer wieder feststellen, dass die Stücke nicht eingängig genug waren. Nur mit Mühe gelang es ihr, den Verlag Breitkopf & Härtel in Leipzig weiterhin zum Druck seiner Werke zu bewegen und Brahms zumindest diese Einnahmequelle zu sichern.

Trotz beunruhigender Nachrichten über den Gesundheitszustand ihres Mannes teilte der behandelnde Arzt Clara in einem persönlichen Gespräch im Sommer 1855 mit, dass er weiterhin an eine vollkommene Wiederherstellung glaube. Es bedürfe nur viel Zeit und Geduld. Clara stimmte zu, Roberts Aufenthalt in der teuren Anstalt zu verlängern, und hoffte weiter auf seine Genesung.

Doch dann erhielt sie im September 1855 einen Brief des Arztes, der sämtliche Illusionen zerstörte. Nun wollte ihr auch Dr. Richarz keinerlei Hoffnung mehr machen. Den fünfzehnten Hochzeitstag und ihren sechsunddreißigsten Geburtstag feierte sie zum zweiten Mal allein, aber zum ersten Mal in der Gewissheit, dass sie diese bedeutenden Festtage wohl nie mehr mit ihrem Mann gemeinsam werde begehen können.

Clara litt furchtbar und ließ sich dennoch nicht fallen. Pflichtbewusst wie sie war, nahm sie ihr hartes Los an und stellte sich ihren beruflichen Herausforderungen. Zu Beginn des Jahres 1856 reiste sie zum dritten Mal nach Wien, und im April brach sie zu ihrer mehrfach verschobenen ersten Tournee nach England auf. Die Konzerte und die fulminanten Erfolge, die sie erzielte, gaben ihr stets neue Kraft, denn für sie war es das schönste Gefühl, „den Beifall des Publikums zu ernten" (Litzmann II, S. 395).

Während ihres gesamten Aufenthalts in England erhielt Clara erschütternde Briefe von Brahms, in denen er vom raschen körperlichen und geistigen Verfall ihres Mannes berichtete. Nach wie vor besuchte er ihn regelmäßig, aber Gespräche waren kaum noch möglich. Auch konnte die kurzzeitig erwogene Verlegung in eine andere Anstalt nun nicht mehr erfolgen. Noch in London erfuhr Clara, ihr Mann sei inzwischen bettlägerig geworden und nicht mehr bei Kräften.

Unmittelbar nach ihrer Rückkehr Anfang Juli 1856 fuhr Clara nach Bonn, um selbst mit Dr. Richarz zu sprechen. Dieses Mal ließ sie nicht locker und drängte darauf, ihren Mann sehen zu dürfen, was ihr auch gestattet wurde. Sie war erschüttert über dessen jammervollen Zustand. Aber noch verdrängte sie den Gedanken an ein rasches Ende, selbst als die Ärzte ihr das Gegenteil mitteilten.

Eine gute Woche später erhielt Clara ein Telegramm aus Endenich: Wenn sie Robert noch lebend sehe wolle, müsse sie kommen. Gänzlich aufgelöst fuhr sie sofort mit Brahms und einer Freundin hin, aber da schien die Gefahr zunächst vorüber zu sein. Nur Brahms durfte den Patienten sehen, Clara wurde es erneut untersagt.

Lange hielt sie es jedoch nicht in Düsseldorf aus, reiste wieder nach Bonn und verlangte von den Ärzten, endlich zu ihrem Mann ins Zimmer gehen zu dürfen. „Er lächelte mich an und schlang mit großer Anstrengung, denn er konnte seine Glieder nicht mehr regieren, seinen Arm um mich – nie werde ich das vergessen." (Litzmann II, S. 414) Erst in dieser qualvollen Szene begriff Clara die Aussichtslosigkeit. Sie blieb in Roberts Nähe und erlebte dessen raschen Verfall mit. Er nahm inzwischen so gut wie nichts mehr zu sich. Jetzt wünschte sie geradezu, er möge endlich von seinen Leiden erlöst werden.

Am 29. Juli 1856 starb Robert Schumann im Alter von sechsundvierzig Jahren. Er war zu diesem Zeitpunkt allein. Clara kam erst eine halbe Stunde später zu ihm, nachdem sie noch den per Depesche herbeigerufenen Freund Joseph Joachim am Bonner Bahnhof abgeholt hatte. Ihrem Tagebuch vertraute sie ihren letzten Eindruck an:

„Sein Kopf war schön als Leiche, die Stirn so schön klar, sanft gewölbt. Ich stand an seiner Leiche, des heißgeliebten Mannes, und war ruhig; all mein Empfinden ging auf in Dank zu Gott, daß er endlich befreit, und als ich an seinem Bette niederkniete, da wurde mir so heilig zumute, mir war, als schwebe sein herrlicher Geist über mir – ach, hätte er mich mit sich genommen. Ich sah ihn heute zuletzt – einige Blumen legte ich ihm noch aufs Haupt – meine Liebe hat er mit sich genommen!" (Litzmann II, S. 415)

Wenige Tage darauf fand die Beerdigung auf dem Bonner Friedhof statt, wo Robert Schumann ein Ehrengrab erhielt. Clara blieb während der Beisetzung in der kleinen Kapelle, hörte die Trauermusik und sah, wie Brahms und Joachim dem Sarg vorangingen, dahinter die Bonner Stadtoberen und Familie Hiller aus Köln. Den Sarg trugen Mitglieder der Gesellschaft Konkordia Bonn, die dem großen Komponisten ihre Ehre erwiesen.

Clara hatte mit Absicht den Bestattungstermin nicht bekannt gegeben, weil sie die Anwesenheit zu vieler fremder Menschen fürchtete. Doch die Nachricht vom Tod ihres Mannes verbreitete sich schnell, und sie erhielt eine wahre Flut an Kondolenzschreiben und Zeichen der innigsten Anteilnahme. Clara bemühte sich, alle zeitnah zu beantworten. Einzig von ihrem Vater, ihrer Stiefmutter und der Halbschwester Marie erfolgte keinerlei Reaktion.

Nachdem die wichtigsten Dinge geregelt waren, begab sich Clara mit Brahms und dessen Schwester Elise auf eine vierwöchige Erholungsreise in die Schweiz. Ihre beiden Söhne Ludwig und Ferdinand nahm sie mit, anschließend wurden sie in einem anerkannten Erziehungsinstitut für Knaben in Düsseldorf aufgenommen. In der Schweiz wird Clara vermutlich mit Brahms und seiner Schwester viel über ihre eigene Zukunft und die ihrer Kinder gesprochen haben, aber auch darüber, wie es mit Johannes Brahms weitergehen sollte. Dass er dann im Anschluss nach über zwei Jahren Düsseldorf verließ, dürfte während der Ferienreise entschieden worden sein. Brahms wollte sich um eine Festanstellung bemühen, während Clara zur Wintersaison 1856/57 ihre Konzerttätigkeit wieder aufnahm.

Ihre Kinder hatte Clara dem Alter entsprechend in Lehranstalten untergebracht. Nur die beiden Jüngsten, Eugenie und Felix, blieben in Düsseldorf bei der Hausangestellten Bertha Boelling, als Clara im Mai 1857 ein zweites Mal nach England fuhr. Wieder nahm sie die anstrengende Kanalüberquerung auf sich, die ihr stets als Zumutung erschien. Zwar verlief ihr Aufenthalt deutlich erfolgreicher als im Vorjahr, doch der große Durchbruch in England gelang ihr noch nicht.

Am 1. Oktober 1857 verließ Clara dann Düsseldorf endgültig und zog nach Berlin, dem Wohnort ihrer Mutter. Die Trennung von der Stadt am Rhein war sicherlich auch ein Versuch, mit diesem schmerzlichsten aller ihrer bisherigen Lebenskapitel abzuschließen. Noch viele Härten und Verluste würde sie hinnehmen und ertragen müssen, aber der in Düsseldorf erlittene Schicksalsschlag war wohl der schmerzhafteste und bewirkte die folgenschwerste Veränderung in ihrem Leben.

Als alleinstehende Künstlerin und alleinerziehende Mutter von sieben unmündigen Kindern begann eine neue Zeit für Clara. Die kommende Lebensphase war einerseits geprägt von erfolgreichen Auftritten, hohen Einnahmen und enthusiastischem Beifall. Andererseits war sie aber auch

Schwere Zeiten (1850–1857)

bestimmt von einer fast hektischen Betriebsamkeit, von immensen physischen Strapazen und von der starken psychischen Belastung, die vor allem ihre ständige Sorge um die Kinder und die damit verbundenen Erziehungsprobleme darstellten.

Beim Abschied von Düsseldorf brachen denn auch die kaum verheilten seelischen Wunden auf. Die Gefühle übermannten sie, als sie noch einmal zurückblickte auf ihr Leben in dieser Stadt, in der sie sieben Jahre zuvor mit ihrem Mann voll der schönsten Hoffnungen angekommen war und die sie nun als Witwe allein verließ. Besonders die letzten drei leidvollen Jahre durchlebte sie gedanklich noch einmal und kam „erschüttert an Leib und Seele" (Litzmann III, S. 23) in Berlin an.

Von Berlin aus unternahm Clara in den letzten beiden Monaten des Jahres 1857 noch einige Konzertreisen, unter anderem nach München, Augsburg und schließlich in die Schweiz. Doch letztlich forderten die zurückliegenden Strapazen ihren Tribut. Clara konnte nicht mehr länger ignorieren, wie nah sie an ihre psychischen und physischen Grenzen gegangen war. Obwohl sie sich stets durch bewundernswerte Kraft und Energie ausgezeichnet hatte, erfuhr sie einen körperlichen Zusammenbruch und musste sich eingestehen, dass sie sich in ihrem ganzen Leben noch nie derart elend gefühlt hatte. Sie erlitt einen Anfall heftiger Nervenschmerzen und musste daher einige Konzertauftritte absagen, was bisher noch nie geschehen war. Aber jetzt schrie sie stundenlang vor Schmerzen, die dann schließlich nur – wie es damals üblich war – mit Opium gedämpft werden konnten.

Einigermaßen wiederhergestellt und durch die Anteil nehmenden Freunde und deren ermahnende Worte bestärkt, beschloss Clara das Jahr 1857 mit dem guten Vorsatz, zukünftig etwas vorsichtiger mit ihren Kräften umzugehen.

Die Künstlerin festigt ihre Karriere (1858-1868)

Wanderleben – Durchbruch in England – Freundschaften

Eine neue Zeitrechnung, im Grunde ein neues Leben begann für Clara. Ihr Mann war tot, das Trauerjahr längst vorüber, der letzte gemeinsame Wohnort verlassen, ihre Familie in alle Winde zerstreut. Jedes ihrer Kinder hatte Clara individuell und dem Alter entsprechend untergebracht, für jedes trug sie Sorge, aus jedem sollte durch gute Erziehung und eine solide Ausbildung ein lebenstauglicher Erwachsener werden. Zeitlebens brachte Clara viel Zeit, Kraft und Geld auf, um die Schul- und Wohnverhältnisse ihrer Kinder stets zu deren Bestem zu regeln.

Während ihrer aktiven Zeit als Konzertpianistin befand sich Clara nahezu ununterbrochen auf Reisen und sah ihre Kinder nur selten, war aber in Gedanken ständig bei ihnen und bemühte sich rührend um deren Wohlergehen. Sie organisierte auch aus der Ferne praktisch jedes Detail und vergaß dabei so gut wie nie etwas. Alles bedachte sie, holte sich im Zweifelsfall häufig sachkundigen Rat bei Freunden und Bekannten, um dann erst nach reiflicher Überlegung im Sinne ihrer Kinder zu entscheiden.

Selbst um Kleinigkeiten wie die Kleidung kümmerte sie sich, sandte hier ein Kleid, da einen Mantel, Hut oder Handschuhe und schrieb genau dazu, bei welcher Gelegenheit die Kleidungsstücke am besten getragen werden sollten. Clara zahlte die teuersten Internate, sofern sie einen anerkannt guten Ruf hatten. Stets achtete sie darauf, dass ihre Kinder auch dort angemessen versorgt waren und schickte mehr Geld an die Schulleitung als gefordert, damit alle notwendigen Dinge angeschafft werden konnten. Knauserig war sie nie, erwartete aber eine korrekte Abrechnung und hakte nach, wenn sie auffällige oder unverständliche Posten entdeckte. Es grenzte fast an ein Wunder, wie sie das alles bewältigte, ohne jemals etwas zu übersehen.

Die Künstlerin festigt ihre Karriere (1858–1868)

Hunderte von Briefen verfasste Clara an Gouvernanten, Hausangestellte und Lehrkräfte mit konkreten Instruktionen. Sie schrieb sie in den wenigen Momenten, die ihr blieben zwischen Eisenbahnfahrten, Proben, Konzerten, Besuchen und organisatorischen Aufgaben aller Art. Oft beklagte sie ihre Zeitnot und entschuldigte sich für ihre gehetzte, flüchtige Schrift. Nie aber geschah dies bei ihren Kindern, ihnen schrieb sie regelmäßig, sorgfältig und immer besonders ausführlich, und das nicht nur zu den zahlreichen Geburtstagen, Konfirmationen und Weihnachtsfesten, bei denen sie nicht persönlich anwesend sein konnte.

In jedem Brief erkundigte Clara sich eingehend nach dem Befinden und dem schulischen Weiterkommen ihrer Kinder. Umgekehrt ließ sie sie an ihrem eigenen aufreibenden Leben teilhaben, indem sie ihnen umfassend davon berichtete und dabei die Orte und Regionen beschrieb, in denen sie sich gerade aufhielt. Oft enthielten ihre Briefe aber auch Ermahnungen und Maßregelungen, daneben viele hilfreiche Ratschläge und Lob für erbrachte gute Leistungen. Kein Ereignis blieb unberücksichtigt, auch hier vergaß Clara nichts.

Immer wieder ermunterte sie aber auch die Kinder, einander regelmäßig zu schreiben, erinnerte an Geburtstage und wünschte den Austausch gegenseitiger Gratulationsbriefe. Clara legte grundsätzlich Wert darauf, über jedes Kind und dessen momentane Lebenssituation ausreichend informiert zu sein, und wollte außerdem, dass es die übrigen Familienmitglieder ebenfalls waren. Bei Zwistigkeiten oder kleineren Unstimmigkeiten betätigte sie sich als eine Art Mediatorin, um sie so rasch wie möglich beizulegen. Ungeklärte Konflikte zwischen ihren Kindern fand sie unerträglich.

Bei den an sie gerichteten Briefen ihrer Kinder achtete Clara nicht nur auf den Inhalt, sondern geradezu penibel auf formale Aspekte. Nicht selten galt ihre Kritik einfach nur der schlechten Schrift oder dem in ihren Augen uneleganten Ausdruck. Insgesamt gesehen lässt sich behaupten, dass Clara mit allen ihr zur Verfügung stehenden Möglichkeiten ihre Familie wie ein mittelständisches Unternehmen planvoll leitete und vorbildlich managte.

Überschwängliche Gefühle zeigte sie – bei aller Liebe zu ihren Kindern – allerdings kaum, weder im brieflichen noch im persönlichen Umgang. Vermutlich war sie auch in dieser Hinsicht zu diszipliniert, um sich ganz zu öffnen. Sie teilte ihre innersten Empfindungen, Gedanken und Sorgen ausschließlich in der Form mit, die ihr angemessen schien. Selten verlor sie die Fassung, nie ging sie über einen gewissen, von ihr selbst definierten Punkt hinaus.

In der Regel erlaubte sie auch anderen nicht, was sie für sich bereits ausgeschlossen hatte. Je älter sie wurde und je mehr Schicksalsschläge sie verschmerzen musste, desto stärker schien auch der Panzer zu werden, mit dem sie ihre Seele schützte. Ohne diese disziplinierte Haltung wäre sie vermutlich nicht in der Lage gewesen, das zu leisten, was sie für ihre Pflicht hielt.

Nicht nur die eigenen Gefühle, sondern alle ihre persönlichen Bedürfnisse, Ziele und Aktivitäten ordnete Clara ihrem ausgefüllten Berufsleben rigoros unter. Organisation und Durchführung von Konzerten und Konzertreisen über knapp zehn Monate im Jahr, dazu die umfangreiche geschäftliche Korrespondenz, ihre Tätigkeit als Klavierlehrerin, das Erarbeiten und Einstudieren neuer Werke für ihre Auftritte – all das nahm sehr viel Zeit in Anspruch, da blieben ihr kaum noch Freiräume.

Andererseits gewährleistete dieser hohe Einsatz das erforderliche finanzielle Auskommen, damit Clara ihren Töchtern und Söhnen das bieten konnte, was sie für wichtig hielt. Dazu gehörte ein ausgezeichneter Klavierunterricht von Kindheit an, zunächst erteilt von den älteren Geschwistern, dann aber schon bald von professionellen Lehrern, was nicht billig war. Clara ließ ihn ihren Kindern ebenso angedeihen wie später dann auch den Enkelkindern, die unter ihrer Obhut aufwuchsen.

Keinem ihrer Kinder oder Enkelkinder gestattete Clara jedoch – und zwar unabhängig von ihrer musikalischen Begabung – auch nur den Gedanken an eine Karriere als Wunderkind. Eine derartige Zukunft schloss sie konsequent aus, denn sie hatte am eigenen Leib erfahren, was das bedeutete. Sie kannte sämtliche Strapazen, Einschränkungen und Nöte und natürlich auch den Erfolg. Aber sie wusste nur zu genau, wie mühsam er zu erringen war und wie viel man für ihn investieren musste. Ein solches Leben wollte sie keinem ihrer Nachkommen zumuten. Clara legte großen Wert auf eine solide Ausbildung, die den Kindern gute berufliche Chancen erschließen sollte. Dabei machte sie keinen Unterschied zwischen Jungen und Mädchen, was für ihre Zeit sehr fortschrittlich war.

Und dann war da noch der junge Johannes Brahms, den Clara manchmal als ihr achtes Kind bezeichnete. Auch um sein berufliches Weiterkommen sorgte sie sich, regelte später sogar seine Finanzen. Sie war vierzehn Jahre älter, reifer und vor allem erfahrener als der Freund, für den sie sich zum Teil verantwortlich fühlte. Lange Zeit hatte er sich schon während der Krankheit und dann auch nach dem Tod ihres Mannes um sie und ihre Kinder in Düsseldorf gekümmert und erst 1857 auf ihr Drängen und ihre Empfehlung hin eine Festanstellung in Detmold angenommen.

Brahms fühlte sich dort rasch wohl und war zufrieden mit seinem neuen Aufgabenbereich. Allerdings bedauerte er, Clara nun nicht mehr so häufig sehen zu können. Sie stellte für den jungen Musiker die wichtigste Konstante in seinem Leben dar und sollte es, von gewissen Phasen einmal abgesehen, für immer bleiben. Auch als er selbst älter und reifer wurde, schien er einen solchen Rückhalt zu brauchen, hatte es doch oft den Anschein, als fielen ihm die praktischen Anforderungen des Lebens nicht leicht.

Ob sich der gerade Zwanzigjährige 1853 beim allerersten Zusammentreffen in Düsseldorf im herkömmlichen Sinne in Clara verliebte, lässt sich aus heutiger Sicht nicht mehr beurteilen. Clara faszinierte ihn jedenfalls ungeheuer. Er verehrte und bewunderte sie. Die Gedanken an sie ließen ihn nicht mehr los, sie bedeutete ihm vermutlich mehr als jeder andere Mensch in seinem Leben.

Aus seinen Briefen geht hervor, dass er Robert Schumann vom ersten Moment an ebenso verehrte, auch ihn schätzte und bewunderte er als Vorbild und „Meister" ungemein. Darüber hinaus beeindruckte ihn die Beziehung zwischen Clara und Robert. Zu Roberts Lebzeiten ließ Brahms nie einen Zweifel daran, dass er dessen Ehe mit Clara nicht nur respektierte, sondern hoch achtete.

In den Jahren, die Robert in der Endenicher Anstalt verbrachte, empfand Brahms es als äußerst ungerecht, dass er den Freund besuchen durfte, die Ehefrau jedoch nicht. Mehrfach gab er Clara gut gemeinte Ratschläge, wie sie mit den Ärzten umgehen und wie sie sich verhalten sollte, um die Genesung ihres Mannes zu beschleunigen und gleichzeitig zu erreichen, dass auch sie ihn endlich sehen durfte. Er empfahl ihr, sich in Gesprächen mit den Ärzten sehr zurückhaltend zu zeigen, um zu demonstrieren, dass sie ruhig bleiben und ihrem Mann keinen Anlass zur Aufregung geben werde. Brahms bangte um Robert und hoffte mit Clara auf dessen rasche Genesung.

Immer wieder verlieh Brahms in dieser Zeit seiner Sehnsucht Ausdruck, nach Roberts Rückkehr in Düsseldorf gemeinsam mit beiden Schumanns oder aber, falls Robert nicht mehr nach Hause käme, gemeinsam mit seinen Eltern und Clara zu leben. Natürlich sprach daraus sehr viel jugendlicher Überschwang, der an anderer Stelle sein Gutes hatte. Brahms kümmerte sich nämlich rührend um die jüngeren Schumann-Kinder, die noch zu Hause lebten. Fast entstand der Eindruck, er sei selbst noch ein Kind oder habe eine Kindheit nachzuholen. Zweifellos war seine eigene nicht gerade unbeschwert verlaufen, kam er doch aus einfachen Verhältnissen und musste frühzeitig selbst für seinen Lebensunterhalt sorgen.

Zu einer Verbindung zwischen Brahms und Clara im partnerschaftlichen oder ehelichen Sinne, sollte eine solche jemals zur Diskussion gestanden haben, kam es auch nach Schumanns Tod nicht. Ganz im Gegenteil, Brahms versuchte nun eher, sich aus der zuvor gerade von ihm forcierten engeren Bindung an Clara zu lösen. Vermutlich befürchtete der dreiundzwanzigjährige junge Mann, gegenüber der wesentlich älteren Witwe mit ihren sieben Kindern Verantwortung übernehmen zu müssen, der er sich in keiner Weise gewachsen sah.

Während Brahms in seinen Briefen zuvor leidenschaftlich seine Liebe zu Clara betonte, stets voller Sehnsucht an sie dachte und jede auch noch so kurze Trennung nicht ertragen zu können glaubte, wurde sein Tonfall nun gemäßigter, ruhiger, nahezu sachlich. Nach Roberts Tod war es Clara, die stärker litt und eine wachsende Entfremdung fürchtete.

Dass eine eheliche Verbindung zunächst nicht ganz ausgeschlossen schien und dass möglicherweise auch während der gemeinsamen Schweiz-Reise im Sommer 1856 ausdrücklich darüber gesprochen wurde, lässt eine spätere Äußerung Claras vermuten. Sie meinte, Brahms habe nie ernsthaft ans Heiraten gedacht, und tatsächlich trifft dies auf sämtliche Frauen zu, denen er in seinem Leben näherkam. Auch als er reifer und besser situiert war und durchaus eine Familie hätte gründen können, ließ er sich trotz mehrfacher Gelegenheit in letzter Konsequenz auf keine dauerhafte Partnerschaft ein. Ganz so, als litte er unter Bindungsängsten.

Dass er Clara nach dem Tod ihres Mannes mit seiner starken Zurückhaltung verletzte, weil sie möglicherweise eine Zeit lang doch zu einer Ehe mit ihm bereit gewesen wäre, schien er zu ahnen. Die jüngste Schumann-Tochter Eugenie vermutete in ihren *Erinnerungen* rückblickend, dass es Brahms später oftmals bedrückte, ihrer Mutter damals wehgetan zu haben, was er, da das Unrecht nicht wiedergutzumachen war, durch sein auffallend schroffes Verhalten kompensiert habe.

Eine außergewöhnlich innige Liebe füreinander stritten weder Clara noch Brahms jemals ab, ohne jedoch von einer sexuell-erotischen Anziehung zu reden. Letztlich schienen sie sich auf eine überaus liebevolle, aber rein platonische Beziehung geeinigt zu haben, deren Vielschichtigkeit ihresgleichen sucht.

Clara drückte das Wesentliche ihrer Beziehung in einem Brief an Johannes 1861 wunderbar aus: „[...] so wünschte ich mir denn keineswegs, daß Du mich einmal wieder zum ersten Male sähest, um schwärmen zu können (wenn das überhaupt je möglich war), lieber habe mich recht lieb, nicht wahr, und immer und immer – das ist doch das Schönste." (Brahms-Bw 1, S. 350)

Obwohl sich Clara, pflichtbewusst wie sie war, meist an die Konventionen ihrer Zeit hielt, setzte sie sich in diesem Fall von Anfang an über sie hinweg. Dabei war ihr absolut bewusst, dass sie sich der gesellschaftlichen Gerüchteküche preisgab. Nicht ohne Grund wurde später beschlossen, Claras sämtliche vor 1858 an Brahms gerichteten Briefe zu vernichten. Es waren ihre Antworten auf seine im jugendlichen Gefühlsüberschwang recht offenherzig formulierten Schreiben, die sie zweifellos kompromittiert hätten.

Natürlich machte Clara sich lange Zeit ebensolche Gedanken über jene Briefe, die Brahms an sie gesandt hatte. Man vernichtete sie zwar nicht, aber ihr Aufbewahrungsort wurde mehrfach diskutiert und geändert. Unter keinen Umständen durften sie in die falschen Hände gelangen.

Brahms galt von seinem Wesen her als eher verschlossen und introvertiert. Gedanken, Gefühle und Probleme, die ihn belasteten, trug er nie nach außen und sprach auch nicht mit seinen engsten Freunden darüber. Seine Methode, damit umzugehen war, sie durch verstärktes Arbeiten zu verdrängen. Er stürzte sich in solchen Phasen förmlich in eine wahre Kompositionswut und ließ nichts und niemanden an sich heran. Da Clara ihrerseits aufgrund ihres gewaltigen Programms viel beschäftigt und ständig unterwegs war, sah sie den Freund manchmal monatelang nicht. Da blieb dann nur der briefliche Kontakt.

Ob es nun aus der Not geboren oder beabsichtigt war, jedenfalls wirkte es so, als hätten sich die beiden damit abgefunden, getrennt zu leben und ihre

Karrieren unabhängig voneinander zu verfolgen. Jeder von ihnen war auf seine Weise und auf seinem Gebiet außergewöhnlich. Jeder profitierte von den menschlichen und musikalischen Fähigkeiten des anderen, so dass sich mit der Zeit ein gleichberechtigtes Geben und Nehmen entwickelte. Je älter Clara und Johannes wurden, desto dankbarer empfanden sie die persönliche und künstlerische Tiefe ihrer innigen Freundschaft. Sie wurden ruhiger im Umgang miteinander und genossen die wenigen Momente, in denen sie zusammen sein konnten, umso intensiver.

Brahms war für seine mit den Jahren immer stärker ausgeprägte Schroffheit, seine fehlende Verbindlichkeit und seine schlechten gesellschaftlichen Umgangsformen bekannt. Während manche Freundschaft daran zerbrach oder zumindest Schaden erlitt, überstand seine Beziehung zu Clara letztlich jede Unstimmigkeit, jede Reiberei und jede Eifersüchtelei. Zwar zogen immer wieder dunkle Wolken auf, wurden Sachverhalte missverstanden oder falsch aufgenommen, dazu unpassende Worte gewechselt und sogar gestritten. Aber immer rauften sich die beiden dann auch wieder zusammen und stellten das gute Einvernehmen wieder her. Meist musste dies brieflich geschehen, nur manchmal wurde ganz spontan ein persönliches Treffen arrangiert, wofür meist Johannes lange Fahrten in Kauf nahm.

Neben ihrer Freundschaft zu Brahms blieben für Clara ihre Kinder überaus wichtig, wenngleich sie sich auch in keiner Weise so um sie kümmerte, wie man es von einer Mutter zur damaligen Zeit erwartete. In der Regel war sie stets von September bis Mai auf Tournee und wich so gut wie nie davon ab. Selbst ihre eigenen, mit dem Alter zunehmenden Beschwerden versuchte sie nach Möglichkeit zu ignorieren und versäumte ihretwegen keinen Auftritt. Ausnahmen machte sie nur, wenn es sich gar nicht vermeiden ließ.

Clara erwies sich im Laufe ihres Lebens als extrem zäh. Von Kind auf war sie dazu erzogen worden, Leid, Schmerz, Angst, Sorgen, im Grunde Gefühle aller Art zu verdrängen, um sich vollkommen auf ihre Arbeit konzentrieren zu können. Sie hatte gelernt, Kraft aus ihren Tätigkeiten zu schöpfen, um mit deren Hilfe die Beschwernisse des Lebens besser ertragen zu können.

Wenn sie vor der Entscheidung stand, ein ihr überraschend angebotenes Engagement anzunehmen statt – wie ursprünglich geplant – mit ihren Kindern zusammen zu sein, wählte Clara in der Regel den Auftritt und nicht die familiäre Gemeinsamkeit. Immer wieder versicherte sie dann, wie schwer ihr ein solcher Entschluss falle, da sie sich im Grunde nach ihren Kindern sehne. Immer wieder betonte sie aber auch, dass in einem solchen Fall die Vernunft über das Herz siegen müsse. Es galt für sie als unvermeidliche Pflichterfüllung.

An Entbehrungen war Clara in ihrem Leben gewöhnt, und die nötige Geduld, sie zu ertragen, forderte sie sich ab. Solange sie noch erzieherischen Einfluss auf ihre Kinder hatte, versuchte sie, auch ihnen ihre Lebensmaxime zu vermitteln. Zur Rechtfertigung ihres Pflichtbewusstseins führte sie zudem an, auch aus finanziellen Erwägungen heraus sei es unvertretbar, gute Verdienstmöglichkeiten auszuschlagen. Tatsächlich verwendete Clara das Geld in erster Linie für ihre Kinder, um ihnen ein gutes Fundament für den weiteren Lebensweg zu schaffen. Sie ließ es ihnen an nichts fehlen.

Marie war als Erstgeborene der erklärte Liebling beider Elternteile gewesen. Sie erhielt von Geburt an ein Höchstmaß an Aufmerksamkeit und Zuwendung. Sicherlich erlebte sie unter allen Schumann-Kindern die glücklichste Kindheit, weil sie die längste Zeit mit ihrem Vater verbringen konnte. Zu ihm, dem sie von allen Kindern am ähnlichsten sah, hatte sie ein inniges Verhältnis. Nach dessen Tod entwickelte ihre Mutter eine besonders enge Beziehung zu ihr, sah in Marie eine Art Freundin und begann, sich mit ihr über Probleme oder Entscheidungen zu beraten. Zwar genoss Marie als älteste Tochter viele Privilegien, trug aber auch schon recht früh große Verantwortung. Sie musste sich häufig um ihre kleineren Geschwister kümmern und gelegentlich im Haushalt mithelfen.

Als Siebzehnjährige begleitete Marie ihre Mutter von November 1858 bis Februar 1859 sowie mit achtzehn Jahren im Frühjahr 1860 auf ihre vierte bzw. fünfte Konzertreise nach Wien. Zwar konnte Clara an ihre triumphalen Erfolge anknüpfen, die sie in der österreichischen Metropole als junges Mädchen gefeiert hatte, ihr Verhältnis zum Publikum blieb jedoch indifferent. Sie erfuhr durchaus die ihr gebührende Anerkennung und wurde gefeiert, aber sie fühlte sich in ihrer Spielweise nicht angenommen und die von ihr interpretierten Werke nicht verstanden.

Das konservativ gebliebene Wiener Publikum ließ sich nicht gern auf Unbekanntes ein und hörte lieber die populären Bravourstücke. Clara hatte dagegen das Gefühl, sich zu viel abverlangen zu müssen, wollte sie dieser Erwartungshaltung entsprechen. Allein acht Mal bereiste sie zwischen 1856 und 1872 Wien, unter wachsenden Anstrengungen und mit wechselhaftem Erfolg. Beides führte letztlich dazu, dass sie diese Tourneen im Alter unterließ.

Da sich Marie als ebenso brauchbare wie angenehme Begleiterin erwies, nahm Clara sie immer regelmäßiger in Anspruch. Je älter Marie wurde, desto umfangreicher gestalteten sich ihre Tätigkeiten. Sie kümmerte sich um die Auftrittsgarderobe ihrer Mutter, besserte aus, säuberte und nähte weiße Kragen auf. Sie schrieb nach Claras Diktat Briefe, wenn diese wegen heftiger Schmerzen in Armen und Schultern außer Stande dazu war, sie fungierte als Sekretärin und Assistentin bei der Organisation vieler Auftritte und war nicht zuletzt eine wichtige Ansprechpartnerin für ihre Mutter in allen Lebenslagen. Marie wurde zu einer unentbehrlichen Hilfe für Clara, verzichtete selbst dafür auf eine eigene Karriere als Klavierlehrerin und blieb unverheiratet.

Claras Arbeitspensum Ende der 1850er Jahre wirkte wie ein wahrer Parforceritt durch den Tag. Wo auch immer sie sich aufhielt, ihr Tagesablauf sah ähnlich aus: Morgens gab sie Klavierunterricht, meistens drei Stunden hintereinander. Am Nachmittag und frühen Abend erledigte sie ihre Korrespondenz, studierte neue Werke ein und empfing Besuche. Musste sie abends nicht selbst auftreten, wurde sie zu gesellschaftlichen Veranstaltungen eingeladen und fiel häufig danach nur noch erschöpft ins Bett. Am nächsten Morgen stand sie oft früh auf, um eine Stunde vor dem Frühstück in Ruhe private Briefe schreiben zu können.

Im Frühjahr 1862 begleitete Marie ihre Mutter auf einer anstrengenden Konzertreise über Belgien nach Frankreich, wo Clara nach dreizehnjähriger Pause allein sechs Konzerte in Paris gab. Wie anders empfing man sie jetzt im Vergleich zu den beiden früheren Aufenthalten. Dieses Mal musste sie nicht mehr selbst mühsam nach Veranstaltern für ihre Konzerte suchen und sich um die Organisation kümmern. Nun galt sie als berühmte Künstlerin und man nahm ihr jede Arbeit ab und bereitete alles bestens für sie vor.

Clara wurde mit Begeisterung empfangen, mit Applaus und Ehrbezeugungen überschüttet, obwohl das Publikum den Stücken ihres Mannes nach wie vor skeptisch gegenüberstand. Der französische Musikgeschmack war ein spezieller, das wusste Clara und passte ihm ihre Programmgestaltung geschickt an. Angespornt durch ihren Erfolg und die guten Erfahrungen, fuhr sie ein Jahr später noch ein viertes und zugleich letztes Mal nach Paris, wo

Die Künstlerin festigt ihre Karriere (1858–1868)

Clara Schumann in Berlin um 1860. Reproduktion einer Fotografie.

sie mit großem Vergnügen nach langer Zeit noch einmal mit ihrer Freundin, der namhaften Sängerin Pauline Viardot-García, konzertierte.

Im Januar 1863 begleitete Marie ihre Mutter zu einer Tournee durch die niederländische Provinz Holland. Mit dieser Region verbanden Clara enge verwandtschaftliche Beziehungen. Ihr Halbbruder aus der zweiten Ehe ihrer Mutter, Woldemar Bargiel, wirkte seit einigen Jahren als Komponist und Dirigent beim Rotterdamer Orchester.

Wichtiger für Clara aber war, dass sie mit Robert in Holland schon zehn Jahre zuvor triumphale Erfolge gefeiert hatte. Damals waren beide Schumanns mit Beifallsstürmen empfangen worden und hatten Roberts Werke wie auch Claras Interpretationen hohe Anerkennung gefunden. Mit großer Freude konnte Clara daran nun anknüpfen. Sie reiste bis ins hohe Alter regelmäßig nach Holland, insgesamt neun Mal. Ihre Konzerte in Den Haag, Rotterdam, Amsterdam, Utrecht und Arnheim waren stets von Erfolg gekrönt.

Zu Beginn des Jahres 1864 unternahm Clara ihre zweite beschwerliche Tournee nach Russland, die mehrere Monate dauerte. Auch hier stand ihr Marie in bewährter Weise helfend zur Seite. Clara hatte diese Reise lange vor sich her geschoben. Nur zu gut erinnerte sie sich daran, welche Qualen sie bei der gemeinsam mit Robert unternommenen Russlandreise 1844 hatte überstehen müssen. Sie hatte die gewaltige Kälte, die unbequemen Transportmittel und die miserablen Straßenverhältnisse nicht vergessen. Und der Gedanke, dass auf der geplanten Reise erneut mehrfach vereiste Flüsse zu überqueren seien, erfüllte sie mit argem Unbehagen. Zu guter Letzt konnte Clara sich zu dieser aufregenden Unternehmung nur durchringen, weil sie auf einen hohen Gewinn hoffte.

Das russische Publikum dankte ihr für ihr Kommen mit wahren Begeisterungsstürmen. Die Menschen waren versessen auf ihre Konzerte, die meist lange im Voraus ausverkauft waren. Nach einem erfolgreichen und angenehmen Aufenthalt gestaltete sich die Heimfahrt per Bahn von St. Petersburg nach Berlin wesentlich strapaziöser als angenommen: Sie dauerte vierundvierzig Stunden.

Nirgendwo erreichte Clara jedoch eine derart hohe Popularität wie in England. Insgesamt neunzehn Tourneen unternahm sie dorthin, davon dreizehn in Begleitung ihrer Tochter Marie, und das, obwohl Clara Schiffsfahrten

Die Künstlerin festigt ihre Karriere (1858–1868)

ein Gräuel waren. Wegen der im englischen Konzertwesen günstigen Termine im Frühjahr trat Clara die beschwerliche Reise über den Kanal meist in den ersten Monaten eines Jahres an, wenn das Wetter recht unangenehm sein konnte. Nicht selten tobten heftige Schneestürme während der Überfahrt, die Clara auf dem Oberdeck verbringen musste.

Einmal kam es so arg, dass Clara und Marie das Schiff in triefend nassen Kleidern verließen und so den Zug in Dover bestiegen, der dann noch knapp drei Stunden bis London brauchte. Wenigstens waren die Coupés durch eine moderne Presskohlenheizung aufgewärmt, was Clara als großen Luxus empfand. In London wurden die prominente Pianistin und ihre Begleiterin dann durch besonders behaglich hergerichtete Hotelzimmer entschädigt.

In der englischen Kapitale fühlte sich Clara von Anfang an sehr wohl, da waren sämtliche Reisestrapazen rasch vergessen. In keiner anderen Stadt blieb sie ohne Unterbrechung so lange wie in London, wo sie in der Regel drei bis vier Monate gastierte. Die größte Annehmlichkeit bestand für sie darin, sich um nichts kümmern zu müssen. In England lag die Organisation der Konzerte in den Händen professioneller Agenten, was Clara von ihren Auftritten in anderen Ländern in dieser Form nicht kannte. Meist konzertierte sie nicht nur in der Hauptstadt selbst, sondern schloss häufig eine kleine Tournee durch die englische Provinz an.

Zur inzwischen vierten England-Reise, die Clara im Frühjahr 1865 unternahm, kam Marie zum ersten Mal mit und erlebte sogleich den größten Triumph ihrer Mutter. Clara gelang bei Kritik und Publikum der endgültige Durchbruch. Sie spielte Anfang Mai in der Musical Society Ludwig van Beethovens Es-Dur-Klavierkonzert mit sensationellem Erfolg. Die Zuhörer überschlugen sich schier vor Begeisterung.

Dabei hatte das Jahr für Clara gar nicht gut begonnen. Mitte Januar war sie bei einem Bummel durch den Berliner Tiergarten auf ihre rechte Hand gefallen und hatte sich so schwer verletzt, dass sie erst ab Ende Februar wieder öffentlich auftreten konnte. Als sie dann im April die wegen des Unfalls verschobene England-Reise antrat, fühlte sie sich beim Klavierspielen noch gehandikapt und nicht auf ihrem gewohnten Niveau.

Von nun an blieben die materiellen und künstlerischen Erfolge in England ungebrochen hoch, sie waren einzigartig in Claras Karriere. Anfangs hatte man zwar auch in London Schwierigkeiten, die Werke Robert Schumanns und deren Interpretationen durch Clara zu verstehen, doch das englische Publikum erwies sich als geduldiger und toleranter als andernorts. Es ließ sich bereitwillig auf diese ungewohnte Art von Musik ein und lernte sie schon bald zu schätzen. Jetzt wurde jeder Auftritt der berühmten deutschen Pianistin enthusiastisch bejubelt. Die Anzahl der „Schumannianer" wuchs von Jahr zu Jahr.

Clara mutierte rasch zum absoluten Star und galt als „the great attraction". Ihr Eintreffen betrachtete die musikinteressierte Gesellschaft jedes Jahr aufs Neue als Highlight. Es gehörte gewissermaßen zum guten Ton, die Konzerte der *Madame Schumann* zu besuchen. Selbstverständlich logierte sie inzwischen meist bei gut situierten und vermögenden Freunden in London, die sie nach allen Regeln der Kunst verwöhnten. Die vielen guten Kontakte halfen Clara, ihre anfangs noch holprigen englischen Sprachkenntnisse zu vervollkommnen.

Da die Gagen erstaunlich hoch waren, brachte eine Londoner Saison Clara so viel ein, dass sie die meisten Ausgaben des restlichen Jahres davon bestreiten konnte. Zudem riss man sich in England geradezu darum, bei ihr Unterricht zu nehmen, wodurch sie ebenfalls gute Einnahmen erzielte.

Für ihre kammermusikalischen Abende in London wählte Clara als Partner klugerweise zwei Künstler aus, die nicht nur in ganz Europa bekannt, sondern in England sogar besonders beliebt waren: den Geiger Joseph Joachim und den Cellisten Alfredo Piatti. Zu dritt brachten sie derart überzeugende Interpretationen von Robert Schumanns Werken auf die Bühne, dass es in England schließlich als erstem und auch lange Zeit einzigem Land Europas Konzerte mit einem *All-Schumann Programme* gab.

Gern hätte Clara an diesen Triumph auch im Bereich des Liedgesangs angeknüpft, was sie mit dem ihr befreundeten Bariton Julius Stockhausen (1826-1906) versuchte. Doch dieser hoch talentierte Sänger fand zunächst wenig Anklang beim englischen Publikum in seinem Bestreben, als Erster reine Liedprogramme zu bringen. Noch hielt man an der Tradition fest, lediglich einzelne Lieder in die Konzerte einzustreuen.

Marie lernte durch das Reisen mit ihrer Mutter viel von der Welt kennen, musste aber auch sämtliche Anstrengungen ertragen, die mit solchen Tourneen verbunden waren. Ihre zupackende Art half ihr in manchen Situationen. Bevor sie zu Claras ständiger Begleiterin wurde, hatte Marie nach dem Wegzug von Düsseldorf in Berlin als eine Art Ersatzmutter für ihre jüngeren Geschwister gedient. Sie war damals erst siebzehn Jahre alt, sollte aber schon allein die Berliner Wohnung bewirtschaften, in der sie ihren kleinsten Geschwistern ein Zuhause schuf, während Clara auf Tournee ging. Klaglos akzeptierten alle Schumann-Kinder dieses Arrangement. Es entwickelte sich eine besondere Bindung der jüngeren an die große Schwester, die zeitlebens diejenige blieb, die sich um alles sorgte.

Wie anders war doch da die zweite Schumann-Tochter Elise. Nur zwei Jahre jünger als ihre Schwester, wurde sie häufig von den Eltern an Marie gemessen, was meist zu ihren Ungunsten ausfiel. Elise war kräftig und durchaus praktisch veranlagt, vor allem aber recht willensstark, fast schon eigensinnig. Als knapp Siebzehnjährige durfte sie ihre Mutter zu Beginn des Jahres 1860 auch einmal zu einer der stets erfolgreichen Tournen in die Niederlande begleiten, wobei sie sich aber als nicht so nützlich wie Marie erwies.

Ob es an ihrer speziellen Art lag oder auch daran, dass Elise sich im Elternhaus nicht ganz wohl fühlte, jedenfalls wurde sie frühzeitig und auf eigenen Wunsch selbstständig. Gerade zwanzig Jahre alt, nahm sie 1863 eine Stellung als Hauslehrerin bei einer fremden Familie an. Über zwei Jahre lang verdiente sie sich durch solche Tätigkeiten ihren Lebensunterhalt, bis sie sich im Herbst 1865 als Musiklehrerin in Frankfurt niederließ.

Nochmals vollkommen andere Voraussetzungen brachte Julie mit, die reizende und als schönste aller Schumann-Töchter beschriebene Dritte im Bunde. Julie war von Geburt an eher zart und kränkelte viel. Häufig wurde sie bereits als Kind zur Erholung auf Kuraufenthalte geschickt und durfte vor allem die kalten Winter oft in südlichen Regionen verbringen. Nach der Einweisung ihres Vaters in die Endenicher Heilanstalt im März 1854 lebte Julie zunächst ganz bei ihrer Großmutter Mariane in Berlin.

Clara litt sehr darunter, von ihrer Tochter Julie getrennt zu sein, sie hätte sie gern mehr um sich gehabt. Aber auch nach Roberts Tod, als sie ihre Konzerttätigkeit wieder in vollem Ausmaß betrieb und ihr „Wanderleben" aufnahm, wie sie es nannte, war an ein längeres Zusammensein mit Julie gar nicht mehr zu denken. Selbst zu ihrer Konfirmation im Februar 1861 konnte Clara aus beruflichen Gründen nicht fahren und schickte ihr lediglich einen langen Brief.

Damals lebte Julie für ein Jahr in München bei Elise von Pacher, der Schwester von Claras langjähriger Freundin Emilie List. Julie fühlte sich sehr wohl dort und entwickelte rasch eine innige Beziehung zu ihrer Ersatzmutter. Zwar freute es Clara, ihre Tochter gut aufgehoben zu wissen, und war Elise auch dankbar für die liebevolle Pflege. Aber nach Julies Heimkehr zur Familie grämte sie sich, weil sich ihre Tochter von ihr entfremdet zu haben schien. Jene warme Herzlichkeit, die Clara an Julie so geliebt und genossen hatte, konnte sie jetzt nicht mehr an ihr entdecken. Sie wurde regelrecht eifersüchtig auf die Münchner Freundin und warf ihr vor, mit Julie zu nachsichtig und nicht streng genug umgegangen zu sein.

Das Verhältnis zwischen den Freundinnen trübte sich daraufhin merklich ein. Zahlreiche, zum Teil widersprüchliche Briefe schrieb Clara an Elise von Pacher, in denen sie einerseits weitere Vorwürfe formulierte, gleichzeitig aber versuchte, diese wieder zu relativieren, da sie auf keinen Fall undankbar erscheinen wollte. Der plötzliche Tod von Elises eigener neunjähriger Tochter überschattete dann die Diskussion und beendete sie schließlich ganz.

Einmal mehr zeigte sich hier, wie rational und kopfgesteuert Clara handelte. Wie leicht hätte sie mit etwas mehr Wärme und Gefühl die Liebe ihrer Tochter zurückgewinnen und das vertraute Verhältnis wiederherstellen können. Stattdessen suchte sie nach sachlichen Erklärungen und verlegte sich auf Schuldzuweisungen. Echte Empathie und die Fähigkeit, zwischenmenschliche Konflikte feinfühlig zu lösen, fehlten ihr.

Nur ein einziges Mal, im Herbst 1861, als Julie gesundheitlich stabil war, durfte die Sechzehnjährige ihre Mutter auf eine Konzertreise nach Norddeutschland begleiten. Es blieb für Julie die einzige Zeit in ihrem Leben, in der sie ihre Mutter nur für sich hatte. Beide genossen die gemeinsame Reise sehr und zehrten lange davon.

Die Sorge um Julies Gesundheit und der Wille, etwas für ihre Kräftigung zu tun, ließen Clara nie mehr los. Im Sommer 1862, als sie zu ihrer jährlichen Kur nach Bad Kreuznach reiste, nahm sie Julie, Marie und die inzwischen elfjährige Eugenie mit. Ihre treue Düsseldorfer Freundin Rosalie Leser stieß in Begleitung ihrer Gesellschafterin dazu, so dass eine vergnügte Damenrunde entstand. Sie unterhielten sich köstlich, machten viele Besuche bei Bekannten, die in der Nähe wohnten, und nahmen an kulturellen Ereignissen in der Umgebung teil. Wenngleich Julies körperliche Leiden auch anhielten, so gaben diese schönen Wochen ihr doch Auftrieb.

Die beiden Söhne Ludwig und Ferdinand, die nach dem frühen Tod Emils im Abstand von nur einem Jahr geboren wurden, glaubte Clara schulisch gemeinsam unterbringen zu können. Aufgrund des geringen Altersunterschieds hielt sie beide Jungen hinsichtlich ihrer Bedingungen für vergleichbar. Allerdings fiel schon damals auf, dass Ludwig gegenüber seinen Geschwistern in der Entwicklung stark zurückgeblieben war. Dennoch gab Clara den Neunjährigen zusammen mit seinem Bruder Ferdinand ab Mai 1857 in eine renommierte Lehranstalt mit angeschlossenem Internat in Jena.

Aus nicht bekannten Gründen kündigte Clara diese Ausbildung nach zweieinhalb Jahren mitten im Quartal und schickte ihre Söhne stattdessen in eine überwiegend von jungen Engländern besuchte Privatlehranstalt in Bonn. Zwar erschien ihr die Ausbildung dort fast zu liberal, doch ließ sie ihre Söhne bis 1861 in dieser Anstalt. In vielen schlaflosen Nächten zerbrach sich Clara den Kopf darüber, was mit ihren Söhnen geschehen solle. Sie litt unter der Verantwortung, die auf ihr lastete, und fühlte sich wie so oft als alleinerziehende Mutter in der permanenten Sorge um das Geschick ihrer Kinder überfordert.

Um die beste Lösung für den weiteren Bildungsweg ihrer Söhne zu finden, erkundigte sich Clara in Umfeld ihres Wohnorts Berlin und schaute sich in Frage kommende gute Lehrkräfte und Pensionate an. Fündig wurde sie schließlich bei Dr. Hermann Christoph Volkmar Planer, Professor am Joachimsthalschen Gymnasium in Berlin, der darüber hinaus bereit war, die beiden Jungen in Pension zu nehmen. Dieses traditionsreiche Gymnasium galt als eine ausgezeichnete Lehranstalt für begabte Jungen, weshalb Clara Ludwig und Ferdinand dort unverzüglich anmeldete.

Während Ferdinand nach dem erfolgreichen Abschluss seiner gymnasialen Ausbildung eine Banklehre absolvierte und schließlich im September 1866 in den Beruf ging, musste Ludwig größere Schwierigkeiten überwinden. Sein Verhalten war im Verlauf der Pubertät immer merkwürdiger geworden, weshalb sein Bonner Lehrer Clara mitteilte, dass er Ludwig als gänzlich ungeeignet für den Besuch eines normalen Gymnasiums halte. Das war ein schwerer Schock, und Clara musste nun über andere Zukunftsperspektiven für Ludwig nachdenken. Umso glücklich war sie, eine reizende Pastorenfamilie auf dem Land zu finden, die Ludwig liebevoll aufnahm und unterrichtete. 1862 wurde er dort konfirmiert und schien insgesamt gute Fortschritte zu machen, so dass Clara neue Hoffnung schöpfte.

Mit zunehmendem Alter und aufgrund ihres rastlosen Lebenswandels fühlte Clara sich in der konzertfreien Sommerpause regelrecht ausgebrannt. Zur Erholung suchte sie unterschiedliche, damals als attraktiv geltende Kurorte in Süddeutschland, Österreich oder der Schweiz auf. So unternahm sie mit Marie und Julie eine Tour ins mondäne Baden-Baden am Rande des Schwarzwalds, das ihr sofort gefiel. Auf Anraten ihrer Freundin Pauline Viardot-García, die ihre Sommer regelmäßig in diesem Kurort verbrachte, hielt Clara dort nach einem Domizil Ausschau.

Zwischen 1850 und 1870 galt Baden-Baden als „politische Küche" Europas. Die Stadt diente der vornehmen Welt als Sommerresidenz, nicht zuletzt aufgrund ihrer malerischen und landschaftlich reizvollen Lage. Alles, was Rang und Namen hatte in Staat, Kunst und Wissenschaft, strömte aus Frankreich, Russland, England und Italien dorthin. Es gehörte zum guten Ton, die Sommersaison auf den Promenaden, in den Konversations- und Lesezimmern, Theatern und Konzerthallen, Restaurants, Tanz- und Spielsälen Baden-Badens zu verbringen.

Ein elegantes Haus reihte sich an das andere, Villen mit gepflegten Gärten erstreckten sich zum Flüsschen Oos hinunter. Überall führten gut situierte Damen Salons, die interessierten Besuchern offen standen. Es war eine echte Künstlerkolonie, die hier im Sommer zusammentraf, um sich einem angeregten kulturellen und gesellschaftlichen Leben hinzugeben. Ein solider Wohlstand und eine gepflegte Lebensweise kennzeichneten den Kurort.

Clara erlag diesem Flair sofort und entschloss sich, in der Sommerhauptstadt Europas ein Häuschen zu erwerben. Zwar nicht direkt im kostspieligen Baden-Baden, aber doch ganz in der Nähe, im reizenden Vorort Lichtental, wurde sie fündig. Für 14.000 Gulden erhielt sie den Zuschlag für ein ehemaliges Bauernhaus mit einer sich anschließenden großen Scheune, die zu Wohnräumen ausgebaut worden war. Dadurch bot das von ihren Kindern humorvoll „Hundehütte" genannte Haus genügend Raum für die große Familie. Von der Dorfstraße aus gesehen wirkte es eher schmucklos und bescheiden. Sein Reiz lag im weitläufigen Garten hinter dem Haus, der idyllisch von der Oos begrenzt wurde.

Clara fand hier endlich eine Möglichkeit, ihrer weit verstreuten Familie zumindest in den Sommermonaten einen gemeinsamen Zufluchtsort zu bieten. Das Häuschen wurde im Frühling 1863 bezogen und diente dann zehn Jahre lang als sommerlicher Treffpunkt der Familie. Hier war, wie Clara an Johannes Brahms schrieb, ihr „ganzer Hausstand jetzt mal so recht nach meinem Sinn geordnet". Sie schien glücklich darüber, „die Augen auch wieder überall in der Wirthschaft zu haben, obgleich nicht mit der Freudigkeit, wie ehedem, wo es galt, meinem Robert Alles recht behaglich und angenehm zu machen." (Litzmann III, S. 141)

Dieses Mal tat Clara es, um ihren Kindern eine gemütliche Umgebung zu schaffen. Jeder hatte sein eigenes Reich, wenn auch auf engem Raum. Die Kinder bezeichneten später die Lichtentaler Sommer als die glücklichsten ihres Lebens. Die Unbeschwertheit im Umgang miteinander und den Ort selbst empfanden sie als paradiesisch, wie die jüngste Tochter Eugenie sich erinnerte.

Eugenie war es auch, die den harmonischen Freundeskreis näher beschrieb, in dem sich Clara in Baden-Baden so gut aufgehoben fühlte. Als engste Freunde waren da der Dirigent und Komponist Hermann Levi, der Maler und Gründer eines fotografischen Ateliers Julius Allgeyer und natürlich Johannes Brahms. Ein „seltsames Menschentrio", wie Eugenie schrieb, das während dieser Sommer entweder in Karlsruhe oder in Baden-Baden ständig zusammen auftrat.

„Levi, der Orientale, lebhaft, nimmerrastend. Brahms, der Urgermane, der Norddeutsche mit warmem Herzen und tiefinnerlicher Leidenschaftlichkeit, die sich meistens hinter schroffem und herbem Wesen verschanzten. Und zwischen diesen beiden Feuerteufeln der lange hagere Schwabe mit den guten braunen Augen, von unbeschreiblicher Langsamkeit und Bedächtigkeit in Worten und Bewegung." (Erinnerungen, S. 187)

Auf Claras Einladung hin blieb Brahms im Sommer 1864 für längere Zeit in Baden-Baden und hütete das Lichtentaler Sommerhaus während ihrer Kur in der Schweiz. Nach ihrer Rückkehr fühlte sie sich endlich richtig heimisch. Nun erst war das Haus zum Zentrum aller ihr am Herzen liegenden Menschen geworden.

Wanderleben – Durchbruch in England – Freundschaften

Felix, Elise, Julie, Marie und Eugenie Schumann im Jahr 1860.

Die Künstlerin festigt ihre Karriere (1858–1868)

Ihr Sorgenkind Ludwig holte Clara schon bald in ihre Nähe nach Karlsruhe, wo er auf Vermittlung eines guten Freundes eine Lehrstelle im Buchhandel antrat. Clara war erleichtert, Menschen gefunden zu haben, die sich liebevoll um ihren Sohn kümmerten. Doch mit der Zeit drangen erneut schlechte Nachrichten über Ludwig und seine außerordentlich geringen Lernfortschritte zu ihr. Völlig unvermittelt erklärte er dann, dass ihn der gesamte Bereich des Buchhandels nicht interessierte, und kündigte. Seinem Lehrherrn kam dies gelegen, da er mit Ludwigs Leistungen ohnehin nicht zufrieden war.

Nun entwickelte Ludwig die Idee, seine Ausbildung in einem Musikaliengeschäft fortzusetzen. Durch intensive Bemühungen seiner Mutter konnte er zwar eine Lehre in einem Berliner Geschäft antreten, doch auch von dort kamen schon bald die ersten Klagen. Ludwigs eingeschränkte geistige Kapazitäten verhinderten letztlich die weitere Fortführung einer Ausbildung. Als er dann wünschte, Musik zu studieren, lehnte Clara dies, wenn auch schweren Herzens, ab. Sie dachte nun, der Militärdienst könne ihren Sohn stärken, doch dazu wurde er aufgrund seiner Behinderung gar nicht erst zugelassen.

Inmitten dieser Wirren trat noch einmal ein Mann ins Leben der dreiundvierzigjährigen Pianistin, zu dem sich durchaus eine Lebensfreundschaft hätte entwickeln können. Der Komponist Theodor Kirchner (1823-1903), ehemals Schüler Robert Schumanns am Leipziger Konservatorium und auf dessen Empfehlung zwischen 1843 und 1862 Organist in Winterthur, hatte schon frühzeitig eine Schwärmerei für Clara entwickelt. Während ihrer Kuraufenthalte in der Schweiz besuchte sie ihn gelegentlich und lernte ihn dabei näher kennen.

Nach 1862 arbeitete Kirchner als Dirigent und Musiklehrer in Zürich. Die Verbindung zu Clara hielt er aufrecht, wenngleich auch in unregelmäßigen Abständen. Lange Zeit sah sie sich eher in der Rolle einer mütterlichen Freundin. Als Kirchner dann aber im Sommer 1863 für einige Wochen als Gast in ihrem Lichtentaler Haus weilte, kam es offenbar zu einer kurzen Liebesbeziehung zwischen den beiden. Seine Abreise machte Clara jedenfalls sehr zu schaffen, was sie – ganz ungewöhnlich – der Freundin Emilie List anvertraute. Kirchner bezeichnete sie als „sehr nahestehenden Freund" und bat um Nachsicht wegen ihrer flüchtigen Zeilen, da sie sich „noch so ganz von dem Trennungsschmerz eingenommen" (List Bw, S. 255) fühle.

Was Clara erst später sah oder sehen wollte, war Kirchners Hang zum Glücksspiel und zu einer Lebensführung, die weit über seine finanziellen Verhältnisse hinausging. Die führte dazu, dass er sich permanent in Geldnöten befand. Möglicherweise förderte der elegante Kurort Baden-Baden mit seinem luxuriösen und traditionsreichen Spielcasino diese Spielleidenschaft noch oder war gar ein weiterer Grund, weshalb er Clara so gerne in ihrem Sommerhaus besuchte. Jedenfalls versuchte sie nach Kräften, ihn von seiner Spielleidenschaft abzubringen. Zeitweilig bezahlte sie seine Schulden und gab ihm Geld für seinen Lebensunterhalt, das er dann aber entgegen seiner Beteuerungen doch wieder beim Spiel verjubelte.

Clara ließ Kirchner erstaunlich nahe an sich heran und gewährte ihm Privilegien, die sie sonst niemandem einräumte. So gehörte er zu den wenigen Personen, denen sie erlaubte, sie zu duzen. Obwohl sie verstärkt ihren mütterlichen Kümmerinstinkt einsetzte, konnte sie Kirchner nicht positiv beeinflussen. Zunehmend wandte sie sich von ihm ab, weil sie ein derartiges Verhalten bei einem engen Freund nicht akzeptieren konnte.

Im Juli 1864 schrieb Clara schließlich einen Brief an Kirchner, in dem sie den Wunsch äußerte, die frühere Distanz wiederherzustellen. Sie bestand darauf, zum Sie zurückzukehren, da er ihr Vertrauen missbraucht und sie enttäuscht habe. Vermutlich sah sie ihn danach auch nie wieder. Ein Jahr später bezeichnete sie Kirchner sogar als großen Lumpen. Als seine Situation immer tragischer und seine Schulden immer größer wurden, äußerte Kirchner sogar Selbstmordabsichten, was Clara unbeeindruckt registrierte. Sie stellte Brahms gegenüber nur noch betrübt fest, dass in Kirchner eine bedeutende Natur durch äußere und innere Verhältnisse zugrunde gegangen sei, und vergaß die ganze Angelegenheit.

Wie sehr genoss Clara es dann, im Sommer 1865 ihr Lichtentaler Haus noch einmal ausgiebig nutzen zu können. Als besonders wohltuend empfand sie, dass auch ihr lieber Freund Johannes Brahms zum ersten Mal viele Sommermonate in Baden-Baden blieb. Ein weiterer guter Freund, der Geiger Joseph Joachim, kam mit seiner jungen Frau, der Sängerin Amalie Weiß, für zwei Wochen dazu. Gemeinsam verbrachten sie viele wunderbare Stunden, die ganz nach Claras Geschmack verliefen. Da konnte sie durchatmen, sich erholen und jene Kraft schöpfen, die sie für die kommende Konzertsaison benötigen würde.

Die Künstlerin festigt ihre Karriere (1858–1868)

Am 12. September 1865 hätten Clara und ihr Mann Silberhochzeit feiern können. Trotz ihrer zahlreichen Verpflichtungen und den damit verbundenen organisatorischen Aufgaben zu Beginn der neuen Konzertsaison gönnte sich Clara an diesem Tag die Zeit, um wehmütig an ihren Robert zu denken, und daran, wie schön sie den Festtag gemeinsam hätten verbringen können. In melancholischer Stimmung schüttete sie der Freundin Emilie List ihr Herz aus und erinnerte sie noch einmal daran, wie sie mit ihrer Schwester Elise das Brautpaar nach der Trauung in der Kirche überrascht hatte. Clara stand diese Szene nach all den Jahren noch deutlich vor Augen, obwohl sie seinerzeit gar nicht besonders glücklich über die eigentlich nett gemeinte Geste gewesen war.

Das Weihnachtsfest 1866 verbrachte Clara wie so oft bei ihrer blinden Freundin Rosalie Leser in Düsseldorf. Ihre Konzertplanung ließ wie so häufig eine Reise ins badische Sommerhaus oder ins Berliner Domizil ihrer Mutter zum Jahreswechsel nicht zu. Aber auch an den Festtagen selbst kam sie dieses Mal nicht dazu, zwischen den anstrengenden Auftritten ein wenig abzuschalten, plagten sie doch schwerwiegende Sorgen um Ludwig. Denn auch aus Karlsruhe war ihr nun mitgeteilt worden, dass Ludwigs Verhalten zunehmend den Eindruck erwecke, als sei er nicht in der Lage, überhaupt etwas zu erlernen.

Wie froh war Clara da, in Hermann Levi einen hilfreichen Freund zu haben. Levi wirkte zu diesem Zeitpunkt als Hofkapellmeister in Karlsruhe und bot auf Claras Bitte hin an, sich im Rahmen seiner Möglichkeiten um Ludwig zu kümmern. Wieder konnte Clara das Schicksal ihres ältesten Sohnes zum Guten wenden. Doch wie lange würde das noch gelingen?

Von Düsseldorf aus brach Clara Mitte Januar 1867 in Begleitung von Marie zu einer weiteren Konzertreise nach England auf, die sie zunächst nach Edinburgh, Glasgow und Manchester führte. Überall empfing man die Künstlerin mit großer Begeisterung. So ermüdend diese Reisen für sie auch waren, so sehr genoss sie jedes Mal aufs Neue den Enthusiasmus und den außergewöhnlich hohen Komfort, mit dem sie dort willkommen geheißen wurde.

Interessanterweise sind von der 1851 geborenen, jüngsten Schumann-Tochter Eugenie die meisten Berichte über ihre Familie überliefert, obwohl sie ihren Vater nur aus den ersten beiden Jahren ihres Lebens aus eigener

Clara Schumann in Wien 1866. Brustbild von C. von Jagemann.

Anschauung kannte und ihre Mutter wegen der vielen Konzertreisen selten sah. In ihren Büchern schilderte sie viele Details über ihre Eltern und Geschwister sowie ihr aufregendes Leben.

Als Eugenie im Herbst 1863 das erforderliche Alter erreicht hatte, wurde sie von ihrer ältesten Schwester Marie in ein Privatinstitut für Mädchen in Frankfurt am Main gebracht. Niemand konnte ahnen, dass Eugenie ausgerechnet in diesem über die Grenzen Deutschlands hinaus bekannten, renommierten und recht kostspieligen Pensionat geradezu traumatische Erfahrungen machen musste. Von Anfang an fühlte sie sich nicht wohl, das eigenwillige, strenge Regime der Leiterin widerstrebte ihr zutiefst.

Die Zeit in Frankfurt entwickelte sich zum reinen Martyrium für das junge pubertierende Mädchen. Bis Eugenie sich 1866 nach den Sommerferien strikt weigerte, ins Pensionat zurückzukehren, bemerkte Clara nichts von alledem. Sie hielt das Institut für ausgezeichnet. Dass ihre Tochter sehr unglücklich war und regelrecht litt, blieb ihr auch deshalb verborgen, weil in der Einrichtung konsequent darauf geachtet wurde, was die Zöglinge ihren Angehörigen mitteilten. Die Briefe wurden zensiert, so dass Eugenie ihre Mutter auf diesem Wege gar nicht hätte informieren können.

Gerade für Eugenie, die so gut wie kein Familienleben kannte, wäre die Einbindung in eine harmonische Gemeinschaft wichtig gewesen. Die fand sie erst in einem nahe bei Wolfenbüttel gelegenen Internat, das sie ab Herbst 1866 besuchen durfte, nachdem ihrer Mutter über die Frankfurter Zustände die Augen geöffnet worden waren. Endlich war Eugenie glücklich, das neue Internat wurde ihr zur zweiten Heimat, wie sie später bemerkte. Neben einer soliden Allgemeinbildung erhielt sie dort ausgezeichneten Klavierunterricht, der aufgrund ihrer außergewöhnlichen Fähigkeiten zu beeindruckenden Erfolgen führte.

Nach Abschluss der schulischen Laufbahn ermöglichte gerade diese pianistische Ausbildung Eugenie ein akademisches Studium. Im September 1869 bestand sie in Berlin an der neu eröffneten Musikhochschule unter Leitung des Familienfreundes Joseph Joachim die Aufnahmeprüfung. Die noch nicht ganz Achtzehnjährige durfte sich einschreiben und studierte insgesamt elf Monate in der Klasse Ernst Rudorffs, einem von ihrer Mutter hoch geschätzten Kollegen. Clara war äußerst zufrieden mit dem Werdegang ihrer jüngsten Tochter.

Wanderleben – Durchbruch in England – Freundschaften

Das einzige Kind, dem gar keine Erinnerung an den Vater möglich war, weil es ihn nie kennengelernt hatte, war der 1854 geborene jüngste Sohn Felix. Gerade er schien die künstlerischen Talente des Vaters am deutlichsten geerbt zu haben. Robert Schumanns literarisch-musikalische Doppelbegabung fiel auch bei Felix frühzeitig auf – vielleicht mit ein Grund, warum Clara an diesem Sohn, der in ihrer schwersten Zeit und unter schmerzvollen Bedingungen geboren worden war, mit besonderer Liebe hing.

1863 wurde der neunjährige Felix wie sein Bruder Ferdinand am Joachimsthalschen Gymnasium in Berlin aufgenommen. Die Berliner Großmutter Mariane und seine bei ihr wohnenden Schwestern sah er jetzt nur noch an den Sonntagen, worunter er regelrecht litt, da ihm der Familienanschluss wichtig war. Die glücklichsten Momente erlebte er in den Sommerferien, wenn er im Lichtentaler Haus seine Mutter antraf.

Clara erschrak heftig, als Felix im Alter von nur dreizehn Jahren plante, eine Musikerkarriere einzuschlagen. Als Instrument schwebte ihm dazu die Geige vor. Seine Mutter, die nur zu gut wusste, wie anstrengend ein solches Künstlerleben – zumal so jung begonnen – werden konnte, versuchte vehement, ihren Sohn davon abzubringen, und schrieb ihm im Mai 1867 die folgenden schicksalhaften Zeilen:

„Wirst du nicht einmal ein eminenter Geiger, so kannst Du sonst noch so tüchtig sein, Du wirst als Sohn Robert Schumanns eine kümmerliche Rolle spielen. Du kannst, wie gesagt, Deinem Namen nur gerecht werden, wenn Du ein ganz bedeutendes Genie als Musiker entwickelst, und, mit diesem *enorm* fleißig studirst. So sehr ich nun die Ueberzeugung habe, daß Du mit Deinem Talente als Amateur Dir und andern Freude machen kannst (dazu bedarf es aber auch schon des Fleißes), so wenig glaube ich an eine *solche* Begabung bei Dir, wie sie zu hoher Künstlerschaft gehört. Du hast so schöne andere Geistesgaben, daß Dir manch anderer Lebensweg offen steht, Du sogar möglicherweise ein bedeutender Mann Deines Faches (welches Du erwählen magst) werden kannst, freilich aber Nichts ohne große *angestrengte Studien* ... ich weiß aus 40jähriger Erfahrung beinahe, was dazu gehört und habe deshalb immer den Wunsch, Eines von Euch zum Musiker zu bilden, in mir unterdrückt." (Litzmann III, S. 204f.)

Die Künstlerin festigt ihre Karriere (1858–1868)

Was muss ein Sohn empfinden, der solche Zeilen liest, und was eine Mutter, die sie schreibt!

Etwas milder gestimmt und vermutlich, um dem Ganzen die Spitze zu nehmen, bot Clara Felix einige Tage später an, den Freund und Geiger Joseph Joachim als unparteiischen Richter um Rat zu fragen. Joachim sollte ihren Sohn zwei Tage lang prüfen und dann seine fachkundige Meinung äußern. In jedem Fall bestand Clara aber darauf, dass Felix zunächst das Gymnasium beenden und Abitur machen sollte, was dann auch geschah.

Großen Kummer hatte Clara zur selben Zeit mit ihrer Tochter Julie. Wie sehr sehnte sie sich 1867 im Lichtentaler Sommer nach deren wohltuender Nähe und ihrem lieben, zärtlichen Blick. Dass sie die Liebe zum Leben brauche wie die Luft zum Atmen und das Licht zum Gedeihen, bekannte jetzt ausgerechnet Clara, die sich ansonsten in Gefühlsäußerungen so zurückhaltend zeigte. Stets betonte sie, dass ihre dritte Tochter dieses Bedürfnis am besten stillen konnte.

Doch es ging Julie gesundheitlich einfach zu schlecht, um zur Mutter reisen zu können. Mehrere Kuren hatten nicht den gewünschten Erfolg gebracht. Julie sah elend aus und fühlte sich entsprechend. Enttäuscht stellte Clara ihren Wunsch zurück, Julie bei sich in Lichtental zu haben, und gab die Einwilligung zu einer empfohlenen Kaltwasserkur während des folgenden Winters in Divonne. Aufgrund seiner natürlichen Heilquellen galt dieses heute als Divonne-les-Bains bekannte und im Südosten Frankreichs in den Alpen des Juramassivs gelegene Thermalkurbad seit 1849 als ebenso nobel wie wirksam.

Zum Jahreswechsel 1867/68 trafen derart beängstigende Nachrichten über Julies Zustand ein, dass die älteste Schwester Marie nach Divonne reiste. Sollte es möglich sein, wollte sie Julie mit nach Hause zur Familie bringen. Clara selbst fuhr zu einer Aufführung von *Genoveva*, der einzigen Oper ihres Mannes, nach Karlsruhe, was sie als Lichtblick in diesen sorgenvollen Tagen empfand. Marie kehrte Anfang Januar 1868 unverrichteter Dinge aus Divonne zurück, Julie war nicht transportfähig.

Kurz darauf machte Clara sich zu einer Tournee auf, die sie im Anschluss an erfolgreiche Konzerte in Brüssel und Antwerpen Ende Januar nach England fortsetzte. Trotz der gewohnt freundlichen Aufnahme und zahlreicher gelungener Auftritte wollte sich dieses Mal bei Clara keine gute Stimmung einstellen, zu deprimierend waren die Nachrichten, die sie aus der Heimat erhielt. Dennoch schaffte sie es, in zwölf Städten innerhalb von knapp drei Monaten insgesamt zweiunddreißig Konzerte zu geben.

Zu den Sorgen um Julies Befinden traten jetzt ähnliche in Hinblick auf Felix hinzu. Bei ihm zeigten sich die ersten Anzeichen eines Lungenleidens, das sich später als Tuberkulose erwies. Von April bis Mai 1868 hielt er sich bei seinem Großvater Friedrich Wieck in Dresden auf, weil man sich durch das mildere Klima Linderung erhoffte.

Als wäre das noch nicht genug, verlor Ludwig zu dieser Zeit die mühsam errungene Anstellung in Berlin, wieder aufgrund seines unangemessenen Benehmens. Er war inzwischen nicht einmal mehr in der Lage, morgens pünktlich zur Arbeit zu erscheinen. Auf wohlwollende Vermittlung des mit Clara befreundeten Verlegers Raimund Härtel erhielt Ludwig eine neue Anstellung in der Leipziger Filiale des Schweizer Verlags Rieter-Biedermann.

So kam Clara nicht zur Ruhe. Aber wieder einmal stellte sie während ihrer alljährlichen London-Tournee fest, wie gut sie durch diszipliniertes Arbeiten ihre Sorgen kompensieren konnte. Vehement wies sie die fürsorglichen Ratschläge ihrer Freunde Brahms und Joachim zurück, die sie baten, etwas mehr auf ihre Gesundheit zu achten. Clara wollte davon nichts hören und hielt beharrlich an ihrem Arbeitspensum fest.

Brahms gegenüber entrüstete sie sich geradezu darüber, dass er wohl in der Annahme lebe, sie habe längst genug verdient und könne sich nun etwas zurücknehmen. Sie stellte klar, dass sie derartige Anstrengungen, wie es Konzertreisen nun einmal bedeuteten, nie zu ihrem Vergnügen auf sich nahm. Zum einen seien sie aus finanziellen Gründen nötig, zum anderen habe die Reproduktion schöner musikalischer Werke für sie selbst einen sehr hohen Wert. Clara betrachtete es als eine Art Mission aufzutreten, solange sie die Kraft dazu hatte, und sah in der Ausübung ihrer Kunst einen wesentlichen Teil ihrer Persönlichkeit.

Dass ihr Künstlerleben bei aller Leidenschaft außerordentlich anstrengend war, wusste sie selbst am besten und betonte es häufig genug denen gegenüber, die in ihren Augen keine Vorstellung davon hatten. Aber die Fürsorge ihrer Freunde – so lieb sie auch gemeint war – empfand Clara beinahe als Kränkung. Sie arbeitete hart und musste dafür Opfer bringen, aber sie wollte dies nicht auch noch verteidigen müssen.

Die Künstlerin festigt ihre Karriere (1858–1868)

Den Heimweg aus England nahm sie im März 1868 wie gewöhnlich über Belgien, wo sie in Brüssel nochmals mit dem Geiger Joseph Joachim auftrat. Kaum in Düsseldorf bei ihrer treuen Freundin Rosalie Leser eingetroffen, erhielt sie bestürzende Nachrichten über Julies Befinden. Sobald wie möglich reiste sie zu ihrer Tochter nach Frankfurt und fand sie in einem bedauernswerten Zustand vor. Erneut musste Clara gegen ihre Überzeugung einem weiteren Aufenthalt in Divonne zustimmen. Wie gern hätte sie Julie doch bei sich behalten.

Unterdessen fuhr Clara mit Marie und Felix zu einer Kur nach Karlsbad, deren positive Wirkung bei ihrer Rückkehr von einer Sekunde auf die andere verflog, als sie erfuhr, dass Ludwig sich auch auf seiner neuen Stelle in Leipzig nicht hatte halten können. Raimund Härtel deutete nun zum ersten Mal an, dass der Junge wohl an einer Geisteskrankheit litt. Obwohl dies in der nächsten Zeit von fachkundiger Seite bestätigt wurde, mochte Clara nicht daran glauben. Sie gab die Hoffnung nicht ganz auf, Ludwig doch noch zum Abschluss einer Ausbildung bringen zu können.

Nach einem weiteren Kuraufenthalt, den sie in Begleitung ihrer Tochter Elise im schweizerischen St. Moritz verbrachte, bezog Clara im Spätsommer 1868 endlich wieder ihr geliebtes Domizil in Lichtental. Doch das ersehnte Wohlgefühl stellte sich nicht ein, was an seit Längerem schwelenden Unstimmigkeiten mit Johannes Brahms lag. Dessen zunehmende Schroffheit und sein in ihren Augen teilweise rücksichtsloses Benehmen machten ihr zu schaffen. Sie empfand sein Verhalten ihr und auch ihren Kindern gegenüber als regelrecht kränkend. Gerade in ihrem Sommerhaus wünschte sie sich eine harmonische und behagliche Atmosphäre, die nicht getrübt werden sollte. Zum ersten Mal lud sie Brahms in diesem Sommer nicht wie früher dazu ein, die Mahlzeiten regelmäßig mit ihnen einzunehmen.

Erst der Herbst 1868 brachte in dieser Beziehung eine Beruhigung, nachdem viele klärende Briefe hin- und hergegangen waren. Brahms zeigte sich, wie so oft, reumütig und einsichtig. Er wusste nur zu gut um sein Wesen, stand sich aber oftmals selbst im Wege. So blieb ihm auch jetzt wieder nur, an Claras Güte und ihre Fähigkeit zur Nachsicht zu appellieren.

„Es ist eine tolle Polyphonie im Leben und manchmal kann doch nur eine so gute Frau wie Du eine herrlich sanfte Auflösung fertig bringen" (Litzmann III, S. 224), verlieh Brahms seiner Erleichterung Ausdruck. Gewissermaßen zur Besiegelung ihres Friedensschlusses vereinbarten beide, sich im November in Wien zu treffen und gemeinsame Konzerte zu geben.

Und eine weitere Aufregung ganz ungeahnter Art hielt das Jahr 1868 schließlich noch für Clara bereit. Sie betraf wieder Julie, aber dieses Mal nicht deren Gesundheit, sondern die Tatsache, dass sie in Divonne einen früh verwitweten italienischen Grafen kennen- und lieben gelernt hatte.

Graf Vittorio Radicati di Marmorito, Sprössling einer alteingesessenen piemontesischen Adelsfamilie, hielt noch vor seiner Abreise ins heimatliche Turin nach siebenwöchigem Zusammensein mit Julie um deren Hand an. Als er um Claras Einwilligung bat, war sie zunächst vollkommen überrascht, hatte sie doch mit einer solchen Entwicklung nicht gerechnet.

Dann kamen ihr Bedenken, die vor allem den Standes-, Konfessions- und Altersunterschied betrafen. Der Graf war vierzehn Jahre älter und hatte zudem zwei Töchter. Auch pekuniäre Aspekte mögen zu ihrer Skepsis beigetragen haben. Vor allem aber hatte Clara große Zweifel, ob ihre zarte und oft kränkelnde Tochter einer solchen Ehe gewachsen war. Schließlich bedauerte sie auch, dass sie sich mit ihrem zukünftigen Schwiegersohn wohl nie würde richtig unterhalten können.

Trotz aller Zweifel, die sie Julie – wohl auch zu ihrer eigenen Beruhigung – mitteilte, erklärte sich Clara bereit, ihrer Tochter und dem italienischen Grafen eine Chance einzuräumen. Schließlich wusste sie am besten, dass Liebe gegen rationale Argumente resistent ist. Sie selbst hatte am eigenen Leibe gespürt, wie schrecklich es ist, wenn man gegen den Widerstand der Eltern heiraten muss. Niemand hatte wohl mehr Hindernisse auf dem Weg zur Eheschließung überwinden müssen als sie und ihr Robert. So bat sie die jungen Leute lediglich darum, sich doch ein wenig Zeit zu lassen, um zu prüfen, ob ihre Gefühle stark genug waren.

Bis zum Jahresende 1868 blieb Clara ungewöhnlich nervös und in Gedanken ständig bei ihrer Tochter. Zum ersten Mal fiel es ihr sogar schwer, sich bei ihren Auftritten auf das Klavierspiel zu konzentrieren. Einstweilen freute sie sich darüber, dass ihre Wiener Tournee mit Johannes Brahms recht erfolgreich verlief. Schön für sie war zudem, dass Brahms sich nun betont liebenswürdig verhielt, so dass sich die alte Vertrautheit rasch wieder einstellte.

Das Weihnachtsfest 1868 wurde in Frankfurt gefeiert, damit auch Julie dabei sein konnte. Graf Radicati hielt sich ebenfalls für einige Tage bei Schumanns auf, weil man einander besser kennenlernen wollte. Bevor aber dessen Mutter der Eheschließung nicht zugestimmt hatte, konnten er und Julie noch nicht einmal die Verlobung planen. Somit harrten alle Beteiligten aus und warteten, wenn auch aus unterschiedlichen Gründen, ungeduldig auf eine Entscheidung.

Familienbande und Schicksalsschläge (1869-1877)

Hochzeiten – Krankheiten – Todesfälle

Ebenso unruhige wie aufregende Zeiten standen Clara bevor. Immer wieder erhielt sie Hiobsbotschaften und musste sich ernstlich Sorgen um geliebte Menschen machen. Insbesondere das Schicksal ihrer Kinder belastete sie zunehmend.

Clara selbst bezeichnete die Phase vor dem Ausbruch des Deutsch-Französischen Krieges als schlimm. Sie fühlte sich permanent unwohl und wie ausgebrannt. Dunkle Gedanken plagten sie, die ihr am Tag das Leben erschwerten und nachts den Schlaf raubten. Es stürzte so viel in jenen Jahren auf sie ein, dass sie manches Mal nicht wusste, wie sie alles verkraften sollte. Es gab auch schöne Ereignisse, aber die schlechten überwogen bei Weitem.

Im Spätsommer 1869 war die Familie Schumann mit den Vorbereitungen zu Julies Hochzeit beschäftigt und gleichzeitig in großer Sorge um den in Turin im Sterben liegenden Großvater des Bräutigams. Die Eheschließung zwischen Julie und ihrem italienischen Grafen verzögerte sich dadurch erneut.

Zur selben Zeit erhielt Clara die erschütternde Nachricht vom überraschenden Tod ihrer in London lebenden Halbschwester aus der zweiten Ehe ihrer Mutter, Clementine Bargiel (1835-1869). Zu ihr hatte Clara immer ein enges Verhältnis gehabt und sich auch für deren berufliches Weiterkommen eingesetzt. Nach dreitägiger Krankheit starb die unverheiratet gebliebene Clementine im Alter von nur dreiunddreißig Jahren während eines Erholungsaufenthaltes im böhmischen Johannisbad.

Clara selbst verletzte sich kurz vor ihrer Abreise aus den Lichtentaler Sommerferien und ausgerechnet zu Beginn der neuen Konzertsaison an der rechten Hand. Zumindest in der ersten Hälfte des Winters konnte sie deshalb nicht auftreten und musste zahlreiche Konzert absagen, was ihr von Grund auf widerstrebte und auch einen finanziellen Einbruch bedeutete.

Familienbande und Schicksalsschläge (1869–1877)

Der Heirat ihrer Tochter Julie hatte Clara schweren Herzens zugestimmt, weil sie glaubte, einer wahren Liebe solle man keine Steine in den Weg legen. Sie hatte ihren Schwiegersohn eingehend geprüft und gemerkt, dass er es wirklich gut mit Julie meinte und sie aufrichtig liebte. Trotzdem blieb ihr ein ungutes Gefühl. Seit Jahren machte sie sich ununterbrochen Sorgen um die schwache Gesundheit ihrer Tochter, die sich zeitlebens in ärztlicher Behandlung befand.

Niemand sonst in der Familie schien zu befürchten, dass eine Heirat mit allen ihren Konsequenzen Julie zu sehr belasten könne. Vermutlich wurde das Problem deshalb nicht thematisiert, weil die Ärzte nie eine konkrete Diagnose gestellt hatten. Sie hatten immer nur eine Art nervliche Anstrengung als Auslöser für die diffusen Krankheitssymptome verantwortlich gemacht. Dass Julie an einer veritablen Tuberkulose litt, wurde viel zu spät erkannt.

Julie und Graf Radicati di Marmorito heirateten am 22. September 1869 in der Kirche der Cistercienserinnen-Abtei Lichtental, ganz in der Nähe von Claras Sommerhaus. Das eng befreundete Künstlertrio Brahms, Allgeyer und Levi wurde als erstes über die Verlobung informiert, wobei niemand ahnte, dass Brahms selbst seit Längerem ein Auge auf Julie geworfen hatte. Nur widerwillig gab er daher Julies Bitte nach, als einer der Trauzeugen zu fungieren.

Clara fiel aus allen Wolken, als sie von dieser heimlichen Leidenschaft erfuhr. Jetzt konnte sie sich einen Reim darauf machen, warum Brahms so schweigsam geworden war und sich zurückgezogen hatte. Kurze Zeit später präsentierte er Clara seine neueste Komposition, die *Alt-Rhapsodie* op. 53. Brahms musste nichts erklären, Clara ahnte sofort, was der Freund in diesem Werk verarbeitet hatte: seine tiefe Trauer über die für immer verlorene Julie. Seinem Verleger gegenüber bezeichnete Brahms selbst sein Stück sarkastisch als „Brautlied für die Schumannsche Gräfin".

Clara schenkte ihrer Tochter einen wertvollen Broadwood-Flügel, den sie mit nach Italien nahm. Im Anschluss an die Trauzeremonie in der Kirche lud Clara zu einem opulenten Frühstück in ihr Haus ein, dann musste schon Abschied genommen werden. Julie folgte ihrem Mann nach Turin auf dessen Schloss Passerano.

Im Lichtentaler Häuschen hinterließ ihr Auszug eine tiefe Stille, wie die zurückbleibenden Schwestern Marie und Eugenie bedauernd feststellten. In bedrückter Stimmung saßen sie abends im Esszimmer und vermissten ihre

Hochzeiten – Krankheiten – Todesfälle

Clara Schumanns Haus Lichthental Nr. 14 bei Baden-Baden, Aquarell um 1865.

geliebte Schwester, die für jeden stets ein Lächeln auf den Lippen und einen kleinen Scherz auf der Zunge gehabt hatte. Auch Clara litt, empfand aber dankbar das Glück der beiden frisch Vermählten als Trost.

Kaum hatte Clara die Trennung von Julie einigermaßen verschmerzt, da bereitete ihr Sorgenkind Ludwig neuen Kummer. Jahrelang hatte sie gehofft, er könne eine Ausbildung abschließen, um auf eigenen Füßen zu stehen. Doch jetzt musste auch sie erkennen, dass Ludwig nicht nur in seiner Entwicklung retardiert, sondern offenbar regelrecht geisteskrank war.

Als sie ihn im Januar 1870 auf seiner Lehrstelle in Dresden traf, erschrak sie bei seinem Anblick, noch mehr allerdings über das, was man ihr mitteilte. Es waren durchweg Belege für Ludwigs Unzurechnungsfähigkeit. Eine klinische Untersuchung erbrachte dann, dass Ludwig an einer Rückenmarkerkrankung litt, die zunehmend das Gehirn schädigte. Clara konsultierte daraufhin zahlreiche Ärzte, doch keiner konnte ihrem Sohn helfen. Die Krankheit galt als unheilbar.

Als Clara von dieser niederschmetternden Diagnose erfuhr, war sie gerade von ihrer England-Tournee zurückgekehrt. Sie machte sich Vorwürfe – zum einen, weil sie Ludwig bei seinem Krankenhausaufenthalt allein gelassen hatte, und zum anderen, weil sie ihn in der Vergangenheit so oft getadelt, zurechtgewiesen und immer wieder mit Anforderungen konfrontiert hatte, denen er, wie sie nun wusste, nicht entsprechen konnte. Dies bedauerte Clara umso mehr, als ihr der freundliche Junge in seiner warmen, treuherzigen Art besonders ans Herz gewachsen war. Ludwig seinerseits hing mit großer Liebe an seiner Mutter und mochte sich nie von ihr trennen.

Ganz besonders setzte es Clara allerdings zu, dass sie durch Ludwigs Schicksal an das seines Vaters erinnert wurde. Zwar war ihr bewusst, dass die Krankheitsbilder nicht vergleichbar waren, aber dennoch riefen sie qualvolle Erinnerungen an jene schwere Zeit wach, die ihr Mann in der Endenicher Heilanstalt verbracht hatte.

Zunächst fand Clara nach mühsamer Suche in Pirna bei Dresden eine private Pflegestelle für Ludwig. Mit fortschreitendem Krankheitsverlauf wurde die Pflege jedoch so aufwändig, dass Ludwig im Dezember 1871 in die staatliche Heilanstalt auf Schloss Colditz bei Leipzig gebracht werden musste. Dies empfand Clara als neuen Schlag, ahnte sie doch, dass man dort völlig anders mit den Patienten umging als in dem privaten Sanatorium, in dem Robert gepflegt worden war. Zudem war ihr bewusst, dass bei Ludwig – anders als in Roberts erster Krankheitsphase – jede Hoffnung auf Heilung ausgeschlossen war.

Nach eingehender Beratung erklärte sich ein guter alter Freund der Familie und Pate von Ludwig, der Maler Julius Hübner aus Dresden, bereit, die Vormundschaft für sein Patenkind zu übernehmen. In Hübner, der sich in der Folgezeit rührend um Ludwig kümmerte, hatte Clara einen hilfreichen Ansprechpartner. Mit der Colditzer Anstaltsleitung sowie dem dortigen Anstaltspfarrer stand sie in regem brieflichem Kontakt.

In Europa hatte sich unterdessen politisch viel verändert. Am 19. Juli 1870 erklärte der französische Kaiser Napoléon III. Preußen den Krieg. Entgegen seiner Erwartung traten daraufhin auch die vier süddeutschen Staaten in den Krieg ein und unterstützten – ihrer Beistandspflicht gehorchend – den von Preußen beherrschten Norddeutschen Bund. Auch Großherzog Friedrich I. von Baden mobilisierte seine Truppen, wovon Clara und ihre Familie direkt betroffen waren.

Die starken Einschränkungen im Postversand behinderten nun ihre umfangreiche und größtenteils beruflich wichtige Korrespondenz. Der Bahnverkehr wurde für Zivilpersonen eingestellt, so dass sich Clara und ihre Töchter von der Außenwelt abgeschnitten fühlten. Wegen der Einquartierung von Soldaten in Baden-Baden ängstigte sich Clara sehr. Johannes Brahms hatte ursprünglich vorgehabt, zum Schutz des männerlosen Haushalts nach Lichtental zu kommen. Seine Reise endete jedoch noch vor Karlsruhe, von wo aus es keine Möglichkeit zur Weiterfahrt mehr gab. Clara war maßlos enttäuscht, als sie erfuhr, dass sie mit der Ankunft des Freundes nicht mehr rechnen konnte.

Alle Fremden flüchteten aus Baden-Baden, solange sie es noch konnten. Die sonst so lebendige Stadt wirkte wie ausgestorben. Am meisten fürchteten sich die Bewohner vor den so genannten Turcos, jene für Frankreich kämpfenden algerischen und tunesischen Truppen. Die wenigen Zurückgebliebenen versteckten aus Angst vor Brandschatzung und Plünderung sorgsam ihr wertvolles Hab und Gut. Sicherheitshalber ließ Clara sogar die Weinflaschen aus dem Keller verschwinden.

Dann wurde der einundzwanzigjährige Ferdinand eingezogen, zunächst zur Ausbildung in einer Kaserne. Vier Wochen später musste er ausrücken. Clara dachte unablässig an ihren Sohn, war ständig in großer Sorge und Angst um ihn. Doch immer wieder hielt sie sich vor Augen, dass sie nicht klagen dürfe, schließlich mussten jetzt alle Menschen Opfer bringen und alle Mütter ihre Söhne an die Front ziehen lassen.

Die Gewalt des Krieges ließ sie nicht mehr zur Ruhe kommen. Einen Teil der kriegerischen Auseinandersetzungen erlebten Clara und ihre Töchter fast hautnah mit. Von der nahegelegenen Yburg und der Ruine Windeck aus hatten sie einen freien Blick über das gesamte Rheintal und sahen die zahlreichen Gefechtsfeuer im Kampf um Elsass-Lothringen.

Die Beschießung Straßburgs im August und September 1870 beobachteten sie mit Schrecken und unter Tränen. Die Detonationen entwickelten eine solche Wucht, dass ihr Häuschen in Lichtental bebte. Seit über zwei Jahrhunderten hatte Straßburg zu Frankreich gehört, nun musste die Stadt Ende September an Deutschland zurückgegeben werden.

Nach Abschluss der militärischen Auseinandersetzungen nahmen Clara und ihre Töchter ohne zu zögern die Einladung Hermann Levis an, mit ihm

Familienbande und Schicksalsschläge (1869–1877)

nach Straßburg zu fahren. Tausende waren mit ihnen unterwegs, mussten aber in Kehl den Zug verlassen, weil die Eisenbahnbrücke gesprengt worden war. Eine Schiffsbrücke verband stattdessen behelfsmäßig die Ufer miteinander. Straßburg sah verheerend aus, die Gassen waren von Granaten und Granatsplittern übersät. Schockiert, entsetzt und in Gedanken versunken kehrte sie abends nach Lichtental zurück.

Das ehemals elegante Baden-Baden mit seinem quirligen Leben schien inzwischen menschenleer. Claras Freundin Pauline Viardot-García hatte es mit ihren Kindern in ihrem prachtvollen Haus lange ausgehalten und sogar mit großem Geschick im Frauenverein geholfen, Bekleidung für die Frontsoldaten anzufertigen, während ihr Mann bei Ausbruch des Krieges sofort nach Frankreich zurückgereist war. Pauline musste zunächst nichts befürchten, weil sie Französin war. Als dann aber eine deutsche Siegesnachricht nach der anderen eintraf, schließlich auch Sedan von Deutschland eingenommen wurde und Napoléon III. in den ersten beiden Septembertagen seine Niederlage eingestehen musste, verließ auch sie Baden-Baden und kehrte niemals wieder zurück.

Für Clara was das ein schwerer Schock. Wie sehr hatte sie sich an die interessante, gebildete und herzensgute Künstlerin und Freundin gewöhnt und wie sehr hatte sie die anspruchsvollen kulturellen Veranstaltungen genossen, die Pauline in ihrem stets offenen Haus ausgerichtet hatte. Nun verwilderte der früher so ansehnliche Garten der Sängerin, die prächtige Villa stand leer. Außer Pauline kehrten auch viele andere ehemalige Bewohner aus politischen Gründen nach dem Krieg nicht nach Baden-Baden zurück, sogar das Theater musste mangels Schauspielern für lange Zeit geschlossen bleiben.

Ende Oktober 1870 verließ Clara Baden-Baden, um zu ihrer Mutter nach Berlin zu reisen. Eine Anwesenheit im Zentrum des neuen Deutschlands war ihr jetzt persönlich wichtig. Dort sowie in mehreren anderen umliegenden Städten gab sie Konzerte zu Gunsten der Kriegsverwundeten oder der Invalidenstiftung.

In bedrückter Stimmung verbrachte Clara mit vier ihrer Kinder das Weihnachtsfest und den Jahreswechsel 1870/71 in Berlin. Nur ihren beiden Jüngsten, Eugenie und Felix, zuliebe schmückte sie einen Weihnachtsbaum und richtete eine kleine Feier aus; eigentlich war ihr nicht danach zu Mute, denn die Brutalität des Krieges hatte sie zutiefst erschüttert.

Ein schweres Jahr ging für Clara zu Ende. Was das nächste bringen würde, konnte sie nicht ahnen. Immerhin tröstete sie sich – wie viele andere auch – mit der Hoffnung auf ein geeintes Deutschland. Und angesichts der vielen Mütter, deren Söhne im Kampf gefallen waren, empfand Clara Dankbarkeit dafür, dass ihr Ferdinand noch lebte. Glücklicherweise hatte man ihn nicht direkt an der Front, sondern hinter den Linien eingesetzt.

Als Wilhelm I. am 18. Januar 1871 im Spiegelsaal des Schlosses in Versailles zum deutschen Kaiser ausgerufen und damit das Deutsche Reich gegründet wurde, befand sich Clara bereits auf ihrer neunten Frühjahrstournee in London. Ihre patriotischen Gefühle konnte sie nicht verleugnen und dachte viel an Deutschland in jener Zeit. Froh war sie darüber, von ihren Londoner Freunden in gewohnt herzlicher Weise empfangen zu werden, und sah darin einen Ausdruck besonders feinen Verhaltens. Die Engländer hegten nämlich größere Sympathien für die Franzosen, die den Krieg verloren hatten, als für die Sieger.

Als geschickten diplomatischen Schachzug muss man bewerten, dass Clara in diesem Frühjahr bei ihren Londoner Konzerten abwechselnd auf einem Flügel der Pariser Firma Erard und einem der englischen Klaviermanufaktur Broadwood spielte.

Im April 1871 widerfuhr Clara während dieser Tournee ein Ereignis, das sie im Tagebuch als das denkwürdigste ihres Lebens bezeichnete. Während sie in London mit ihren Gastgebern, den Geschwistern Burnand, bei einem Essen saß, verschafften Diebe sich Zugang zu ihrem Zimmer im Burnand'schen Hause, brachen sämtliche Schubladen, Schränke und Kassetten auf und raubten alles, dessen sie habhaft werden konnten. Claras gesamter Schmuck, Bargeld und einige ihr wichtige Erinnerungsstücke wie ein Buch mit Fotografien ihrer Kinder waren verschwunden.

Am meisten bedauerte sie, dass ihre kostbare Brillantbrosche, an der sie sehr gehangen hatte, geraubt worden war. Claras Freundin, die berühmte schwedische Sängerin Jenny Lind, reagierte auf eine überraschende Weise, als sie von diesem Vorfall hörte. Ohne zu zögern sandte sie Clara eine ebenfalls wertvolle Brosche zu, die sie viele Jahre zuvor von der damaligen schwedischen Königin Josefina als Geschenk erhalten hatte. In den beigefügten sehr freundlichen Zeilen bat Jenny Lind darum, Clara möge diese Brosche als Ersatz für die gestohlene behalten.

Familienbande und Schicksalsschläge (1869–1877)

Trotz des für sie wirklich hohen ideellen und materiellen Verlusts klagte Clara mit keiner Silbe. Angesichts des Kriegsgeschehens der letzten Monate sah sie in dem Diebeszug nichts als eine Lappalie. Sie war einfach nur dankbar, dass ihrem Sohn Ferdinand im Krieg nichts passiert war, was ihr erheblich mehr bedeutete als der verlorene Schmuck.

Auf der Rückreise zum Kontinent machte Clara wie fast jedes Mal in Düsseldorf bei Rosalie Leser Station. Auf die inständige Bitte ihrer Freundin und auch des befreundeten Ehepaars Bendemann hin blieb sie noch einige Tage länger, während ihre beiden Töchter Marie und Eugenie weiter ins Lichtentaler Haus reisten, um dort für Ordnung zu sorgen. Zu ihrem großen Erstaunen erfuhr Clara, dass ihre Beraubung in London in sämtlichen Gazetten des Rheinlands vermeldet worden war.

Zum offiziellen Kriegsende am 10. Mai 1871 befand sich Clara in Koblenz, auf der Heimfahrt von Düsseldorf über Köln nach Baden-Baden. Wenig später traf sie glücklich wieder in ihrem Lichtentaler Haus ein, wo die Kinder und auch Johannes Brahms sie schon erwarteten. Mit Maibowle feierten sie bei bester Stimmung ihr Wiedersehen, voller Dankbarkeit über das Ende des schrecklichen Krieges und in der Hoffnung auf eine lange Friedensperiode.

Am 16. Juni 1871 zogen in Berlin die von der Front heimkehrenden Soldaten ein. Claras Sohn Ferdinand nahm an der Zeremonie mit tausend anderen teil, obwohl an diesem Tag große Hitze herrschte. Er hatte großes Glück, dass er im Krieg nicht verwundet worden war. Allerdings blieb als dauerhafter Schaden ein heftiger Gelenkrheumatismus zurück, der ihm noch viele Probleme bereiten sollte. Die Schmerzen wurden mit der Zeit so unerträglich, dass Ferdinand sie mit Morphium bekämpfen musste. Durch jahrelangen Medikamentenmissbrauch sollte er später abhängig werden. Vorerst aber konnte Ferdinand seine Anstellung bei einer Berliner Bank wieder antreten und schien eine gute Karriere vor sich zu haben.

Es war ein Glücksfall für Clara, dass ihre jüngste Tochter Eugenie von 1871 an annähernd zwanzig Jahre lang mit ihr und Marie zusammenlebte. Ihre älteste Tochter und mittlerweile ständige Begleiterin wurde auf diese Weise deutlich entlastet. Eugenie half im Haushalt, übernahm Pflichten als Gastgeberin oder Gesellschafterin, stand aber ansonsten auf eigenen Füßen; sie verdiente ihr Geld als Klavierlehrerin. Es war eine aufregende Zeit für die drei Frauen, in denen sich ihre Beziehung festigte und manchen schweren Schicksalsschlag gemeinsam überstehen half.

Im Juli 1871 reiste Clara mit ihren drei Töchtern Marie, Elise und Eugenie sowie dem jüngsten Sohn Felix zur Kur ins schweizerische St. Moritz. Zwar genoss sie die herrliche Luft, das gesunde Klima und den wunderbaren Sonnenschein, konnte aber aufgrund von Beschwerden im Fuß, die sie für Rheumatismus hielt, kaum gehen und musste die geliebten Spaziergänge stark einschränken.

Marie und Felix fuhren weiter nach Italien, besichtigten Mailand und besuchten anschließend in Turin ihre Schwester Julie, die gerade mit ihrem zweiten Kind schwanger war. Nach zwei Jahren sahen sich die Geschwister endlich wieder. Ursprünglich wollte Clara auch mitfahren, aber sie verzichtete darauf, um die ohnehin geschwächte Julie nicht über Gebühr zu strapazieren. Am 22. August 1871 wurde dann Claras zweiter Enkel Roberto geboren.

Zur selben Zeit kehrte Clara mit ihren Kindern ins Lichtentaler Haus zurück, wo sich in den nächsten Wochen zahlreiche liebe Besucher einfanden, so auch das Ehepaar Bendemann aus Düsseldorf sowie die Geschwister Maria Arabella Antoinette und Arthur Charles Burnand aus London. Insbesondere im Blick auf die Letztgenannten war Clara darauf bedacht, den Ansprüchen ihrer Gäste gerecht werden zu können. Die Familie des wohlhabenden Kaufmanns Burnand war schon viele Jahre lang Claras nobler Gastgeber in London gewesen. Da wollte sie sich gern großzügig revanchieren. Aber ausgerechnet zu dieser Zeit erkrankte die bewährte Köchin Josephine, so dass Clara sie ins Krankenhaus bringen lassen musste. Drei Tage später starb Josephine dort, man konnte ihr nicht mehr helfen. Clara war untröstlich und weinte um sie, die ihr fast wie ein Familienmitglied ans Herz gewachsen war.

Dennoch wurde Claras zweiundfünfzigster Geburtstag am 13. September 1871 in großer Runde gefeiert. Die Hauptarbeit lastete auf den Schultern von Marie, die neben ihren gewohnten Tätigkeiten nun auch noch weitgehend die Aufgaben der Köchin übernehmen musste. Inzwischen machte sich Clara Sorgen um ihre Tochter und befürchtete, dass Marie sich überforderte. Noch größeren Kummer bereiteten ihr aber die Gedanken an Ludwig, der ihr zu den früheren Geburtstagen immer warm und herzlich gratuliert hatte, dazu nun aber nicht mehr fähig war.

Familienbande und Schicksalsschläge (1869–1877)

Auch Ferdinand sah sie anlässlich ihres Feiertags wieder. Clara nutzte die Gelegenheit und führte ernste Gespräche mit ihrem Sohn, da sie ihren Nachlass regeln wollte. In erster Linie ging es ihr darum, die Zukunft Maries abzusichern, die auf eine eigene Karriere und Ehe verzichtet hatte und sich seit mittlerweile zwölf Jahren nur um die Belange ihrer Mutter kümmerte. Im Gegensatz zu ihren übrigen Geschwistern wäre sie im Falle von Claras vorzeitigem Ableben nicht in der Lage gewesen, für ihren Unterhalt in angemessener Weise selbst aufzukommen. Der sich verschlechternde Zustand ihres Sohnes Ludwig sowie der Kriegseinsatz Ferdinands spielten sicherlich auch eine Rolle. Nach reiflicher Überlegung verfasste Clara zum ersten Mal ein entsprechendes Testament.

Dann begann die neue Konzertsaison, und Clara musste wieder auf Tournee gehen. Sie absolvierte noch einen ehrenvollen Auftritt in Baden-Baden vor dem Kaiser des frisch gegründeten Deutschen Reiches, Wilhelm I., und startete dann über Leipzig und Dresden nach Norddeutschland, wo sie in mehreren Städten auftrat. Überall konzertierte sie mit überragendem Erfolg, wie auch ganz besonders Ende November und Anfang Dezember drei Mal in Berlin. Infolge eines heftigen Rheumaanfalls im Arm, vermeintlich ausgelöst durch das enorme Arbeitspensum, musste sie zwei Wochen pausieren, bevor sie in Frankfurt, ihrer nächsten Station, Mitte Dezember 1871 wieder auftreten konnte.

Wie so häufig reiste Clara auch zum Ende dieses Jahres nach Düsseldorf, wo sie ein gut besuchtes Konzert gab. Das Weihnachtsfest verbrachte sie dann bei ihrer blinden Freundin Rosalie Leser und deren Gesellschafterin Elise Jungé.

Claras jüngster Sohn, der musikalisch und literarisch hochbegabte Felix, schenkte seiner Mutter zu Weihnachten 1871 eine kleine Gedichtsammlung. Sie war überrascht von seinem Talent, riet ihm aber dennoch von einer Veröffentlichung ab, weil sie befürchtete, er werde nicht die ihm gebührende Anerkennung finden. Viele Jahre später schlug sie ihm vor, die Gedichtsammlung unter einem Pseudonym zu publizieren, um den Namen Schumann zu schützen, falls die Kritik negativ ausfallen sollte. Sie selbst war unsicher in ihrem Urteil, da sie bezweifelte, die Fähigkeiten ihrer Kinder richtig einschätzen zu können. Clara sandte die Gedichte daher an Felix' Paten Johannes Brahms und bat ihn um seine Meinung.

Brahms hatte einen recht guten Eindruck, ihm gefiel die Dichtkunst seines Patenkindes. Er vertonte später die Gedichte „Meine Liebe ist grün wie der Fliederbusch" sowie „Wenn um den Holunder der Abendwind kost" und „Es brausen der Liebe Wogen", die er in seine Liedsammlungen op. 63 bzw. op. 86 aufnahm. Nachträglich erlangte Felix, der die Vertonungen mit großer Freude hörte, also auf diese Weise doch noch einen Bekanntheitsgrad als Dichter.

Ein weiteres, für sie gravierendes Problem beschäftigte Clara zum Jahreswechsel 1871/72 in Düsseldorf. Der Freund und Geiger Joseph Joachim hatte sie in seiner Funktion als Gründungsrektor der Königlich Akademischen Hochschule für ausübende Tonkunst in Berlin, der späteren Musikhochschule, kontaktiert, weil er sie zum Frühjahr 1872 als Klavierdozentin einstellen wollte. Die Anfrage galt als eine große Ehre für Clara, die sie auch zu schätzen wusste. Eine postwendende Antwort konnte sie jedoch auf keinen Fall geben, weil viele Dinge bedacht und abgewogen werden mussten. Deshalb bat sie um Bedenkzeit.

Wie gern hätte Clara die Problematik ausführlich mit Johannes Brahms besprochen, doch der war gerade nicht greifbar. Ihm konnte sie ihre schwerwiegende Entscheidung daher nur rückwirkend brieflich mitteilen. Einem ersten Impuls folgend, hätte Clara am liebsten sofort abgelehnt, denn nach achtzehn Jahren vollkommener Unabhängigkeit als freie Konzertpianistin wollte sie sich nur ungern binden lassen. Ihre Kinder und auch das befreundete Ehepaar Bendemann redeten ihr jedoch zu, das Angebot nicht so ohne Weiteres von der Hand zu weisen, da es Clara doch eine sichere Zukunft gewährleiste. Auch erhielte die Familie dann in Berlin noch einmal ein festes Zuhause.

Clara griff schließlich zu einer raffinierten Lösung. Sie teilte Joachim mit, sie könne ihre Freiheit nur opfern, wenn man ihr günstige Bedingungen einräume. Sie forderte ein verhältnismäßig hohes Gehalt und fünf Monate Urlaub pro Jahr, um ihre wichtigsten Tourneen weiterhin durchführen zu können. Antreten wollte sie die Stellung frühestens zum Oktober 1872 und sich die Schülerinnen und Schüler ihrer Klavierklasse selbst aussuchen. Nicht zuletzt hielt sie sich alle Möglichkeiten offen, unverändert als Künstlerin wirken und Engagements annehmen zu können, auch wenn dadurch Unterrichtsausfall entstünde.

Diese Konditionen waren fast anmaßend und konnten vom Vorstand der Hochschule nicht erfüllt werden. Wie sie Brahms später heimlich gestand, hatte sie dies bewusst einkalkuliert und darauf gebaut, dass man sie nicht einstellen würde. Insgesamt war ihr die ganze Angelegenheit höchst unangenehm und beschäftigte sie gedanklich auch noch lange Zeit. Vorerst aber war sie froh, die Anstellung nicht bekommen zu haben. Sie hatte den Wünschen ihrer Kinder genüge getan, war aber auch ihren eigenen Vorstellungen treu geblieben und konnte ihr Wanderleben als Pianistin weiterführen.

Ende Januar 1872 trat Clara, wie immer über Brüssel, zum zehnten Mal die lange Reise nach London an, wo sie wieder im Haus der Familie Burnand wohnte. Besonders erfreut war sie, als ihr jüngster Sohn Felix nach glänzend bestandenem Abitur am Joachimsthalschen Gymnasium ihr im März nach London folgte und erst gut drei Wochen später gemeinsam mit ihr die Heimreise antrat.

Für Felix, der sich am meisten von allen ihren Kindern stets danach sehnte, mit seinen Geschwistern und vor allem seiner Mutter zusammen zu sein, war es ein unvergessliches Erlebnis. Gerade als jüngstes Kind, das seinen Vater nie gesehen hatte, kannte er kein normales Familienleben. Wie glücklich war er jetzt, einmal längere Zeit mit seiner Mutter zu verbringen. Dass Clara täglich viele Stunden lang Berge von Briefen schrieb, störte ihn zwar. Aber er verstand auch, wie wichtig die umfangreiche Korrespondenz für Claras Künstlerdasein war.

Noch mehr als seine Mutter bedrückten Felix die schlechten Nachrichten, die über den Zustand seines ältesten Bruders Ludwig zu ihnen nach London drangen. Clara musste ihn immer wieder trösten.

Dann traf die Nachricht ein, dass Claras Mutter Mariane Bargiel am 10. März 1872 in Berlin gestorben war – ein weiterer Schicksalsschlag für Clara. In Briefen an ihre Freunde sprach sie von ihrer großen Trauer und hob hervor, wie gern sie in Berlin gewesen wäre, um an der Beisetzung teilzunehmen.

Da sich Mariane nie in die klassische Mutterrolle der Zeit gefügt hatte, bestand zwischen ihr und Clara eine eher schwesterliche Beziehung, die mit den Jahren recht innig geworden war. Mariane hatte sich seinerzeit von Claras Vater scheiden lassen und musste sich deshalb von ihren drei Kindern aus dieser Ehe trennen. Dies war ein außergewöhnlicher und schwerer Schritt, der für die damaligen Verhältnisse ebenso ungewöhnlich war wie die Tatsache, dass Mariane in beiden Ehen ihren Beruf als Musiklehrerin weiterhin ausübte, obwohl sie auch die vier Kinder aus der Verbindung mit Bargiel großzuziehen hatte.

In gewisser Weise diente Mariane ihrer Tochter Clara als Vorbild, die sich ebenfalls entgegen aller Konventionen nicht von der Bühne zurückzog, als sie heiratete und Kinder gebar. Das Klavierspiel und die Ausübung ihres künstlerischen Berufs hielt Clara für die Hauptaufgabe in ihrem Leben. So hatte es ihr frühzeitig der Vater beigebracht, damit sie die berühmteste Konzertpianistin des Jahrhunderts würde. Und so hatte es ihr die Mutter im Grunde vorgelebt, ohne jedoch eine bestimmte Absicht damit zu verfolgen.

In London wurde Clara überraschenderweise länger als üblich aufgehalten. Sie hatte bereits ihre Abreise geplant, als sie für Ende April 1872 die höchst ehrenvolle Einladung von Queen Victoria zu einem Auftritt im Buckingham Palace erhielt. Clara empfand das Konzert in einem an sich schönen Raum des Palastes als katastrophal.

Es waren siebenhundert Personen eingeladen worden. Von ihnen kamen aber nur einhundert zum Musikhören in diesen großen Saal und nahmen dann zu Claras Erstaunen nicht auf den vorgesehenen Stühlen Platz, sondern blieben dahinter stehen. Die übrigen sechshundert Gäste vergnügten sich in den Nebenräumen und unterhielten sich so angeregt, dass die Musikdarbietungen durch permanentes Gemurmel erheblich gestört wurden.

Nicht nur darüber, sondern vor allem über das Verhalten der Königin erboste Clara sich. Schon über ihr biederes Aussehen war sie geradezu entsetzt. Angetan mit einem ganz gewöhnlichen Kleid aus schwarzer Seide und einer merkwürdigen Mullhaube, saß die Queen eher abgewandt von den musizierenden Künstlern, plauderte dabei unablässig und hörte von jedem dargebotenen Stück allenfalls die letzten Takte. Ihr Applaus fiel dementsprechend sehr verhalten aus. Zur Pause erhob sich die Queen einfach, um gewohnheitsmäßig ihren Tee zu nehmen, während unvermittelt aus einem der Nebensäle als eine Art Zwischenmusik ein Potpourri der Royal Band erklang. Und als sei das noch nicht genug, setzten anschließend zwei Dudelsackspieler in schottischen Kostümen mit ihrem Spiel ein, was Clara nun vollends unpassend und grauenvoll fand. Zu ihrer Verblüffung erfuhr sie dann, dass dies die Lieblingsmusik der Königin war.

Am liebsten wäre Clara sofort weggelaufen und zum zweiten Teil des Konzerts gar nicht mehr aufgetreten, doch da wandte die Queen sich ihr und den übrigen Künstlern zu und sagte mit einer leichten Kopfneigung wie beiläufig: „Sehr schön gespielt." Auch am Ende des Abends gab es kein weiteres Wort des Dankes oder gar des Lobes. Clara nahm nicht einmal das im Künstlerzimmer für sie vorbereitete Dinner ein, sondern griff lediglich ihren dort abgelegten Mantel und verschwand so schnell wie möglich aus dem Palast.

So etwas war ihr in ihrem ganzen Leben noch nicht passiert. „Mich sieht diese Königin nicht wieder bei sich, soviel weiß ich!" (Litzmann III, S. 274), war Claras Fazit, und daran hielt sie bei ihren neun noch folgenden Aufenthalten in London auch strikt fest.

Den konzertfreien Sommer 1872 verbrachte Clara zunächst zum Kuren im schweizerischen Interlaken. Es machte sie glücklich, bei ihrer Rückkehr nach Lichtental unter den zahlreichen Besuchern auch Julie aus Turin mit ihrem Mann und ihrem ältesten Sohn anzutreffen. Über einen Monat blieb die geliebte Tochter, derweil sich ihr gesundheitlicher Zustand von Tag zu Tag verschlechterte. Sie wurde von heftigem Husten geplagt und litt zudem unter starken Unterleibsschmerzen.

Innerhalb von drei Jahren hatte Julie zwei Söhne auf die Welt gebracht, Eduardo und Roberto, den sie nach ihrem Vater benannt hatte. Julie war schon immer sehr zart gewesen, doch nun gewann Clara den Eindruck, dass sie sich in der Sorge um Haushalt, Mann und Kinder vollends aufgerieben hatte. Julie war zum dritten Mal schwanger, was ihren Körper zusätzlich belastete. Sie beschloss, mit dem Liegewagen nach Paris zu einer Freundin zu fahren, mit der sie dann in südlichere Regionen reisen wollte, um Linderung zu finden. Clara war in großer Sorge. Sie hatte vorgeschlagen, Julie solle den Winter bei ihnen in Lichtental verbringen und hier erst ihre Niederkunft abwarten. Bei Julies Abreise hatte sie das ungute Gefühl, dass sie die Tochter nicht noch einmal lebend sehen würde. Ihrem Tagebuch vertraute sie an, ihr blute vor Kummer das Herz.

Auch Felix bereitete ihr wieder Kopfzerbrechen. Bei ihm hatten sich schon im jugendlichen Alter Anzeichen einer Tuberkulose gezeigt, weshalb nicht nur Clara, sondern auch die Ärzte von dem Musikstudium abrieten, das er so gern aufgenommen hätte. Noch während er mit seiner Mutter in London war, hatte Felix sich daraufhin entschlossen, in Heidelberg Jura zu studieren. Eine große Neigung empfand er allerdings nicht für dieses Fach, auch in dieser

Hinsicht ähnelte er seinem Vater. Kopfüber stürzte er sich in das Studentenleben außerhalb der Universität und geriet bald in Geldschwierigkeiten. Ende Oktober 1872 befand Felix sich in einer derart schwierigen finanziellen Lage, dass er seiner Mutter alles beichten musste – gerade zu der Zeit, als sie sich große Sorgen um Julie machte.

Als Clara zu einem Konzertauftritt nach Heidelberg reiste, nahm sie die Gelegenheit wahr, mit Felix ernsthaft über seine Lebensweise zu reden. Kaum dort angekommen, traf die telegrafische Nachricht von Julies Tod ein. Sie hatte sich nicht mehr von der Frühgeburt ihres dritten Kindes erholt. Es war ein Mädchen, das in Erinnerung an Julies Mutter den Namen Chiara erhalten sollte. Claras Tochter war im Alter von nur siebenundzwanzig Jahren am 10. November 1872 in Paris gestorben.

Am Abend nach dem Eintreffen der Todesnachricht fand im Großen Saal des Heidelberger Museums Claras Konzert mit der Altistin Amalie Joachim statt, der jungen und begabten Ehefrau Joseph Joachims. Typisch für Claras Haltung und ihre eiserne Disziplin war, dass sie niemandem etwas von Julies Tod sagte. Obschon sie tief erschüttert war, absolvierte sie ihren Auftritt, ohne sich auch nur das Geringste anmerken zu lassen. Ihrer Ansicht nach hätte sie das Konzert unmöglich absagen können. Außerdem wusste sie, dass das Klavierspielen für sie eine wirkungsvolle Methode war, seelischen Kummer zu verarbeiten.

In den folgenden Wochen erhielt Clara zahlreiche Beileidsbekundungen von Freunden, die Julie gekannt und wegen ihres reizenden Wesens ins Herz geschlossen hatten. Clara war tief gerührt ob der mitfühlenden Worte. Trotz ihrer rheumatischen Beschwerden in Schulter und Arm beantwortete sie jeden Brief umgehend.

Felix und Heidelberg hatte sie längst verlassen. Er musste schließlich selbst dazu beitragen, den angerichteten Schaden finanziell auszugleichen. Im Dezember 1872 berichtete er in einem Brief an seine Schwester Marie, dass er im Bewusstsein seiner Schuld schweren Herzens seinen geliebten Flügel verkauft habe. In späteren Jahren wurde Felix nie wieder rückfällig. Vielmehr äußerte er in seinen Briefen mehrfach, wie sehr er es bedaure, seiner Mutter damals unnötige Kosten verursacht zu haben.

Den Jahreswechsel 1872/73 verbrachte Clara in Berlin, wo sie wie zuvor in Dresden und anschließend in Leipzig mehrere Konzerte gab. Gerade an diesen besinnlichen Festtagen erfüllte sie die Trauer um Julie mit bitterem Schmerz. Auch litt sie mit dem Witwer, der den Verlust seiner jungen Frau nicht verkraften konnte. Der Graf sandte viele kummervolle Briefe, die Clara sehr nahegingen. Doch wie sollte sie aus dieser Entfernung helfen?

Schon Ende Januar 1873 brach Clara mit Marie und Eugenie von Düsseldorf aus zur Reise nach England auf, die dieses Mal nicht ganz problemlos verlief. Es gab einen schweren Orkan mit nachfolgender Sturmflut, weshalb die Kanalüberfahrt verschoben wurde. Clara und ihre Töchter mussten in Calais abwarten, bis sich das Chaos gelegt hatte, und kamen mit einiger Verspätung in London an. Dort verlief dann allerdings alles zur höchsten Zufriedenheit.

Wieder einmal brillierte Clara in einem Konzert in der St. James's Hall mit ihren bewährten Partnern, dem Geiger Joseph Joachim und dem Cellisten Alfredo Piatti. Die drei Musiker spielten Claras wohl anspruchsvollstes Werk, das Klaviertrio op. 17. Als es 1847 im Druck erschienen war, hatte es die Kritik in Erstaunen versetzt. Kaum jemand wollte glauben, dass dieses Werk aus der Feder einer Frau stammte. Eine kompositorisch derart kunstvolle Machart traute man damals nur Männern zu. Clara selbst, die immer von Skrupeln geplagt war, bezeichnete das Trio als „Frauenzimmerarbeit", und „weibisch sentimental" (Litzmann II, S. 140).

Eine neuerliche Aufregung hatte Clara außerdem im Reisegepäck: Ihr gerade vierundzwanzigjähriger Sohn Ferdinand hatte sich mit der aus Westpreußen stammenden einundzwanzigjährigen Antonie Deutsch verlobt. Clara war recht verärgert, da sie beide für noch zu jung hielt. Auch hatte sie gehofft, dass ihr Sohn zunächst einmal seine berufliche Existenz bei der Bank festigen würde.

Ausgerechnet zu diesem Zeitpunkt hatte Clara beschlossen, nach ihrer Rückkehr aus England das Haus in Lichtental aufzugeben und stattdessen ihren Hauptwohnsitz nach Berlin zu verlegen. Zufällig bot sich dort eine geeignete Wohnung an, die durch den Wegzug von Bekannten frei wurde. In erster Linie ging es Clara darum, ihren Söhnen Ferdinand und Felix endlich ein Zuhause bieten zu können, das nicht nur in der kurzen Ferienzeit in Lichtental für sie bereitstand. Beide Söhne hatten sich diesbezüglich beklagt und den Wunsch nach einer gemeinsamen Heimat in Berlin geäußert. Nun brachte Ferdinands Verlobung Claras Pläne ins Wanken.

Gegen den Willen seiner Mutter heiratete Ferdinand schon am 13. August 1873 Antonie Deutsch und wohnte fortan mit ihr in Berlin. Clara hatte sich bei dem Vorgesetzten ihres Sohnes in der Bank dafür eingesetzt, dass sein Gehalt deutlich erhöht wurde. Das sollte den Aufbau einer soliden Existenz sichern. Da Clara ihren Sohn für tüchtig und gewissenhaft hielt, unterstützte sie ihn nun in seinem Bestreben, eine Familie zu gründen. Allerdings hatte sie nicht damit gerechnet, dass es eine derart große Familie werden würde: Ferdinand und Antonie bekamen zwischen 1874 und 1884 insgesamt sieben Kinder, von denen sechs überlebten.

Unmittelbar nach der Trauung trat das junge Ehepaar seine Hochzeitsreise an und legte die Route so, dass sie über Bonn führte. Dort trafen Ferdinand und Antonie mit Clara und den Geschwistern Marie, Elise, Eugenie und Felix zusammen.

In der Bonner Beethovenhalle wurde Mitte August 1873 zu Ehren Robert Schumanns ein großes Musikfest veranstaltet. Der Erlös sollte einem Fonds zur Errichtung eines Denkmals auf dessen Grab zugutekommen. Joseph Joachim, der federführend bei der Organisation war, dem eigens dafür gegründeten Komitee zur Seite stand und das Fest leiten sollte, hatte Clara um ihre Mitwirkung gebeten. Obwohl sie aus einem ersten Impuls heraus absagen wollte, weil sie sich persönlich zu sehr betroffen fühlte, so musste sie im Rückblick doch zugeben, dass sie das Fest als den Höhepunkt des gesamten Jahres empfand.

Gleich an ihrem ersten Tag in Bonn ging sie frühmorgens zum Friedhof, wo sie das Grab ihres Mannes schon wunderbar geschmückt und mit Lorbeerkränzen übersät vorfand. Sie genoss die friedliche Ruhe und gab sich ganz ihren Gefühlen hin, die sie als eine Mixtur aus Schmerz, Freude und Dankbarkeit beschrieb.

Joseph Joachim erlebte sie als ausgezeichneten Dirigenten, der am ersten Abend mit einem riesigen Orchester Robert Schumanns vierte Sinfonie aufführte. Johannes Brahms reiste ebenfalls an, leider nicht in allerbester Laune, was Clara ärgerte. Sie nutzte die gemeinsame Zeit in Bonn, um sich mit dem Freund einmal wieder in Ruhe auszusprechen, soweit dieser es zuließ.

Ohne dass sie es geahnt, geschweige denn gewollt hätte, stand Clara im Mittelpunkt des Festes und wurde am zweiten Tag, als sie zur Probe für ihren ersten Auftritt im Saal erschien, mit einem begeisterten Tusch des Orchesters empfangen. Am Abend ihres Konzerts erhob sich das gesamte Publikum bei ihrem Eintreten in den Saal, klatschte und jubelte lauthals. Vom Orchester wurde wieder ein kräftiger Tusch geblasen, Joseph Joachim sprang auf sein Dirigentenpult und wedelte mit einem Taschentuch durch die Luft, was unverzüglich alle Anwesenden im Saal nachahmten.

Dann erst konnte Clara ihren Platz einnehmen. Nie sah sie so schön aus wie an diesem Abend, berichtete ihre jüngste Tochter Eugenie der Düsseldorfer Freundin Rosalie Leser. Clara trug ein prachtvolles Kleid, durch eine duftende Rose im Haar gekrönt. Sie wirkte wie ein junges Mädchen, fand Eugenie. Clara spielte an diesem ersten Abend den Solopart im Klavierkonzert ihres Mannes, mit dem sie wie immer durchschlagenden Erfolg erzielte. Der enthusiastische Beifallssturm beglückte sie immens. Clara wurde mit Blumen überhäuft, mehr als einhundertfünfzig Bukette flogen auf die Bühne.

Wohl schrieb Clara den Jubel und das Lob eher Roberts Komposition als ihrem Klavierspiel zu. Doch selbst der sonst so wortkarge Johannes Brahms musste zugeben, Roberts Konzert noch nie in einer derart schönen Interpretation gehört zu haben.

Im Anschluss daran genoss Clara den Auftritt des berühmten Sängers Julius Stockhausen, der in der Titelpartie von Schumanns *Szenen aus Goethes Faust* brillierte, unterstützt durch das von Joseph Joachim gut geleitete Orchester. Am dritten Tag spielte Clara den Solopart im populären Klavierquintett ihres Mannes, wofür man sie erneut mit frenetischem Applaus bedachte.

Eine derart feierliche Atmosphäre glaubte Clara bei einem Musikfest noch nie erlebt zu haben. Sie stellte mit Begeisterung fest, dass dieses Mal im Publikum niemand saß, der nur gekommen war, um sich zu amüsieren. Stattdessen schienen ihr alle Zuhörer mit ganzem Herzen bei der Musik zu sein. Clara zehrte noch lange von diesen wundervollen Tagen. Nicht nur das Zusammensein mit ihren Kindern blieb in ihrer Erinnerung lebendig, sondern auch die Tatsache, dass so viele befreundete Künstler zu Roberts Ehren angereist waren.

Die Einnahmen des Musikfestes und weitere zusätzliche Spenden reichten aus, um den Bildhauer Adolf von Donndorf (1835-1916) wie vorgesehen mit der Gestaltung des Grabmals für Robert Schumanns Ehrengrab auf dem Bonner Friedhof zu beauftragen. Die praktische Umsetzung aus carrarischem Marmor übernahm Donndorfs aus Württemberg stammender Schüler Wilhelm Rösch in den folgenden beiden Jahren.

Am 6. Oktober 1873 starb im Alter von achtundachtzig Jahren nach kurzer Krankheit Claras Vater Friedrich Wieck. Sein Tod erschütterte Clara mehr, als man annehmen würde. Denn mit ihrem Vater verlor sie auch den letzten Anknüpfungspunkt an ihre bewegte Jugendzeit, in der er für sie ihre wichtigste und zugleich einzige Bezugsperson gewesen war.

Rückblickend empfand Clara ein warmes Gefühl der Dankbarkeit für das, was ihr der Vater mit auf den Lebensweg gegeben hatte. Wenn sie auch oft unter seiner Willkür gelitten hatte und längst nicht immer einer Meinung mit ihm gewesen war, so räumte sie jetzt doch ein, dass sein guter Einfluss immer noch nachwirkte. In ihrem Tagebuch formulierte sie eine Art Nachruf für ihren Vater, der beinahe beschönigend wirkt und den Eindruck hinterlässt, Clara habe sich posthum bei ihm entschuldigen wollen für das, was sie ihm mit ihrer Verheiratung angetan hatte. Vermutlich suchte sie auf diese Weise aber auch eine Rechtfertigung vor sich selbst. Auf jeden Fall schloss sie danach mit diesem Thema ab.

Ende Oktober 1873 gab Clara das Haus in Lichtental wie geplant auf und siedelte nach Berlin über. Sie hatte sich den Entschluss nicht leicht gemacht und stellte beim Abschiednehmen fest, wie sehr sie sich doch mit diesem wunderbaren Ort verbunden fühlte. Es war ihr so, als ließe sie ein Stück ihres Lebens dort zurück. Wie gern hatte sie auf der Veranda gesessen und den Blick auf das saftige Grün der Wiesen und die schattigen dunklen Tannen genossen, und wie sehr würde sie das sanfte Plätschern der Oos am Rand des Gartens vermissen!

In Berlin bezog Clara ihre neue Wohnung im zweiten Stock eines Hauses in der im Tiergarten gelegenen Straße In den Zelten. Da sie sich mitten in der Konzertsaison befand, musste sie allerdings ziemlich bald schon wieder zu Auftritten in Bremen, Hamburg und Schwerin aufbrechen.

Die Berliner Wohnung bot der Familie für die nächsten fünf Jahre eine Heimstätte. Sie war sonnig, freundlich und günstig gelegen. Eugenie war besonders erfreut, dass man von fast allen Fenstern aus die Bäume des Tiergartens sehen konnte. Am besten fand sie, dass man geradewegs in die gegenüberliegenden Fenster der Familie Joachim blicken konnte, die mit ihren vier Kindern dort ein einstöckiges Haus bewohnte.

Insgesamt hatte Clara im zurückliegenden Jahr 1873 reichlich verdient, hinzu kam eine ansehnliche Summe, die ihr der Vater hinterlassen hatte. So konnte sie in Berlin für ihre Lieben ein opulentes Weihnachtsfest ausrichten und alle mit großzügigen Geschenken erfreuen. Gestärkt startete sie ins neue Jahr, das ihr aber gleich wieder Kummer brachte.

Anfang Februar 1874 verabschiedete sie den Freund Joseph Joachim, der zu seiner üblichen England-Tournee aufbrach. Gern hätte sie ihn begleitet und wie in den vergangenen Jahren mit ihm in London konzertiert. Doch schweren Herzens musste sie dieses Mal auf die Reise verzichten. Ihr Arm schmerzte dermaßen, dass an öffentliche Auftritte nicht zu denken war.

Im folgenden Monat erkrankte Felix erneut an einer Brustfellentzündung, die ihn bereits im Vorjahr für mehrere Wochen ans Bett gefesselt hatte. Da seine Lunge nach diesem Rückfall stark in Mitleidenschaft gezogen war, schlug der behandelnde Arzt einen Kuraufenthalt in der Schweiz vor. Clara war in höchster Aufregung und sorgte sich sehr um ihren Sohn. Ende März war Felix zumindest so weit hergestellt, dass er reisefähig war.

Clara musste wegen ihrer wieder heftiger auftretenden Schmerzen in den Armen ihre Engagements absagen und sich zur Kur ins nordböhmische Heilbad Teplitz begeben. Im Anschluss reiste sie über Büdesheim nach Baden-Baden, um ihre Tochter Elise zu besuchen, die dort seit November 1872 bei Marie Berna, später verheiratete Gräfin von Oriola, als Gesellschafterin tätig war.

Gerade zu dieser Zeit erhielt Clara wieder einmal verschiedene Angebote aus Amerika, dort in Konzerten aufzutreten. Aus Angst vor der strapaziösen und langen Schiffsreise sagte sie alle ab und war glücklich darüber, sie nicht aus finanziellen Gründen annehmen zu müssen. Inzwischen hatte sie ihre Zukunft und auch die ihrer Kinder so gut abgesichert, dass derartige Unterfangen nicht erforderlich waren.

Von Baden-Baden aus reiste Clara stattdessen im September an den Genfer See, wo sie mit Graf Radicati di Marmorito, dem Witwer ihrer Tochter Julie, zusammentraf. So harmonisch die Tage auch verliefen, rissen sie doch kaum verheilte Wunden wieder auf. Kurz darauf erhielt Clara die Nachricht vom Tod Elise Jungés, der liebevollen Gesellschafterin ihrer Düsseldorfer Freundin Rosalie Leser. Über fünf Monate war die treue Seele krank gewesen und hatte sehr leiden müssen. Für Rosalie Leser war der Verlust besonders herb, weil sie zu Elise im Laufe der Zeit eine herzliche Beziehung entwickelt hatte. Aufgrund ihrer Blindheit war Rosalie auf eine verlässliche Betreuerin angewiesen und stellte sofort eine neue ein. Aber weder ihr noch Clara war der Umgang mit der Dame angenehm. Sie schien ihnen in keiner Weise sympathisch.

Claras eigene körperliche Leiden besserten sich ebenfalls nicht in der gewünschten Weise, so dass sie die im Herbst 1874 in ihrer Berliner Wohnung verbrachten Tage als relativ trostlos und von Leid überschattet empfand. In entsprechend bedrückter Stimmung erlebte Clara den Silvesterabend und klagte, dass sie wegen des chronischen Schmerzsyndroms in ihrem Arm nun schon lange Zeit nicht mehr hatte Klavier spielen können. Ihrem Tagebuch vertraute sie an, das sie dies als echte Härte empfinde: „[...] wie Schweres hatte mir dieses Jahr gebracht, wie schwer lag die Prüfung noch auf mir. Die Kunst, mein Trost in allen Leidenszeiten, ich konnte sie nicht mehr ausüben." (Litzmann III, S. 316)

Um Abhilfe zu schaffen, fuhr Clara zu Beginn des Jahres 1875 in Begleitung ihrer Tochter Marie nach Kiel, wo sie den renommierten Ordinarius der Chirurgie und Direktor des Chirurgischen Universitätsklinikums Professor Dr. Friedrich Esmarch konsultierte. Esmarch war zum zweiten Mal verheiratet. Nach dem Tod seiner ersten Frau hatte sich seine Patientin Prinzessin Henriette von Schleswig-Holstein-Sonderburg-Augustenburg in ihn verliebt. Sie war eine Tante der späteren Deutschen Kaiserin Auguste Viktoria. Clara lernte das prominente Ehepaar auch privat kennen und schilderte beide als ausgesprochen liebenswürdig.

Dr. Esmarch kümmerte sich rührend um sie. Zunächst empfahl er ihr eine Kur, die aus täglich verabreichten kalten Duschen und dem Kneten von Armen und Füßen bestand. Zu Beginn fand Clara diese Therapie recht schmerzhaft, was sich aber zu ihrer Beruhigung nach zwei Wochen legte. Der Arzt sah die Ursache ihrer Beschwerden in einem reinen Nervenleiden und glaubte nicht an Rheumatismus.

Im Gegensatz zu allen anderen Ärzten verordnete Dr. Esmarch ihr darüber hinaus, täglich trotz der Schmerzen eine Stunde Klavier zu spielen. Obwohl der Arzt empfahl, Clara müsse diese Kur mindestens ein Jahr lang durchführen, blieb sie nur bis Ende März 1875 in Kiel. Mehr Zeit wollte sie nicht investieren, hatte sie doch bereits seit fast anderthalb Jahren keine öffentlichen Auftritte mehr absolviert. Das Konzertieren war ihr Lebenselixier, auf das sie nicht länger verzichten wollte. Die Armbeschwerden verringerten sich zwar nur wenig, aber Clara hatte dank Dr. Esmarch wieder den Mut gewonnen, Klavier zu spielen. Eine Art moralische Kur, meinte sie, habe sie bei ihm durchlaufen.

Zum Abschluss ihres Aufenthalts wünschte man sich in Kiel ein Konzert von ihr, was sie zunächst ablehnte, weil sie inzwischen aus der Übung gekommen war. Dr. Esmarch aber stellte ihr lachend ein Rezept aus, auf dem „Konzert geben" stand, da er doch vor ihrer Abreise einmal sehen müsse, wie ihr das öffentliche Spielen von der Hand ginge. Tatsächlich verlief das für den 18. März 1875 angesetzte Konzert mehr als zufriedenstellend. Das Publikum war begeistert, die Künstlerin in gewohnter Hochform zu erleben.

Es fiel Clara schwer, Ende des Monats von Kiel wegzugehen, so viele nette Menschen hatte sie dort kennengelernt. Eine wesentliche Begegnung war die mit dem Gynäkologen Carl Conrad Theodor Litzmann und seiner Frau. Sie besaßen einen klangschönen Flügel, auf dem Clara während ihres gesamten Aufenthalts spielen durfte. Schon bald schloss sie Freundschaft mit diesen beiden Menschen, die sie großartig fand. Der knapp achtzehnjährige Sohn des Ehepaars, Berthold Litzmann, besuchte seinerzeit noch die Kieler Gelehrtenschule und ging anschließend zum Studium der Rechtswissenschaft nach Bonn. Nach zwei Jahren wechselte er zur Germanistik und Literaturhistorie. Damals konnte keiner ahnen, dass er später einmal Claras Biograf werden sollte.

Mitte April 1875 erhielt Clara einen Brief von ihrem Sohn Ludwig. Vier Jahre nach seiner Einweisung in die staatliche Heilanstalt auf Schloss Colditz bei Leipzig bat Ludwig seine Mutter erstmals um einen Besuch. Während der gesamten Zeit hatte Clara sich darüber beklagt, dass er auf keinen ihrer Briefe antwortete. Nach seiner Aufforderung besuchte Clara ihn dann im Juni 1875 und brach vor Erschütterung fast zusammen.

Zwar sah Ludwig gut aus wie immer und hatte auch noch die von ihr so geliebten treuen Augen, aber sein Blick wirkte so unstet und irre, dass es sie schmerzte. Ludwig umarmte sie krampfhaft, als wolle er sie gar nicht mehr loslassen. Er flehte seine Mutter an, ihn mitzunehmen, da er seiner Ansicht nach wieder ganz gesund sei. Für Clara war es schmerzhaft, ihm diesen Wunsch abschlagen zu müssen. Aber zu oft hatte sie von der Anstaltsleitung erfahren, dass Ludwig regelmäßig Anfälle bekam, die ihn in einen heftigen Erregungszustand versetzten und bei denen er dann mit dem Kopf gegen die Wand stieß, so dass man ihn nur durch Zwangsmaßnahmen ruhigstellen konnte. So durfte Clara nicht anders entscheiden, als ihren Sohn in der Anstalt zu lassen.

Die seelische Belastung traf sie umso härter, als sie selbst erneut wegen ihres Armleidens seit Wochen die heftigsten Schmerzen aushalten musste. Wie gern wäre sie an Pfingsten zum Niederrheinischen Musikfest unter Joseph Joachims Leitung nach Düsseldorf gefahren, doch war aufgrund ihrer Verfassung an öffentliches Auftreten gar nicht zu denken gewesen. Den ganzen Tag weinte sie und beschloss, wieder zur Kur nach Kiel zu reisen.

Zwischenzeitlich meldete sich Joseph Joachim erneut wegen der von ihm erwünschten Anstellung Claras an der Berliner Musikhochschule für das folgende Wintersemester. Noch einmal erläuterte Clara ihre Konditionen und wies darauf hin, dass sie sich im Grunde nicht binden wollte. Wiederum stellte sie Bedingungen, auf die der Vorstand nicht eingehen konnte.

Zu ihrer Kur in Kiel traf Clara dieses Mal mit ihrer jüngsten Tochter Eugenie zusammen. Die beiden bezogen ein Logis, das etwas außerhalb und somit entfernt von ihren Bekannten lag, weshalb sie weniger gesellige Unternehmungen und Besuche machten. Ihre Anwendungen nahm Clara jedoch täglich mit der ihr eigenen Gewissenhaftigkeit wahr. Verbunden mit langen Spaziergängen und der frischen Seeluft zeigte die Kur allmählich Wirkung.

Zum Ende des Monats Juni 1875 kam auch Joseph Joachim nach Kiel, um beim ersten Schleswig-Holsteinischen Musikfest maßgeblich mitzuwirken. Das Fest wurde ein großer Erfolg. Clara fühlte sich wohl im Kreis der vielen angereisten Künstlerfreunde, mit denen sie gemeinsam die großartigen Konzerte genießen konnte. Joachim dirigierte wie gewohnt hervorragend und feierte während der Festtage seinen Geburtstag. Bis weit nach Mitternacht saß man in heiterer Runde zusammen und ließ Joachim vielfach hochleben. Auch Clara hielt eine flammende Lobrede auf den Freund.

Den Sommer 1875 verbrachte Clara in der Schweiz. Sie fuhr nach Klosters zu ihrem Sohn Felix, von dem sie schon sehnsüchtig erwartet wurde. Ende August erhielten sie ein Telegramm aus Turin mit der Nachricht, dass Graf Marmorito sie mit seinen beiden Töchtern aus erster Ehe und Claras gerade fünfjährigem Enkelsohn Eduardo, genannt „Duaddo", besuchen wolle.

Es wurde eine schwere Woche für Clara. Einerseits erfreute sie sich vor allem an ihrem reizenden Enkel, den sie sehr aufgeweckt, heiter und lebhaft fand, andererseits musste sie aber auch voller Wehmut an ihre verstorbene

Familienbande und Schicksalsschläge (1869–1877)

Tochter Julie denken, der Eduardo wie aus dem Gesicht geschnitten war. Dementsprechend schmerzlich fiel Clara der Abschied von ihrer italienischen Familie. Zutiefst bedauerte sie, dass sie einander trotz der engen Verwandtschaft aufgrund der großen Entfernung, der anderen Sprache und der unterschiedlichen Religionen doch fremd blieben.

Zu Beginn der neuen Konzertsaison ging es Claras Arm deutlich besser, so dass sie wieder öffentliche Auftritte in diversen deutschen Städten wahrnehmen konnte. Rückblickend und mit Dankbarkeit stellte sie am Silvesterabend fest, dass im Jahr 1875 für sie die positiven Ereignisse letztlich doch überwogen hatten.

Anfang des Jahres 1876 unternahm Clara von Berlin aus eine kleine Konzertreise nach Chemnitz, Braunschweig und Dresden und reiste dann im März in Begleitung ihrer Tochter Marie über Düsseldorf und Utrecht endlich wieder nach England. Mehr denn je zuvor fühlte sich Clara auf Händen getragen, wie sie es ausdrückte, und war glücklich, wieder in London konzertieren zu können. Allerdings beließ sie es mit Rücksicht auf ihr Armleiden bei insgesamt zehn Konzerten, trat also deutlich weniger auf als bei ihren früheren Tourneen. Da sie auch das Schreiben stark einschränken sollte, diktierte sie viele Briefe ihrer Tochter und fügte nur ihre Unterschrift bei.

Nach ihrer Rückkehr aus England fuhr Clara Anfang Mai 1876 noch einmal in die Anstalt nach Colditz, weil Ludwig erneut in Briefen an seine Mutter und seinen Bruder Ferdinand den dringenden Wunsch um Entlassung geäußert hatte. Ludwigs Anblick traf sie noch heftiger als beim ersten Besuch und wühlte sie auf. Ihre eigene Anschauung und vor allem die Informationen der Ärzte hatten sie fest davon überzeugt, dass Ludwig die Anstalt nie mehr würde verlassen können.

Die Begegnung mit Ludwig hatte Clara derart mitgenommen, dass sie sich für viele Wochen elend fühlte und unfähig war zu musizieren. Vermutlich deshalb besuchte sie ihren Sohn kein weiteres Mal. Ihre älteste Tochter Marie fuhr ein Jahrzehnt später noch einmal nach Colditz und berichtete der Mutter, dass Ludwig, obschon körperlich immer noch recht kräftig, geistig inzwischen vollkommen umnachtet war. Er nahm keinerlei Notiz von seiner Schwester, die seinen Zustand beklagenswert fand. Zudem war Ludwig erblindet, so dass er zuletzt wohl nur noch dahinvegetierte. Zweiundfünfzigjährig starb Ludwig 1899, drei Jahre nach seiner Mutter.

Hochzeiten – Krankheiten – Todesfälle

Clara Schumann im Oktober 1876 in Düsseldorf. Kohlezeichnung von Eduard Bendemann.

Familienbande und Schicksalsschläge (1869–1877)

Den Sommer 1876 verbrachte Clara wie im Vorjahr mit ihren Kindern Marie, Eugenie und Felix zunächst in Klosters. Später hielt sie sich noch eine Weile in Baden-Baden auf, wo sie mit Johannes Brahms zusammentraf. Diesem war die Stelle des Städtischen Musikdirektors in Düsseldorf angetragen worden. Der dortige Stadtrat hatte entschieden, Schumanns ehemaligen Stellvertreter und Amtsnachfolger Julius Tausch nicht nochmals einzustellen, sondern nach einem bedeutenderen Musiker Ausschau zu halten.

Einerseits freute sich Brahms über dieses ehrenvolle Angebot, da er schon länger nach einer Festanstellung Ausschau hielt. Andererseits aber wusste er aus Robert Schumanns Zeit doch zu genau, mit welchen Schwierigkeiten man in dieser Position zu kämpfen hatte. Brahms führte viele Gespräche, vor allem mit Clara, die sich noch gut an die Verhältnisse in der Stadt am Rhein erinnerte. Die ebenfalls um Rat gebetenen Freunde in Düsseldorf hätten es sehr begrüßt, Brahms als neuen Musikdirektor bei sich zu sehen, mussten aber wahrheitsgemäß zugeben, dass man ihm diesen Posten nicht unbedingt wünschen konnte. Die Qualität von Chor und Orchester hatte sich noch weiter verschlechtert. Brahms schlug das Angebot schließlich aus.

Anfang Februar 1877 brach Clara zum dreizehnten Mal nach England auf und nahm wie immer die Route über Düsseldorf. Mit Erstaunen nahm sie zur Kenntnis, dass man dort in heller Aufregung wegen der Absage von Johannes Brahms war und nun auf sie einwirkte, ihn zu bitten, er möge seine Entscheidung nochmals überdenken. Clara lehnte aber jede Intervention ab.

Stattdessen entschied nun auch sie sich ein weiteres Mal gegen Düsseldorf. Clara hegte schon länger den Wunsch, Berlin zu verlassen. Da in Düsseldorf ihre liebsten Freunde lebten, überlegte sie eine Zeit lang, dorthin zu ziehen. Nachdem aber eine schöne Wohnung, die sie sich angesehen hatte, an Mitbewerber vermietet wurde, verstand Clara dies als einen Wink des Schicksals und fragte sich in ihrem Tagebuch: „Darf man aber Freunden nachziehen in eine Stadt, die einem sonst so wenig Anregung bietet?" (Litzmann III, S. 343)

Dann erhielt Clara die traurige Nachricht, dass ihre reizende Londoner Gastgeberin Maria Arabella Antoinette Burnand am 15. Februar 1877 gestorben war. Im ersten Moment zog sie in Erwägung, die Reise nach England abzubrechen. Ihre innige Anteilnahme galt dem Bruder der Verstorbenen, da sie wusste, wie sehr er an seiner Schwester gehangen hatte. Auf Burnands Drängen hin fuhr Clara aber doch nach London und sah mit Wehmut, dass die Verstorbene noch alles für sie in gewohnter Weise hergerichtet hatte.

Im selben Jahr machte ihr Felix, der wieder studieren wollte, erneut Kummer. Da ihm das Jurastudium in keiner Weise zugesagt hatte, schrieb er sich im Mai 1877 in Zürich für Geschichte und neuere Sprachen ein. Aus seinen Briefen an Clara sprach eine tief deprimierte Stimmung, die Clara in große Unruhe versetzte. Felix litt unter der Entfremdung von seiner Familie, die er wegen seiner zahlreichen gesundheitlich bedingten Aufenthalte in südlichen Ländern kaum noch sah.

Eine schon länger bestehende Meinungsverschiedenheit trieb zudem einen Keil zwischen Mutter und Sohn. Felix plante erneut, einige seiner literarischen Arbeiten herauszugeben. Clara bat ihn nochmals, dies doch mit Rücksicht auf den Namen Schumann anonym zu tun, um sich selbst und der Familie mögliche Unannehmlichkeiten zu ersparen. Natürlich fühlte Felix sich davon tief getroffen, hieß es doch indirekt, dass seine Mutter an der Qualität seiner Arbeiten zweifelte. Clara litt unter dieser Missstimmung, sah sich aber außer Stande, selbst zu ihrer Auflösung beizutragen. Sie bat schließlich Johannes Brahms als Paten darum, bei seinem nächsten Aufenthalt in Zürich in Ruhe mit Felix zu reden und positiv auf ihn einzuwirken.

Fraglich bleibt, ob Clara den Zwiespalt selbst bemerkte, in dem sie steckte. Als gute Mutter sah sie sorgenvoll, dass die Krankheit Felix zunehmend Kraft raubte. Die Kuraufenthalte in südlichen Regionen brachten nicht den gewünschten Erfolg. Deshalb wollte Clara ihren Sohn vermutlich davor schützen, sich durch seine ambitionierten künstlerischen Pläne zu überfordern und seinen Gesundheitszustand dadurch weiter zu schwächen.

Auf Felix muss sie aber wohl eher wie eine schlechte Mutter gewirkt haben, vermittelte sie ihm doch den Eindruck, nicht an ihn und seine Fähigkeiten zu glauben. Dies zerstörte das zunehmende Selbstvertrauen, das er zu entwickeln begann, und untergrub in seinen Augen alle seine Lebensträume. Auf einen gerade dreiundzwanzigjährigen, hoch talentierten jungen Mann musste das fatale Auswirkungen haben.

Anfang Oktober 1877 sollte Felix auf Anraten der Ärzte erneut in den warmen Süden reisen, da der außergewöhnlich kalte Herbst in Deutschland ungünstig für sein Lungenleiden war. Für Clara wurde es einer der schwersten Abschiede, wusste sie doch nicht, ob sie ihren jüngsten Sohn jemals wiedersehen würde.

Kurz davor erreichte Clara im Sommer aus Turin die bestürzende Nachricht vom Tod ihres ältesten Enkels Eduardo, der im Alter von sieben Jahren gestorben war. Clara litt mit ihrem Schwiegersohn, dem Grafen Radicati di Marmorito, den schon Julies Tod fünf Jahre zuvor so hart getroffen hatte.

Als Clara von ihrer gewohnten Kur in Kiel Ende Juli 1877 bei ihrer Tochter Elise in Büdesheim Station machte, fand sie diese als glückliche Braut vor. Am 24. November 1877 heiratete Claras zweite Tochter dort im Alter von vierunddreißig Jahren Louis Sommerhoff (1844-1911), einen wohlhabenden Kaufmann mit guten Geschäftsbeziehungen in Amerika. Sommerhoff war ein Cousin von Marie Berna, der Elise seit vielen Jahren als Gesellschafterin zur Seite stand und die sie im Winter 1874/75 auf einer monatelangen Amerikareise begleitet hatte.

Nach seiner Hochzeit lebte das junge Ehepaar für sechs Jahre in den USA. Elise und ihr Mann verstanden sich auf Anhieb gut mit Clara, die ihren Schwiegersohn sehr schätzte. Sie brachte ihm großes Vertrauen entgegen und freute sich für ihre Tochter über dieses späte Glück.

Das ereignisreiche Jahr 1877 beschloss Clara in Berlin. Dort hörte sie zu ihrer großen Freude von der glanzvollen Uraufführung der zweiten Sinfonie von Johannes Brahms. Sofort fasste sie den Plan, baldmöglichst nach Leipzig zu fahren, um das großartige Werk dort selbst zu hören.

Professorin in Frankfurt (1878-1889)

Jubiläen – Ehrungen – Runde Geburtstage

Clara hatte sich sehr darauf gefreut, Anfang Januar 1878 in Leipzig die zweite Sinfonie von Johannes Brahms zu hören, doch ausgerechnet während der Aufführung fühlte sie sich so unwohl, dass sie nach dem ersten Satz den Saal verlassen musste. Immerhin hatte sie am Vortag die Generalprobe miterlebt und dadurch einen Eindruck von dem großartigen Werk gewinnen können.

Als Clara einige Wochen später Konzerte im Rheinland gab, wurde sie von Marie Fillunger begleitet, der jungen österreichischen Sängerin und Freundin ihrer Tochter Eugenie. Marie studierte seit 1874 an der Berliner Musikhochschule Gesang, nachdem sie zuvor ihr Studium am Konservatorium der Gesellschaft der Musikfreunde in Wien mit Auszeichnung abgeschlossen hatte. Sie hielt sich inzwischen häufig bei den Schumanns auf. Um namentliche Verwechslungen mit Marie Schumann zu vermeiden, wurde Marie Fillunger von allen liebevoll „Fillu" genannt.

Kurz darauf erlebte Clara im Rahmen eines Konzertauftritts in Frankfurt am Main eine für sie wegweisende Überraschung. Der ortsansässige Musikalienhändler Theodor Henkel redete ihr intensiv zu, nach Frankfurt zu ziehen. In den höchsten Tönen pries er die Vorzüge dieser Stadt als Wohnort. Angefangen von der günstigen Lage im Mittelpunkt Deutschlands über die greifbare Nähe zur wunderbaren Natur bis hin zum beachtenswerten künstlerischen Stellenwert schien die Stadt alles zu bieten, worauf Clara Wert legte.

Noch unter dem Eindruck dieses Gesprächs erhielt sie ein unerwartetes Angebot. Der Komponist, Musikschriftsteller und Direktor des in Frankfurt gerade neu gegründeten Dr. Hoch'schen Konservatoriums, Joachim Raff (1822-1882), bat sie, dort eine Klavierprofessur zu übernehmen. Unterstützt vom Vorstandskomitee des Konservatoriums um den Oberbürgermeister der Stadt, brachte Raff seine gesamte Überredungskunst auf. Die Herren wollten Clara unbedingt als Lehrkraft gewinnen.

Während sie eine Anstellung an der Berliner Musikhochschule zwei Mal ausgeschlagen hatte, stellte sich die Situation für Clara nun anders dar. Zum einen kam das Frankfurter Komitee ihr in jeder Hinsicht entgegen, es entband sie sogar von einer Anwesenheitspflicht und gestattete Clara, ihre Schülerinnen zu Hause unterrichten und die Arbeitszeiten ihren Bedürfnissen anpassen zu können. Zum anderen gaben aber wohl gesundheitliche Probleme den Ausschlag für Claras Zusage. Rheumatische Beschwerden beeinträchtigten ihre Konzertauftritte zunehmend, so dass sie jetzt in der Lehrtätigkeit eine ernsthafte Alternative sah. Die Auftrittsangst, die sie schon immer gequält hatte, war ebenfalls weiter gewachsen und schmälerte ihre Freude am Konzertieren. Da sie aber dennoch nichts mehr als die Bühne und das Publikum brauchte, war es für sie wichtig, sich alle Optionen offen halten zu können.

Ein Problem mit der Stelle am Konservatorium hatte sie nur insofern, als ihr Joachim Raffs Kompositionen gänzlich missfielen. Ohne Raff persönlich zu kennen, war er ihr schon deshalb unsympathisch. Als sie den Musiker dann zum ersten Mal traf, bestätigte sich ihr Vorurteil. Sie zweifelte, ob sie mit ihm an einem Institut würde arbeiten können.

Brahms, den Clara um Rat bat, redete ihr zu, die Stelle anzunehmen, und meinte, mit der von Raff vertretenen Musikrichtung und seinen Anschauungen müsse sie ja nicht unbedingt übereinstimmen. Clara folgte seiner Empfehlung und sagte dem Vorstandskomitee zu. Sie verpflichtete sich, täglich außer sonntags anderthalb Stunden in ihrer Wohnung zu unterrichten, verlangte vier Monate Urlaub sowie die Freiheit, im Winter auf Konzertreisen gehen zu können, ohne Urlaub nehmen zu müssen. Zusätzlich schlug Clara mit Erfolg vor, eine Assistenzlehrerin verpflichten zu dürfen. Natürlich dachte sie dabei an ihre beiden Töchter und stellte zunächst Marie an, die ihre Mutter ohnehin häufig bei der Ausbildung ihrer Schülerinnen unterstützte.

Die Nachricht von Claras Professur sorgte in der Öffentlichkeit für Aufsehen. Von vielen Seiten gratulierte man ihr und war insbesondere voller Respekt für die Anerkennung, die sie als Frau damit erfuhr. Tatsächlich war und blieb Clara für lange Zeit die einzige Frau in einer solchen Position. „Mme Schumann selbst kann ich eben wohl als Mann rechnen" (Cahn,

S. 51), teilte Raff kurz darauf einer Bewerberin mit, die ebenfalls am Konservatorium unterrichten wollte, jedoch eine Absage erhielt.

Ende Mai 1878 begann der Umzug von Berlin nach Frankfurt, wo Clara in der Myliusstraße ein schönes, frei gelegenes Haus gefunden hatte. Während Clara und Marie nach Frankfurt reisten, überwachten Eugenie und ihre Lebensgefährtin Fillu das Einpacken des Mobiliars in Berlin. Fillu wollte mit in die Frankfurter Wohnung einziehen, was dann allerdings erst 1880 geschah.

Die Umzugsvorbereitungen wurden überschattet von neuerlichen Sorgen um Felix, den Brahms in Rom getroffen hatte. Es stand nicht gut um die Gesundheit ihres jüngsten Sohnes, und Clara bezweifelte inzwischen, dass noch Hoffnung auf Genesung bestand. Brahms war zusammen mit seinem Freund, dem renommierten deutsch-österreichischen Arzt Dr. Theodor Billroth, in Italien. Auf Claras Bitte untersuchte Dr. Billroth Felix und gab in seinem Bericht wider Erwarten eine günstige Prognose. Zwar sei die Lunge noch nicht ganz in Ordnung, aber angesichts des jugendlichen Alters von Felix könne durchaus eine Heilung erwartet werden. Davon wieder etwas beruhigt, glaubte Clara, den Umzugsstrapazen gewachsen zu sein.

Obwohl sie sich dort zuletzt unwohl gefühlt hatte, fiel Clara die Trennung von Berlin schwer. Sie machte in den letzten Wochen zahlreiche Besuche, um sich von den Freunden persönlich zu verabschieden. Dann war es so weit: Am Bahnhof standen Ferdinand und seine Frau Antonie mit ihren beiden ältesten Kindern Julie und Ferdinand. Der gerade erst ein Jahr alte Alfred musste zu Hause bleiben. Auch Claras seit einigen Jahren in Berlin als Musikprofessor tätiger Halbbruder Woldemar Bargiel war mit Frau und Kind zum Abschied gekommen. Clara wurde ganz wehmütig, vor allem, als sie sah, wie traurig ihr Sohn darauf reagierte, dass sie Berlin verließ.

Bevor sie ans Einrichten der neuen Wohnung gehen konnte, wirkte Clara Ende Mai 1878 beim Niederrheinischen Musikfest in Düsseldorf unter der bewährten Leitung Joseph Joachims mit. Leider stand das Fest unter keinem guten Stern.

Zunächst ereignete sich der grauenvolle Untergang des deutschen Panzerschiffes *Großer Kurfürst*. Eine Kollision mit einem anderen Schiff bei Verbandsübungen im Ärmelkanal führte dazu, dass alle Besatzungsmitglieder starben. Dieses Drama erschütterte ganz Deutschland. Auch die Festgesellschaft in Düsseldorf war dermaßen aufgewühlt, dass sie die Musik nicht

Professorin in Frankfurt (1878–1889)

unbeschwert genießen konnte. Man trauerte kollektiv um die Toten und litt mit deren Angehörigen.

Zwei Tage später wurde ein Attentat auf Kaiser Wilhelm I. verübt, das die deutsche Bevölkerung in nochmals größere Erregung versetzte. In Düsseldorf erstarb die Feststimmung gänzlich. Der Kaiser war so schwer verletzt worden, dass man um sein Leben bangte. Daraufhin erwogen die Organisatoren des Musikfestes sogar, alle Veranstaltungen abzusagen. Die Spannung löste sich erst, als sich wie ein Lauffeuer verbreitete, dass der Monarch überleben würde.

Ende Juni 1878 fuhr Clara zur Kur ins österreichische Bad Gastein, wo sie in den berühmten Heilbädern Linderung für ihr inzwischen ständig quälendes Armleiden suchte. Gastein, auch „Monte Carlo der Alpen" genannt, hatte sich zu einem mondänen Kurbad von internationalem Rang entwickelt. Weil der Ort erst sehr spät an das Eisenbahnnetz angebunden wurde, musste Clara noch mit der Kutsche anreisen, was sie als besonders reizvoll empfand. Schon wenig später holte Brahms sie in Gastein ab, um mit ihr gemeinsam weiter nach Berchtesgaden zu fahren.

Die Rückreise im August 1878 führte Clara über München. Dort suchte sie den prominenten Maler Franz Seraph von Lenbach (1836-1904) auf, der durch seine hochwertigen Porträts von namhaften Zeitgenossen – darunter der Kaiser, Fürsten und Grafen, Diplomaten und angesehene Künstler – zu hohem Ansehen gelangt war. Claras Kinder hatten sich ein schönes Bild von ihr gewünscht und vorgeschlagen, Lenbach zu beauftragen. Clara erfüllte ihnen diesen Wunsch, meinte allerdings, sie selbst wäre nicht auf die Idee gekommen, sich in ihrem Alter noch einmal malen zu lassen.

Schon ihre erste Sitzung bei Lenbach versetzte Clara in Erstaunen, da sie weder eine Leinwand noch eine Farbpalette entdecken konnte. Der Künstler erklärte ihr, er wolle zunächst lediglich ihr Gesicht studieren, und wenn ihm dies gelungen sei, werde er für die Ausführung des Bildes nur noch einen Tag benötigen. Ganz so funktionierte es dann doch nicht, denn die endgültige Fertigstellung ließ lange auf sich warten. Letztlich lieferte Lenbach aber drei Porträts, die beim ersten Anblick sofort überzeugten. Claras Kinder waren – wie alle anderen Betrachter – begeistert, hatte Lenbach ihre Mutter doch erstaunlich lebensnah getroffen und besonders ihre blauen Augen wunderbar herausgestellt.

Jubiläen – Ehrungen – Runde Geburtstage

Clara Schumann in München 1878. Pastell von Franz von Lenbach.

Professorin in Frankfurt (1878–1889)

Lange hielt Claras vergnügte Stimmung nicht an, da sie die Mitteilung erhielt, dass ihr Sohn Felix wegen seiner unaufhaltsam fortschreitenden Krankheit nach Turin zu seinem Schwager, dem Grafen Radicati di Marmorito, gefahren war. Auf dessen Schloss wartete Felix nun darauf, nach Deutschland geholt zu werden. Die klimatischen Verhältnisse Italiens brachten ihm keine Linderung mehr, außerdem bedrückte ihn die andauernde Trennung von seiner Familie. Als Felix schließlich in München bei seiner Mutter eintraf, war sie entsetzt über seinen Zustand. Jetzt gab Clara sich keinen Illusionen mehr hin. Mit trauriger Gewissheit erkannte sie, dass man nicht mehr auf Genesung hoffen durfte. Ihr und ihren Töchtern blieb nur noch, Felix den bevorstehenden Leidensweg zu erleichtern.

Vermutlich führte dieser erdrückende Gedanke dazu, dass Claras ohnehin schon geschädigter Arm von einer heftigen Neuralgie befallen wurde, die ihn völlig bewegungsunfähig machte. Drei Wochen lang ertrug sie wahnsinnige Schmerzen, bis sie schließlich um Morphium bat. „Zu diesen Körperschmerzen kamen nun die grausamsten Seelenleiden, die eine Mutter haben kann" (Litzmann III, S. 384), schrieb sie verzweifelt an Brahms.

Clara, Marie und Felix reisten zunächst gemeinsam nach Baden-Baden, da die Frankfurter Wohnung noch nicht so hergerichtet war, dass man den Kranken dort hätte pflegen können. Claras Armbeschwerden besserten sich, doch der Zustand ihres Sohnes wurde immer kritischer. Die herbstlichen Temperaturen, die im Badischen herrschten, schränkten seine Lungenfunktion noch stärker ein. Eugenie begleitete Felix daraufhin nach Falkenstein im Taunus, wo sie eine renommierte Lungenheilanstalt aufsuchten, während Marie in Frankfurt alles zur Aufnahme ihres todkranken Bruders vorbereitete.

Und Clara stellte wieder einmal fest, wie gut sie ihren Kummer – zumindest kurzfristig – durch Konzertauftritte verdrängen konnte. Trotz ihrer Armschmerzen spielte sie Ende September 1878 in Hamburg in einem Konzert zum fünfzigjährigen Stiftungsfest der Philharmonischen Gesellschaft. Weder körperlich noch seelisch fühlte sie sich in der geeigneten Verfassung, aber eine Absage kam für sie nicht in Frage.

Zwei weitere Ereignisse trugen dazu bei, Clara Stimmung aufzuhellen und ihr ein wenig Lebensfreude zurückzugeben.

Am 20. Oktober 1878, dem Tag von Claras fünfzigjährigem Künstlerjubiläum, holte Joachim Raff sie ab und brachte sie ins Konservatorium. Dort standen sämtliche Schülerinnen und streuten zu ihrem Empfang Blumen auf den Weg, der zu einem wunderschön geschmückten Sessel führte. Von dort aus lauschte Clara den herzlichen Worten, die Raff in seiner Ansprache fand. Am Ende seiner Rede überreichte er ihr einen Lorbeerkranz. Es folgte eine musikalische Matinee, in der die Lehrer des Konservatoriums zu Claras Ehren ausschließlich Kompositionen von ihr spielten. Die Jubilarin war von dieser äußerst gelungenen Feier ebenso beglückt wie vom Verlauf des Nachmittags in ihrem Haus.

Dort wurde sie mit Blumen und zahlreichen Geschenken überhäuft. Das schönste erhielt sie von ihren Kindern und Schwiegersöhnen: eine kunstvolle, in Schiefer gearbeitete Uhr mit prachtvoller Malerei im Stile Raffaels, auf deren Zifferblatt die Namen ihrer Kinder und ein reizendes Gedicht von Felix eingraviert waren. In ihre Freude mischte sich Wehmut, da ihr bewusst wurde, dass Felix im Bett lag und größte Qualen litt, während sie seine liebevollen Verse las und feiern durfte.

Hatte diese Feier sie bereits mit großer Freude erfüllt, so staunte Clara noch viel mehr über das Festkonzert, das am 24. Oktober 1878 im Leipziger Gewandhaus stattfand. Es wurde zur Erinnerung an ihren ersten öffentlichen Auftritt ausgerichtet, den sie dort 1828 als Neunjährige hatte. Clara scheute eigentlich eine öffentliche Feier. Doch da sie von der Gewandhausdirektion offiziell eingeladen war, konnte sie nicht ablehnen und bereute auch im Nachhinein diese Entscheidung nicht.

Das Fest in ihrer Vaterstadt und in den Räumen, die sie fünfzig Jahre zuvor als Kind zum ersten Mal vor Publikum betreten hatte, gestaltete sich zu einem unvergesslichen Erlebnis. Schon am Vormittag überhäufte man sie auch in Leipzig mit Geschenken, Blumen, Kränzen und Gratulationsschreiben. Am Abend fand ein Konzert statt, bei dem nur Werke ihres Mannes auf dem Programm standen. Clara übernahm wie gewöhnlich den Solopart in dessen Klavierkonzert. Der mit Girlanden und goldenen Eichenlaubkränzen geschmückte Saal war zum Bersten voll. Besonders freute sich Clara darüber, im Publikum hochbetagte Herren zu entdecken, die schon fünfzig Jahre zuvor ihren ersten Auftritt miterlebt hatten.

Bei Claras Erscheinen erhob sich das Publikum und warf solche Mengen Blumen auf die Bühne, dass es lange dauerte, bis sie sich den Weg zum Flügel gebahnt hatte. Vor Rührung zitternd glaubte Clara, nicht spielen zu können. Doch dann bewältigte sie ihren Part in gewohnt brillanter Weise. Kaum war der letzte Ton verklungen, brandete tosender Applaus auf. Unzählige Male wurde sie auf die Bühne gerufen. Schließlich überreichte ihr der Kapellmeister des Gewandhausorchesters, Carl Reinecke, einen goldenen Lorbeerkranz, der auf jedem Blatt den Namen eines Komponisten trug, dessen Stücke die Pianistin im Laufe ihres Künstlerlebens gespielt hatte. Die Jubilarin war überwältigt.

Nach dem Konzert wurde ausgiebig gefeiert. Clara empfand den Schluss dieses großartigen Tages als dermaßen erfrischend, dass sie nicht müde wurde und sich bis weit in die Nacht angeregt unterhielt. Dankbar dachte sie noch lange zurück an dieses für sie herrliche, ungetrübte Freudenfest und an die vielen Zeichen der Verehrung, die ihr entgegengebracht worden waren.

Doch ihr Kummer wurde nur für kurze Zeit verdrängt. Am 1. November 1878 brachte Eugenie ihren Bruder Felix nach Frankfurt. Der eine Lungenflügel arbeitete inzwischen gar nicht mehr, der andere nur noch zu einem geringen Teil. Es begann eine schwere Zeit für die ganze Familie. Felix magerte zusehends ab und wurde von furchtbarer Atemnot gequält.

Clara reiste noch einmal nach München und gab ein bejubeltes Konzert im Odeon. Sie begeisterte das Publikum mit ihrer Interpretation von Beethovens viertem Klavierkonzert, das ihrer Meinung nach vor allem aufgrund der exzellenten Zusammenarbeit mit dem Orchester unter der Leitung von Hermann Levi so gut gelang. Auch die Orchestermusiker und Levi selbst fanden das Konzert großartig und hofften, bald wieder mit Clara auftreten zu können.

Als ehrenvollen Dank für ihr wunderbares Klavierspiel erhielt Clara vom bayerischen König die Goldene Ludwigsmedaille für Wissenschaft und Kunst. Ludwig II. hatte sie 1872 gestiftet als Verdienstmedaille für anerkennungswürdige Leistungen auf den Gebieten Wissenschaft und Kunst.

Den Heiligen Abend 1878 empfand Clara als einen der traurigsten, den sie je erlebt hatte. Obwohl ihr keineswegs danach zu Mute war, schmückte sie schließlich doch einen Weihnachtsbaum. Sie tat es für ihren Sohn Felix, im Bewusstsein, dass es sein letztes Weihnachtsfest sein würde.

Felix starb in der Nacht vom 15. auf den 16. Februar 1879. Seine älteste Schwester Marie vertrat wie so oft die Mutter und wachte an seinem Sterbebett. Der vierundzwanzigjährige Felix starb in ihren Armen. Erst am nächsten Morgen rief Marie Clara, der sie die entsetzlichen letzten Stunden erspart hatte. Beim Anblick ihres Sohnes bekannte Clara, dass sie seinen Tod als Erlösung empfinde. Es war das dritte Kind, das sie verlor. Brahms gegenüber sprach sie von der grausamsten Prüfung, die ein Mutterherz zu bestehen habe.

Auch Brahms konnte den Tod seines Patenkindes kaum verwinden. Zwar hatte er gewusst, dass jederzeit damit zu rechnen war, aber die endgültige Nachricht erschütterte ihn doch sehr. Innig bat er Clara, nun besonders auf Eugenie zu achten, die so sehr an Felix gehangen hatte.

Wieder einmal musste Clara ihre ganze Kraft aufbringen, um einen herben Schicksalsschlag zu verschmerzen. Sie litt, sie haderte und sie kämpfte mit sich und ihren Gefühlen. Wie meistens war Marie ihre stärkste Stütze, bei ihr fand sie Trost. Zudem war Clara selbst bemüht, die eigenen Gefühle zu beherrschen, um den noch lebenden Kindern die Trauer um den geliebten Bruder nicht unnötig zu vergrößern. Ihre ganze Sorge galt jetzt den Kindern, die ihr geblieben waren. Die Furcht, noch ein weiteres Kind zu verlieren, lähmte sie. Dieses Mal dauerte es lange, bis ihr Pflichtgefühl siegte und sie allmählich in den Alltag zurückfand.

Im Mai 1879 feierten Claras Freunde Pauline und Julius Hübner in Dresden Goldene Hochzeit. Der Historien- und Porträtmaler Hübner wirkte seit 1871 als Direktor der Dresdner Gemäldegalerie. Er hatte Robert nahegestanden und war außerdem Pate von Ludwig. Clara wollte dem Jubelpaar ein ganz besonderes Geschenk machen und fand die Idee ihrer Tochter Marie ausgezeichnet, einen festlichen Marsch zu komponieren.

Seit über zwanzig Jahren hatte Clara kein eigenes Musikstück mehr geschaffen. Robert hatte sie immer dazu angehalten, doch nach seinem Tod fehlte ihr die nötige Inspiration. Sie fand nie mehr den rechten Einstieg und fühlte sich außerdem durch ihre Konzerttätigkeit stets reichlich ausgelastet. Nun griff sie Maries Anregung auf, brauchte zwar einige Tage, stellte dann aber einen prächtigen Marsch in Es-Dur für Klavier zu vier Händen fertig und widmete ihn „Den lieben Freunden Julius und Pauline Hübner als Festgruß zur Goldenen Hochzeit". Es wurde eine gelungene Überraschung für Hübners, die umgehend ein herzliches Dankesschreiben sandten.

Aus Berlin kam kurz darauf eine freudige Nachricht: Das vierte Kind von Antonie und Ferdinand war geboren und erhielt in Erinnerung an seinen früh verstorbenen Onkel den Namen Felix. Frohen Mutes brach Clara zu ihrer Knetkur nach Kiel auf, die dieses Mal eine bessere Wirkung zeigte. Clara hoffte, nun wieder öfter auftreten zu können.

Den Sommer 1879 nutzte Clara zur Erholung in verschiedenen Urlaubsorten, um der nächsten Konzertsaison gewachsen zu sein. Ihr Plan war, das technisch anspruchsvolle Klavierkonzert von Brahms in ihr Winterprogramm aufzunehmen. Als sie mit dem Einstudieren begann, musste sie enttäuscht feststellen, dass sie es nicht bewältigen konnte. Beide Arme schmerzten beim Spielen so stark, dass sie abbrechen musste und die Noten unter Tränen zur Seite legte.

Das Jahr 1879, in dem Clara ihren sechzigsten Geburtstag beging, neigte sich seinem Ende zu. Clara gab Konzerte in Leipzig, Breslau und Karlsruhe, allerdings in einer im Vergleich zu früher deutlich reduzierten Anzahl.

Das Weihnachtsfest erlebte sie daheim in Frankfurt und trauerte um die geliebten Menschen, mit denen sie nicht mehr feiern konnte. Dankbar genoss sie die Anwesenheit von Marie und Eugenie. Mit Wehmut dachte sie an Ludwig, der nicht mehr bei klarem Bewusstsein war und den sie deshalb nicht mehr beschenken konnte.

Während der ersten Monate des Jahres 1880 absolvierte Clara mehrere Konzertauftritte, bevor sie dann nach Bonn reiste. Dort erwartete sie eine Feier zur Enthüllung des Schumann-Denkmals auf Roberts Grab, das Wilhelm Rösch 1878/79 nach einem Entwurf von Adolf von Donndorf ausgeführt hatte. Die Mittel dafür waren durch den Erlös des großen Bonner Schumannfests 1873 sowie durch weitere Spenden zusammengekommen.

Am 30. April 1880 traf Clara am Bonner Bahnhof ein, wo Joseph Joachim, Johannes Brahms und eine Abordnung des Denkmalkomitees ihr einen ehrenvollen Empfang bereiteten. Am nächsten Morgen wurde das Grabmal in Gegenwart von Clara und ihren Kindern auf dem Alten Friedhof in Bonn feierlich enthüllt. Clara genoss die Feier sehr und war glücklich darüber, dass auch das Wetter mitspielte. Kein Wind regte sich, kein Tropfen Regen fiel, die Sonne schien, nur gelegentlich von kleinen Wölkchen bedeckt.

Alles war würdig und schön arrangiert. Als die Hülle vom Denkmal fiel, erklang ein Chor aus Roberts *Das Paradies und die Peri*, allerdings nur in einem Arrangement für Blasinstrumente. Die Bonner Geistlichkeit hielt den

Jubiläen – Ehrungen – Runde Geburtstage

Das von Donndorf gestaltete, durch Rösch ausgeführte und 1880 enthüllte Schumann-Grabdenkmal in Bonn, Fotografie um 1900.

Text des Chores für nicht christlich genug. Unter der Leitung von Brahms rahmten Chor und Orchester die Zeremonie mit einem Stück von Johann Sebastian Bach und einem aus Mendelssohns *Elias* ein.

Während der gesamten Feier herrschte eine weihevolle Stimmung, und Clara hatte das Gefühl, dass alle Anwesenden mit ganzem Herzen dabei waren. Ihre eigenen Empfindungen schwankten zwischen Freude und Melancholie. In erster Linie war sie dankbar dafür, diese Feier erleben zu dürfen. Gleichzeitig wurde ihr aber auch bewusst, dass sie an dem Ort stattfand, an dem ihre Kinder auch sie selbst eines Tages würden begraben müssen.

Das Denkmal im Ganzen fand großen Anklang. Nur gegen das Relief mit Schumanns Porträt hatten Clara und ihre Kinder Einwände. Zwar anerkannten sie die Ähnlichkeit mit Robert Schumann, waren aber der Ansicht, den geistigen Ausdruck habe der Bildhauer nicht erfassen können.

Am Abend dirigierte Brahms in einem festlichen Konzert Roberts dritte Sinfonie und dessen *Requiem für Mignon* sowie sein eigenes Violinkonzert mit Joseph Joachim als Solisten. Während Clara diesen Teil großartig fand, sagte ihr die zweite Hälfte weniger zu. Schumanns *Manfred* erklang unter Joachims Leitung zwar durchaus schön, leider aber mit einem ungeeigneten Sprecher, der ihrer Ansicht nach den Text zu sehr in die Länge zog. Sie fühlte sich in keiner Weise gerührt, sondern eher belastet. Auch ärgerte sie sich darüber, dass dadurch die Musik vollkommen in den Hintergrund geriet.

Am Tag darauf gestalteten Claras Musikerfreunde eine Matinee mit Liedern und kammermusikalischen Werken. Zum krönenden Abschluss der Feierlichkeiten folgte ein großes Festessen in einem renommierten Godesberger Restaurant. Von den wunderbaren Erlebnissen und Begegnungen in Bonn zehrte Clara noch lange. Sie hatten ihr einmal mehr bewiesen, dass Robert nicht in Vergessenheit geraten war.

Als sie Ende Mai 1880 nach Frankfurt zurückkam, kehrte wieder der Unterrichtsalltag am Konservatorium ein. Direktor Raff schlug ihren Töchtern Marie und Eugenie vor, sich als Lehrerinnen stärker einzubringen und eine Vorbereitungsklasse für ihre Mutter zu übernehmen. Beide reagierten skeptisch und bezweifelten, ob es geschickt sei, wenn sich gleich drei Damen namens Schumann fest an die Schule verpflichteten. Während Marie das Angebot dann doch annahm, erledigte Eugenie zwar dieselben Aufgaben, lehnte eine offizielle Anstellung jedoch zunächst ab.

Tatsächlich konnte Clara die Hilfe ihrer Töchter brauchen. Beinahe täglich erschienen bei ihr hoffnungsvolle Eltern, die ihre vermeintlich hoch begabten Töchter vorstellten und um deren Prüfung baten. Es kostete Clara Nerven, aber auch viel Zeit, die sie viel lieber eingesetzt hätte, um durch ihre Konzertreisen versäumte Unterrichtsstunden nachzuholen. Die meisten Aspirantinnen musste sie wegen mangelnden Talents abweisen, was fast immer zu heftigen Tränenausbrüchen führte. Clara hatte Mitleid, durfte sich aber auch nicht dazu hinreißen lassen, ihr hohes Niveau zu verlassen und ihre Anforderungen zu senken.

Nachdem sich Clara im Sommer erholen konnte, stand ihr eine mit Konzerten angefüllte neue Saison bevor. Dazu kamen große Sorgen um ihren Sohn Ferdinand, dem es seit Beginn des Jahres 1880 gesundheitlich so schlecht ging, dass er ins Krankenhaus eingewiesen werden musste. Ferdinand war an einer Rippenfellentzündung erkrankt, durch die sich sein Gelenkrheumatismus deutlich verschlimmerte. Wochenlang litt er unter starken Schmerzen. Die Ärzte wussten schließlich keinen anderen Rat mehr, als ihm eine Kur im nordböhmischen Teplitz zu verordnen. Die dortigen Heilquellen galten als ausgezeichnetes Mittel bei chronischem Rheumatismus.

Die Umstände der Reise müssen grausam gewesen sein, bei der leisesten Bewegung schrie Ferdinand vor Schmerzen. Seine Frau Antonie konnte ihn nicht begleiten, da sie kurz vor der Niederkunft ihres sechsten Kindes stand. Um dafür zu sorgen, dass Ferdinand während seines langen Kuraufenthaltes Besuch erhielt, erwog Clara, ihre Tochter Eugenie um eine Reise nach Teplitz zu bitten, da sie zu dieser Zeit mit ihrer Freundin Fillu im nahe gelegenen tschechischen Habrowan Urlaub machte. Doch rasch verwarf Clara diesen Gedanken wieder. Eugenie war selbst zu schwach, um eine solche Strapaze auf sich zu nehmen. Ihr war einige Wochen zuvor ein Stück Fensterscheibe auf die rechte Hand gefallen und hatte eine Sehne zerschnitten.

Erst im Herbst schien Ferdinands Zustand einigermaßen stabilisiert, so dass er an eine Heimkehr denken konnte. Zunächst blieb er noch für einige Wochen in Frankfurt bei seiner Mutter, voller Hoffnung auf weitere Besserung. Leider trat eher das Gegenteil ein. Ferdinands Schmerzen verschlimmerten sich, so dass er inzwischen regelmäßig nach dem Morphium griff, das man ihm verordnet hatte. Er kehrte schließlich als kranker Mann zu seiner Familie nach Berlin zurück. Seine Frau hatte in der Zwischenzeit ihr Kind während der Geburt verloren.

In Erinnerung an frühere Zeiten ließ Clara das Jahr 1880 wieder einmal in Düsseldorf ausklingen. Sie verbrachte den Silvesterabend in trauter Runde mit ihrer langjährigen Freundin Rosalie Leser und dem reizenden Ehepaar Bendemann.

Zu Beginn des Jahres 1881 gab Clara im Leipziger Gewandhaus und in Frankfurt drei Konzerte, die ihr ohne größere Probleme gelangen. Dadurch motiviert, trat sie im Februar nach vierjähriger Abstinenz wieder ihre große England-Tournee an, es war die vierzehnte. Lange hatte sie wegen der Anstrengungen einer solchen Reise mit sich gerungen, dann aber doch dem Drängen der Londoner Freunde nachgegeben. Allen voran fragte ständig der Londoner Konzertveranstalter Samuel Arthur Chappell bei Clara an und bat sie eindringlich, nach England zu kommen. Chappell leitete inzwischen die 1859 begründeten *Popular Concerts*, die jeweils montags und samstags mit einem gemischten Programm stattfanden und speziell der Kammermusik gewidmet waren.

Wie immer wohnte Clara im Haus von Arthur Burnand, und wie immer wurde sie vom Londoner Publikum mit unvergleichlichem Enthusiasmus empfangen. Insgesamt elf Konzerte gab sie dieses Mal, jedes mit einem individuellen Programm und jedes bejubelt. Der Ansturm auf die Tickets war derart hoch, dass fast hundert Interessierte leer ausgingen und fortgeschickt werden mussten.

Am meisten beeindruckt war Clara selbst von ihrer Interpretation der technisch wie inhaltlich anspruchsvollen Klaviersonate op. 101 von Beethoven. Clara spielte sie im *Monday Popular Concert* in der St. James's Hall ihrer eigenen Einschätzung nach auf vollendete Weise und so gut wie nie zuvor. Im Saal hätte man eine Stecknadel fallen hören können, so konzentriert lauschte das Publikum. Die Presse war anschließend voller Lobeshymnen über diesen Star unter den Pianistinnen. Selbst die ehrenwerte *Times* sparte nicht an huldigenden Worten und druckte sie auf ihrer ersten Seite.

Die Krönung dieses London-Aufenthalts war Claras Ernennung zum Ehrenmitglied der *Royal Academy of Music* am 1. April 1881. Diese 1822 gegründete Londoner Musikhochschule galt schon damals als eine der führenden Musikinstitutionen weltweit. Clara sah die Auszeichnung berechtigterweise als große Ehre an und bedankte sich am nächsten Tag mit einem Konzert im *Saturday Popular*.

Bei ihrem elften und letzten Konzert am 11. April 1881 rief das begeisterte Publikum Clara unzählige Male auf die Bühne und wollte sie nicht gehen lassen. Innerlich zitterte sie vor Freude darüber, auch diese Tournee wieder mit Bravour überstanden zu haben.

Als die Abreise näher rückte, überfiel Clara eine leichte Unruhe. Sie erwartete ihre Tochter Elise mit Mann und Kindern aus Amerika. Die Familie wollte mit ihr in London zusammentreffen, um dann gemeinsam die Reise auf den Kontinent anzutreten. In New York waren Elise und Louis Sommerhoff zwei Söhne geboren worden, Robert (1878) und Walter (1880). Clara war glücklich, ihre beiden Enkel nun endlich kennenzulernen.

Ihrem Alter zollte die über Sechzigjährige jetzt deutlichen Tribut. Nun geschah, was früher undenkbar gewesen wäre: Sie blieb nach ihrer Rückkehr aus England über zwei Monate ohne jegliche Konzertauftritte in ihrer Frankfurter Wohnung. Den Sommer 1881 reiste sie zur Erholung nach Gastein, Flims und Baden-Baden, größtenteils gemeinsam mit Sommerhoffs, bevor diese Ende September wieder zurück nach Amerika fuhren.

Für Clara schlossen sich Konzerte in Köln, Hamburg und Hannover an, die sie mit privaten Besuchen bei Familie Litzmann in Kiel sowie bei Rosalie Leser und Bendemanns in Düsseldorf verband. Zwischenzeitlich war Brahms einige Tage bei ihr in Frankfurt gewesen und hatte ihr sein neues, zweites Klavierkonzert vorgespielt. Ihr gefiel das Stück so gut, dass sie sich vornahm, es in ihr Repertoire aufzunehmen.

Mit Genugtuung erfüllte es Clara zu hören, dass Brahms jetzt allerorts als Komponist anerkannt und gefeiert wurde. Begeistert las sie die positiven Berichte in den Musikzeitschriften und erinnerte daran, dass ihr Mann ihm diese Erfolge schon ein Vierteljahrhundert früher prophezeit hatte. Gerne wäre Clara zu den Konzerten ihres Freundes gefahren, doch wie sie Brahms bedauernd schrieb, musste sie das Reisen im Winter auf das für ihre künstlerischen Verpflichtungen notwendige Maß beschränken. Zu hoch war das Risiko, durch Kälte und Anstrengung weitere Rheumaschübe auszulösen.

In Begleitung von Eugenie fuhr Clara – wie drei Jahre zuvor versprochen – nach München, um am 14. Dezember 1881 im Odeon wieder unter der Leitung des Dirigenten Hermann Levi aufzutreten. Der Empfang des Publikums gehörte zum Berauschendsten, was Clara je erlebt hatte. Allein mit vier großen Lorbeerkränzen war ihr Flügel geschmückt. Schon nach dem ersten Satz von Roberts Klavierkonzert musste sie abbrechen, aufstehen und sich wegen des anhaltenden Beifalls mehrfach verbeugen.

Dankbar für das vergangene Jahr blieb Clara zum Weihnachtsfest in Frankfurt. Mit Vergnügen zündete sie am zweiten Weihnachtstag noch einmal den Baum an und richtete eine kleine Feier für ihre Schülerinnen aus. Eugenie trat als Knecht Ruprecht verkleidet auf, überreichte den Schülerinnen Geschenke und sprach dazu lustige Knittelverse. Die Fröhlichkeit der jungen Leute steckte Clara so an, dass auch sie aufgeheitert wurde und beschloss, an dieser Tradition festzuhalten.

Eine weitere Tradition führte Clara im Januar 1882 ein: Sie ließ sich sonntags von Marie und Eugenie auf dem Klavier vorspielen. Ihre beiden Töchter besaßen großes Talent und verfügten über ein breites Repertoire. Nur ahnte die Öffentlichkeit nichts davon, da sie nie ans Instrument traten, wenn ihre Mutter dabei war. Clara war sich dessen bewusst und empfand sich oft als Hemmschuh für ihre Töchter. Dabei war sie begeistert über die feinsinnige Auffassung, mit der Marie und Eugenie insbesondere die Stücke ihres Vaters interpretierten. Clara lobte die gelungene Mischung aus Kraft und Zartheit des Anschlags. Zufrieden bemerkte sie, dass die Schumann'sche Spielweise auch nach ihrem Tod durch ihre Töchter fortleben würde.

Auch eine schwere Last fiel in diesen Januartagen von Clara ab, nachdem sie ihr Testament von 1871 durch ein neues ersetzt und beim Notar unterzeichnet hatte. Die Veränderungen in der Lebenssituation ihres Sohnes Ferdinand, seine als unheilbar diagnostizierte Erkrankung inklusive der daraus resultierenden Morphiumsucht, die hohen Kosten für seine medizinische Versorgung und nicht zuletzt das mittlerweile desolate Verhältnis zur Schwiegertochter Antonie machten eine Neuregelung erforderlich. Mit Antonie war Clara von Anfang an nicht einverstanden gewesen, und es hatte auf beiden Seiten zu keiner Zeit den Versuch einer Annäherung gegeben. Jetzt wusste Clara nicht nur ihre Töchter Marie und Eugenie, sondern auch Ferdinands Kinder so versorgt, wie es ihren Verhältnissen entsprechend möglich war.

Im März und April 1882 absolvierte Clara in Begleitung von Marie ihre fünfzehnte England-Tournee. Wieder wohnten sie bei Arthur Burnand.

Dieses Mal ärgerte sich Clara sehr über die schwere Spielart und die viel zu hohe Stimmung des Flügels, den ihr die berühmte Firma Broadwood in London zur Verfügung gestellt hatte. Wie gerne hätte sie eins der von ihr bevorzugten Instrumente aus dem Haus Grotrian-Steinweg in Braunschweig mitgebracht, statt sich auf dem Broadwood abzumühen. Doch sie wusste, dass dies als glatte Beleidigung aufgefasst worden wäre.

Insgesamt neun Konzerte mit wie immer triumphalem Erfolg gab Clara in London und verdiente dermaßen gut, dass sie eine solide Rücklage für die nächste Zeit bilden konnte. Bei allen Schwierigkeiten einer Umrechnung lässt sich davon ausgehen, dass ihre Einnahmen heute in etwa 130.000 Euro entsprechen würden. Und dafür nahm Clara wohl gern die Qual mit dem Flügel auf sich.

Dass sie von ihrer Tochter Elise, die zum dritten Mal schwanger war, seit Wochen nichts gehört hatte, beunruhigte Clara. Von Ferdinand erhielt sie zwar Nachrichten, aber leider nur schlechte. Sein Gelenkrheumatismus hatte sich so verschlimmert, dass er nicht mehr arbeitsfähig war und seine Tätigkeit in der Bank niederlegen musste. Wie ein Trost wirkte da, dass Elises Tochter Clara am 8. Juni 1882 in New York problemlos und gesund zur Welt kam.

Das gesamte Frühjahr 1882 über lebten Clara und ihre Töchter in Sorge wegen ihrer Wohnung in der Myliusstraße. Der Eigentümer hatte angekündigt, das Haus verkaufen zu wollen, und es bereits interessierten Maklern angeboten. Da den bisherigen Mietern im Falle eines Verkaufs gekündigt werden sollte, sah sich Clara notgedrungen nach einer anderen Wohnung um. Zum einen fand sie nichts Geeignetes, zum anderen aber widerstrebten ihr ein erneuter Umzug und die damit verbundenen Strapazen. Nach reiflicher Überlegung erwarb sie schließlich das Haus selbst und ließ umfangreiche Reparaturarbeiten durchführen.

Aufregung gab es gleichzeitig auch im Konservatorium. Vor der Sommerpause standen die jährlichen Abschlussprüfungen an, für die Clara ihre Schülerinnen bestens vorbereitet hatte. Sie war verärgert, dass Direktor Raff ihrer Meinung nach die Anforderungen zu hoch angesetzt hatte, weshalb viele Prüflinge kläglich scheiterten. Das übergeordnete Komitee mochte dem Direktor jedoch nicht widersprechen, da er schwer krank war und man ihn nicht aufregen wollte. Raff starb am 24. Juni 1882 an einem Herzinfarkt, was auf den Stress im Zusammenhang mit den Abschlussprüfungen zurückgeführt wurde. Clara war sichtlich bestürzt. Raff selbst hatte ihr menschlich in keiner Weise nahegestanden, aber die Hinterbliebenen bedauerte sie sehr.

Trotz der finanziellen Belastung durch Kauf und Umbau des Hauses konnte Clara ihre sommerliche Reise bis nach Italien ausdehnen. In Bellagio am Comer See verbrachte sie ihren dreiundsechzigsten Geburtstag, zu dem Brahms sie zusammen mit dem Arzt Theodor Billroth besuchte. Ausgiebig feierten sie in heiterer Runde, während draußen ein furchtbares Unwetter niederging.

Daheim in Frankfurt ging es um die Neubesetzung der durch Raffs Tod vakanten Direktorenstelle am Konservatorium. Der zunächst vorgesehene Franz Wüllner sagte ab, weil er seine Dirigententätigkeit in Berlin nicht aufgeben wollte. So fiel die Wahl auf den Dirigenten, Komponisten und Musikpädagogen Bernhard Scholz (1835-1916), was Clara sehr begrüßte. Sie fand, dass der noch in Breslau verpflichtete Scholz ideal in die Frankfurter Kulturlandschaft passen und mit seiner klugen, umsichtigen und musikalisch erfrischenden Art die Geschicke des Konservatoriums vorbildlich leiten würde.

Zufrieden mit dieser Entwicklung ließ Clara das Jahr ausklingen. Nur noch drei Konzerte gab sie in Wiesbaden, Krefeld und Mainz, machte auch wieder einen Abstecher zu ihren Freunden in Düsseldorf, hielt sich aber ansonsten recht ruhig zu Hause auf. Über Weihnachten kam überraschend Brahms zu Besuch, der dieses Mal ausnahmslos liebenswürdig war und ihr die Festtage verschönerte.

Der Beginn des Jahres 1883 stand für Clara unter keinem guten Stern. Sie war mit Eugenie zu Konzertauftritten nach Berlin gereist und dort gleich am zweiten Tag ihres Aufenthalts auf der Treppe gestürzt. Sie verletzte sich, wenn auch nicht gefährlich, aber doch so ungünstig an der linken Hand, dass sie das erste Konzert absagen musste. Die folgende Matinee des Singvereins wollte sie nicht ausfallen lassen, hatte aber am Morgen ihres Auftritts große Bedenken wegen ihrer schmerzenden Hand. Clara fürchtete, manche Spielfiguren gar nicht bewältigen zu können, ging aber dennoch auf die Bühne. Wie beinahe bei jedem ihrer seltener gewordenen Konzerte brach der Jubel des Publikums bereits aus, als sie den Saal betrat.

Auch hier hatte man den Flügel mit einem prachtvollen Lorbeerkranz geschmückt. Clara spielte Roberts Klavierkonzert gewohnt meisterhaft. Die Begeisterung der Zuhörer verdrängte vorübergehend sämtliche Beschwerden. Von den Sängerinnen des Chores erhielt sie einen hübschen Blumenkorb mit einem reizenden Gedicht. Abschließend ließ das Publikum Clara mehrfach hochleben und wollte sie nicht gehen lassen. Selbst am Wagen standen noch scharenweise Damen, die ihr laut jubelnd mit Taschentüchern nachwinkten.

Danach kehrte zunehmend Ruhe in Claras Leben ein. Sie beließ es bei wenigen Auftritten und konzentrierte sich auf ihre Tätigkeit im Konservatorium. Mit dem neuen Direktor kam sie gut aus. Scholz packte sein Amt mit optimistischem Ehrgeiz an und hatte eine Organisationsform entwickelt, die allen Beteiligten die Arbeit erleichterte.

Die Sommerferien verbrachte Clara mit ihren beiden Töchtern in Berchtesgaden und reiste im Anschluss nach Baden-Baden, wo eine Überraschung auf sie wartete. Ihre Tochter Elise war mit ihrem Mann Louis Sommerhoff und den drei Kindern im Mai 1883 endgültig nach Europa zurückgekehrt. Für einige Wochen erholten sie sich nun gemeinsam mit Clara in Baden-Baden, bevor sie ein Haus in der damals noch außerhalb Frankfurts liegenden Gutleutstraße bezogen. Im Mai 1885 wurde dort Elises jüngstes Kind geboren, dem sie in Erinnerung an ihren früh verstorbenen Bruder den Namen Felix gab.

Lediglich ein einziges Konzert außerhalb Deutschlands gab Clara am 1. Dezember 1883 in Utrecht, wo sie wieder mit Roberts Klavierkonzert brillierte. Nach dem Jahreswechsel spielte sie im Januar 1884 in einem Konzert in Wiesbaden, wohin sie aber hauptsächlich gefahren war, um eine Aufführung der neuen dritten Sinfonie von Johannes Brahms zu erleben. Sie war von dem Werk so beeindruckt, dass sie es viele Wochen lang Takt für Takt studierte, indem sie es als Arrangement für Klavier zu vier Händen mit ihrer Tochter Elise durchspielte. „Welch' ein Werk, welche Poesie" (Litzmann III, S. 449), schrieb sie Brahms voller Begeisterung.

Trotz aller Besorgnis wegen ihrer starken rheumatischen Beschwerden machte sich Clara Ende Februar 1884 zum sechzehnten Mal zur England-Tournee auf. Mit großer Nervosität sah sie ihrem ersten Auftritt in der St. Jame's Hall entgegen, spielte aber Beethovens Klaviersonate *Les Adieux* derart schön, dass alle Bedenken sofort zerstreut waren.

Noch mehr als in den früheren Jahren wurde sie mit Bravorufen und Blumensträußen bedacht und musste Zugaben spielen. Später erfuhr Clara, dass

Professorin in Frankfurt (1878-1889)

es in London unüblich war, Blumen auf die Bühne zu werfen. Dies geschah ausschließlich bei ihren Auftritten. Clara war gerührt ob der Anhänglichkeit ihrer englischen Fans, die ihr auch noch Tage später Blumen ins Haus schickten.

Insgesamt zehn Konzerte gab sie in London, allerdings unter immer heftigeren Beschwerden. Vor jedem Auftritt bangte Clara, ob sie ihn würde durchstehen können. Häufig verbrachte sie die Nächte schlaflos und voller Angst. Zu ihrem rheumatischen Leiden traten Schmerzen in der Brust und Fieber, weshalb sie eine Lungenkrankheit befürchtete. Als sich eine Neuralgie im gesamten Körper ausbreitete, ließ Clara einen Arzt rufen. Dieser konnte nicht viel helfen und glaubte, das Schlimmste sei bereits überstanden. Er empfahl Clara ein opulentes Dinner mit Champagner am Abend, das sie bestimmt wieder aufrichten könne.

Während des gesamten London-Aufenthaltes bewältigte Clara ihre Auftritte mit Bravour und unter Jubelrufen des Publikums. Termine für private Konzerte bei adligen Damen und abendliche Einladungen mit anschließendem gemeinsamem Musizieren nahm sie außerdem wahr. Nicht zuletzt suchten sie zahlreiche arbeitssuchende Klavierlehrerinnen auf, die sie um Vermittlung einer guten Anstellung baten. In der Annahme, Clara habe allerbeste Verbindungen in ganz London, standen sie quasi Schlange vor ihrer Tür und warteten geduldig auf ein Gespräch. Auch ihnen widmete Clara Zeit, obschon sie in keiner Weise helfen konnte. Sie bedauerte die armen Damen zutiefst, hatten manche doch noch nicht einmal genügend Geld, um sich Lebensmittel zu kaufen.

Es bleibt ein Phänomen, wie Clara diese Strapazen trotz ihrer körperlichen Einschränkungen überstehen konnte. Wieder mit glänzendem Gewinn, aber körperlich völlig erschöpft, trat sie im April 1884 die Rückreise auf den Kontinent an.

Die ersehnte Ruhe kehrte in Frankfurt nicht ein, obwohl sie in Haus und Garten alles schön und gemütlich hergerichtet vorfand. Die Einladung zum Düsseldorfer Musikfest im Mai sagte Clara schweren Herzens ab. Eigentlich hatte sie sich darauf gefreut, dort noch einmal die dritte Sinfonie von Brahms hören zu können, deren Frankfurter Aufführung sie wegen ihres Aufenthalts in England verpasst hatte.

Claras Haus belebte sich zusehends, als die drei ältesten Kinder Ferdinands, ihre Enkel Julie, Ferdinand und Alfred, eintrafen. Ihre Schwiegertochter Antonie war an Bauchfellentzündung erkrankt, und Ferdinand ging es ohnehin schlecht, so dass sich niemand um die Kinder kümmern konnte. Ihre erklärte Lieblingsenkelin Julie, Ferdinands einzige Tochter, von Clara zärtlich „Julchen" genannt, behielt sie den gesamten folgenden Winter bei sich in Frankfurt.

Als erfreulicher Lichtblick erwies sich der Besuch ihrer alten Freundin Pauline Viardot-García, die sie lange nicht mehr gesehen hatte. Clara fühlte sich durch den lebhaften Austausch mit der Sängerin sehr bewegt. Die vergangenen Jahre zogen an ihrem inneren Auge vorüber und weckten die Erinnerung an viele gemeinsame Erlebnisse mit der Freundin, nicht zuletzt an ihre ersten Begegnungen in jungen Jahren, als die beiden aufstrebenden Künstlerinnen die Welt in den rosigsten Farben sahen und das Leben noch vor sich hatten. Clara geriet ins Grübeln und blieb nach Paulines Abreise in wehmütiger Stimmung zurück.

Es war einsam um Clara geworden, zumindest empfand sie es so. Der Kreis ihrer engsten Freunde hatte sich inzwischen deutlich verkleinert. Da sie selbst aus Altersgründen nicht mehr so unbeschwert und häufig reisen konnte, wurden persönliche Kontakte nur noch sehr unregelmäßig gepflegt. Clara vermisste die Begegnungen, die Gespräche und vor allem den künstlerischen Austausch mit Gleichgesinnten. Traurig stellte sie zudem fest, dass es für sie außer Brahms keinen lebenden Künstler mehr gab, zu dem sie in Bewunderung und Verehrung hätte aufschauen können.

Neuerdings litt Clara außerdem unter einer Schwerhörigkeit, die den Umgang mit anderen Menschen zusätzlich behinderte. Besonders in Gesellschaft konnte sie der allgemeinen Unterhaltung meist nicht mehr folgen, verlor den Faden und kapselte sich zwangsläufig ab.

Erholung und vor allem Ablenkung suchte sie im Sommer 1884 auf dem Obersalzberg bei Berchtesgaden. Die Aufenthalte dort hatten ihr in den letzten Jahren immer recht gut getan, doch dieses Mal fand sie wegen unerträglicher Schmerzen im Arm keine Entspannung. Schweren Herzens musste sie alle Auftritte für den Rest des Jahres absagen.

Auch das neue Jahr 1885 begann unglücklich, da gleich im Februar in Claras Haus eingebrochen wurde. Die Diebe kamen durch den Garten, verschafften sich mit Hilfe von Dietrichen Zugang und verbrachten offenbar die ganze Nacht in den Wohnräumen im Erdgeschoss. Es schien sich um erfahrene Gauner zu handeln, die gezielt nach feinem Gold und Silber suchten. Selbst die

Professorin in Frankfurt (1878–1889)

wertvollen Kristallflaschen zerschlugen sie an der Gartenmauer, um an die goldenen und silbernen Verzierungen zu gelangen. Besonders betroffen war Clara darüber, dass ihr der schöne Lorbeerkranz geraubt wurde, den man ihr in Leipzig zu ihrem goldenen Bühnenjubiläum geschenkt hatte. Die Zeitungen waren voll mit Berichten über den gemeinen Diebstahl im Haus der berühmten Pianistin.

Mehr noch als unter dem materiellen Schaden litten Clara und ihre Töchter darunter, dass sie sich in ihrem Haus nicht mehr sicher fühlen konnten. Seit Jahren hatten sie einen solchen Einbruch befürchtet, sich aber nicht entschließen können, entsprechende Vorkehrungen zu treffen. Nun lebten sie in großer Angst und sannen auf Abhilfe. Sie beschlossen, Sicherheitsschlösser anbringen zu lassen und sich einen Hund zur Bewachung anzuschaffen, was dann später auch erfolgte. Allerdings brachte das Tier gleichzeitig reichlich Unruhe in den häuslichen Alltag.

Vorerst ließen sie alles mit Eisenstäben „verrammeln", wie Clara es verärgert ausdrückte. Sie fühlte sich durch diese Vorrichtungen und vor allem durch die Ängste, die sie nun ständig verfolgten, in ihrem Ruhestand stark beeinträchtigt, hatte sie diese Lebensphase doch in gemütlicher häuslicher Atmosphäre verbringen wollen. Da sie sich mit Arbeit immer gut ablenken konnte, hoffte sie inständig, bald wieder Klavier spielen zu können.

Am 13. März 1885 war es endlich so weit. Zum ersten Mal in dieser Wintersaison trat Clara auf und spielte beim Kammermusikabend der Frankfurter Museumsgesellschaft den Klavierpart im populären Es-Dur-Quintett ihres Mannes. Das Publikum reagierte gewohnt enthusiastisch und bedachte sie mit zahlreichen Blumensträußen.

Unmittelbar danach erhielt sie aus Leipzig die Einladung, dort zum Abschied vom alten Gewandhaus zu spielen. Clara konnte unmöglich absagen, war es doch der Saal, in dem sie fast sechs Jahrzehnte zuvor ihre Karriere begonnen hatte. Das Leipziger Publikum empfing sie – wie nicht anders zu erwarten – mit außergewöhnlicher Herzlichkeit. Nach dem Konzert blieb Clara noch einige Tage in der Stadt, um sich mit den guten Freunden aus früherer Zeit zu treffen. Auch nutzte sie hier die Gelegenheit, endlich die dritte Sinfonie von Brahms noch einmal zu hören.

Zwei Konzerte gab Clara im April 1885 in der Berliner Singakademie auf deren nachhaltiges Drängen hin. Sie freute sich darüber, gemeinsam mit

Joseph Joachim auftreten zu können. Auch sah sie nach langer Zeit ihren Halbbruder Woldemar Bargiel wieder, dem die Leitung des Orchesters im zweiten Konzert übertragen worden war. Zufrieden mit ihrem Klavierspiel und glücklich darüber, dass sie sich durch die beiden Auftritte nicht überanstrengt fühlte, kehrte Clara deutlich besser gestimmt nach Hause zurück.

Doch viele Auftrittsangebote und Einladungen musste sie im Laufe der folgenden Monate absagen, darunter eine sehr ehrenvolle der Königin Elisabeth von Rumänien. Die unter dem Pseudonym Carmen Sylva als Schriftstellerin publizierende Königin, wurde 1843 auf Schloss Monrepos bei Neuwied am Rhein geboren. Nachdem Clara seinerzeit dort auf Einladung der Eltern, Fürst Hermann zu Wied und dessen Ehefrau Marie, ein Konzert gegeben hatte, durfte sie der Tochter des Hauses einige Zeit Klavierunterricht erteilen.

Auch nach ihrer Verheiratung und Ernennung zur Königin von Rumänien verlor Elisabeth nie das Interesse an Clara und hätte sie gerne einmal wiedergesehen. Sie bot sogar an, einen privaten Wagen nach Frankfurt zu schicken, um sie abholen zu lassen. Doch Clara fühlte sich zu schwach für diese weite Reise. Stattdessen besuchte sie lediglich ihre engsten Freunde in Düsseldorf, bevor es in die Sommerfrische ging.

Einigermaßen erholt feierte Clara am 13. September ihren sechsundsechzigsten Geburtstag im Haus von Elise und Louis Sommerhoff. Bei dieser Gelegenheit lernte sie den Bildhauer Adolf Hildebrand (1847-1921) kennen. Schon länger standen Claras Kinder in Kontakt zu dem knapp vierzigjährigen renommierten Künstler und baten ihn, eine Büste ihrer Mutter anzufertigen. Schließlich fand Hildebrand in Frankfurt ein geeignetes Atelier, wo Clara ihm Modell sitzen konnte. Die zum Teil über zwei Stunden dauernden Sitzungen strengten sie sehr an. Dabei machten ihr die Termine an sich großen Spaß. Sie fand Hildebrand außergewöhnlich liebenswürdig und sah ihm gern bei seiner Arbeit zu. Die Sympathie der Künstler beruhte auf Gegenseitigkeit. Auch Hildebrand genoss das Zusammensein mit der Pianistin, wie aus einem Brief hervorgeht, den er ihr einige Wochen später aus Florenz schrieb.

Von der vollendeten Porträtbüste, lebensgroß und aus Marmor, war Clara begeistert. Sie war beeindruckt von der frappierenden Ähnlichkeit und hielt die Darstellung für ein geniales Kunstwerk.

Professorin in Frankfurt (1878–1889)

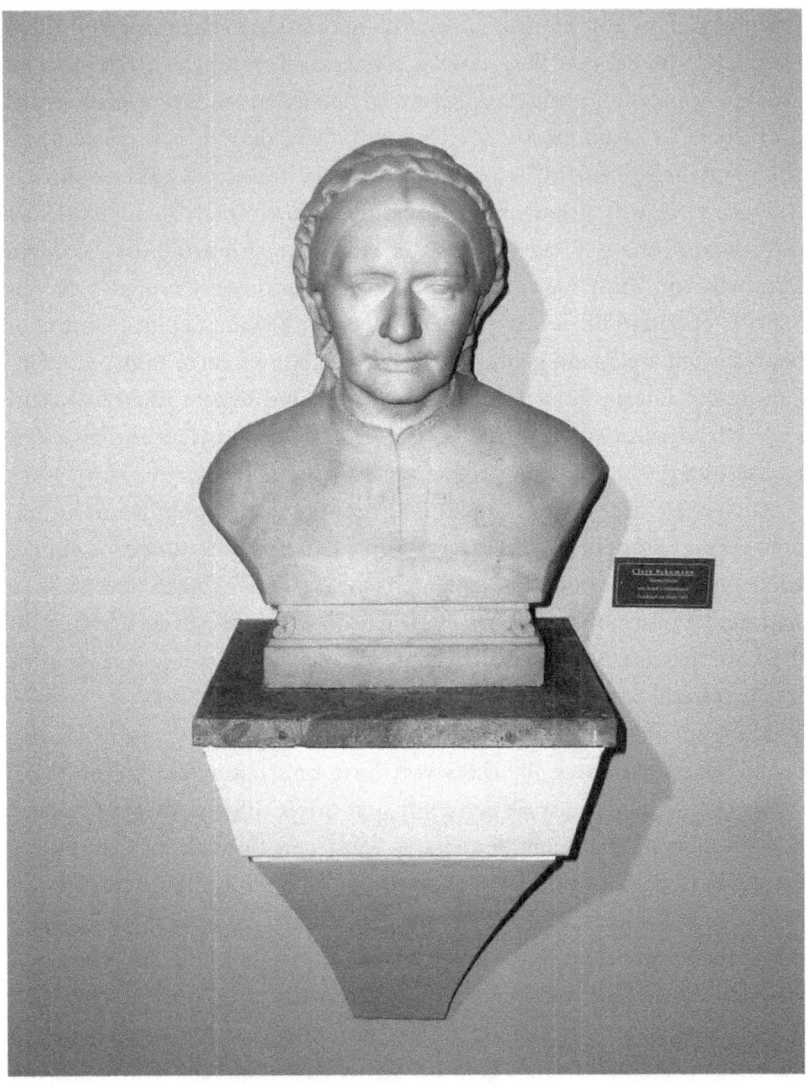

Clara Schumann in München 1885. Büste aus Marmor von Adolf Hildebrand.

Unsicher und furchtsam begab sich Clara Ende November 1885 nach Leipzig, wo sie zum ersten Mal im neu eröffneten Gewandhaus auftreten sollte. Es wäre undenkbar für sie gewesen, diese Einladung abzulehnen, aber sie quälten wieder einmal große Befürchtungen.

Bei ihrem Auftritt spielte sie Frédéric Chopins Klavierkonzert f-Moll. Das ganze Jahr über hatte sie das Werk studiert und trotz ihrer Schmerzen ständig geübt. Fast wollte sie schon die Hoffnung aufgegeben, es noch einmal öffentlich spielen zu können. Wie staunte sie dann in Leipzig über sich selbst, als sie ohne jegliche Nervosität die Bühne betrat und mit geradezu jugendlicher Leichtigkeit das Klavierkonzert interpretierte. Erst später merkte Clara an ihren heftigen Beschwerden im Arm, dass sie sich wohl doch überanstrengt hatte.

Wieder musste sie Konzerte absagen. Anfang des Jahres 1886 zog sie sich zu allem Überfluss auch noch eine äußerst schmerzhafte Kniegelenkentzündung zu, wegen der sie drei Wochen lang im Bett bleiben sollte. Gleichzeitig litt Clara darunter, dass sich ihr Gehör noch weiter verschlechterte. Jetzt fiel es ihr sogar schwer, Musikstücke zu verfolgen. Die Klänge schienen durcheinander zu schwirren, und zudem glaube sie, im Diskant alles einen halben Ton höher zu hören. Trotzdem ließ sich Clara im Frühjahr 1886 – nach Chappells intensivem Drängen – auf eine weitere England-Tournee ein. Es war ihre siebzehnte.

In London nahmen ihre Auftrittsängste immer abstrusere Züge an. Sie entwickelte regelrechte Panikattacken vor jedem Konzert und hatte die merkwürdigsten Erscheinungen. Mal befürchtete sie eine neuralgische Lähmung des gesamten Oberkörpers während des Spielens, dann wieder, auf der Bühne tot vom Klavierstuhl zu fallen. Die Tage und Nächte vor einem Auftritt verbrachte Clara in heller Aufregung und von Albträumen verfolgt. Stets waren sämtliche Sorgen überflüssig, da sie jeden Auftritt erfolgreich meisterte und alle Schmerzen wie weggeblasen waren. Auf der Bühne zu sein und Klavier zu spielen war und blieb für sie die beste Medizin.

Der wie immer triumphale Erfolg in London beflügelte Clara so sehr, dass sie entgegen aller Bedenken – dieses Mal plagten sie starke Rückenschmerzen – 1887 wieder, und zwar zum achtzehnten Mal, die Reise nach England antrat. Nirgendwo sonst fand sie sich und ihre Kunst derart überschwänglich angenommen, nirgendwo sonst entdeckte sie eine solche Feinsinnigkeit beim

Publikum. Ihre Auftritte in London wirkten wie eine Droge, von der Clara nicht lassen konnte.

In diesem Jahr bat die Princess of Wales, Alexandra von Dänemark, die berühmte Pianistin zu sich in den Palast. Clara sollte ihren Kindern ausgewählte Klavierstücke von Robert vorspielen. Als Dank überreichte die Princess Clara ein wertvolles Geschenk, einen Schwan, der eine kleine, mit Brillanten besetzte Leier als Symbol für die Musik festhielt.

Während sich Clara über das Geschenk freute, war sie über das Verhalten der Princess recht verärgert. Außer zum Klavierspielen durfte sich Clara nicht einmal hinsetzen, was sie in doppelter Hinsicht für unhöflich und geradezu hochmütig hielt. Nicht nur angesichts ihres Alters hätte man ihr einen Platz anbieten müssen, sondern auch wegen ihres hohen Ranges als Künstlerin. Aber das sahen die Royals offenbar ganz anders, schließlich war Clara nicht adligen Geblüts.

Nach ihrer Rückkehr aus England erwarteten Clara traurige Nachrichten. Ihr Sohn Ferdinand kam von seiner Morphiumsucht nicht los und konnte für seine große Familie nicht mehr sorgen. Für mindestens ein Jahr sollte er sich auf Anraten seiner Ärzte intensiver Behandlung in diversen Sanatorien unterziehen.

Da die ungeliebte Schwiegertochter Antonie mit ihren sechs Kindern nun mittellos dastand, erklärte sich Clara bereit, die finanzielle Verantwortung für die Familie zu übernehmen. Ferdinands Berliner Haushalt wurde aufgelöst, die ältesten Kinder auf die Familie verteilt und für Antonie und ihre jüngeren Kinder eine kostengünstige Wohnung gesucht. Clara kam für den Unterhalt der Kinder auf, allerdings unter der Bedingung, dass sie über den weiteren Ausbildungsweg ihrer Enkel entscheiden durfte.

Gleichzeitig versetzte sie die Nachricht vom Tod ihrer Enkelin Clara, der einzigen Tochter von Elise und Louis Sommerhoff, in tiefe Trauer. Die fünfjährige Clara starb während eines Besuchs mit ihren Eltern bei der Großmutter Sommerhoff in Zürich an Diphtherie.

Ferdinands einzige Tochter, Claras vierzehnjährige Lieblingsenkelin Julie, wohnte für längere Zeit bei ihr in Frankfurt. Zwar hatte sie das Mädchen ausgesprochen gern um sich, sah aber bald ein, dass sie – nicht zuletzt aufgrund ihrer hohen zeitlichen Belastung durch ihre Lehrtätigkeit – die Verantwortung für ihre Enkelin nicht länger übernehmen konnte. Clara ließ ihre guten

Beziehungen spielen und ersuchte um eine Audienz bei der Kronprinzessin von Preußen, Queen Victorias Tochter Vicky, die 1856 den deutschen Kronprinzen Friedrich Wilhelm geheiratet hatte und zu dieser Zeit zu einer Kur in Bad Ems weilte.

Clara bat Victoria um eine Freistelle für ihre Enkelin Julie in der renommierten Berliner Königin-Luise-Stiftung. Sie war angetan von der einfühlsamen und mütterlichen Art der Kronprinzessin. Mit ihr konnte sie ohne Scheu offen über ihre familiären Probleme sprechen. Victoria machte ihr wenig Hoffnung. Sie rief dann ihre drei jüngeren Töchter hinzu, denen Clara einige von Roberts Klavierstücken vorspielen und in deren Erinnerungsalben sie sich eintragen sollte. Offenbar hinterließ Clara einen bleibenden Eindruck, denn viele Monate später erhielt sie die Nachricht, die Kronprinzessin habe eine Freistelle im Stift bewilligt. Julie trat sie im Frühjahr 1888 an.

Die Aufregung um ihren Sohn Ferdinand beherrschte auch den Herbst des Jahres 1887. Er bat Clara, ihm einen Platz im Sanatorium Neuwittelsbach bei München zu besorgen, da er seine Entziehungskur in der Heilanstalt in Blankenburg (Harz) abbrechen wolle. Nachdem Clara alle übrigen Termine, auch die geplante Feier ihres Geburtstags, abgesagt und sich erfolgreich um die gewünschte Unterbringung bemüht hatte, entschied Ferdinand, doch in Blankenburg zu bleiben. Clara war reichlich verärgert, und dies umso mehr, als sie später erfuhr, dass ihr Sohn sich in der Anstalt illegal Morphium beschaffen konnte, was verheerende Folgen für seine Therapie hatte und ihn um Monate zurückwarf.

Unter den vielen turbulenten Ereignissen des Jahres 1887 wühlte Clara eines emotional besonders auf: Brahms und sie hatten beschlossen, einander ihre Briefe zurückzugeben. Die Lektüre versetzte Clara in längst überstanden geglaubte Phasen ihres Lebens zurück, angefangen mit der Krankheit und dem Tod ihres Mannes. Der leidenschaftliche Ton zwischen ihr und Brahms in den Anfangsjahren ihrer Freundschaft rührte sie besonders an, und sie begann, ihre Briefe an Brahms zu zerreißen, bis ihre Töchter hinzukamen und angeblich verhinderten, dass Clara damit fortfuhr. Vor allem der ältesten Tochter Marie war bewusst, dass es sich bei diesen Briefen um einen Schatz handelte, mit dem sie sehr sorgsam umgehen würde.

Brahms seinerseits musste lange auf die Rückgabe seiner Briefe warten, weil Clara auch diese zunächst noch einmal lesen wollte. Sie bat darum, einige

Professorin in Frankfurt (1878–1889)

von ihnen behalten zu dürfen. Brahms stimmte zu und versenkte die übrigen, einem romantischen Ideal folgend, bei Rüdesheim im Rhein.

Nachdem sie im Januar 1888 ein Konzert relativ beschwerdefrei absolviert hatte, beschloss Clara, doch noch einmal nach England zu reisen. Ihre Erfolge waren immens wie immer, aber die Stimmungsschwankungen und die furchtbaren Ängste vor jedem Auftritt empfand sie dieses Mal als so quälend, dass auch der jubelnde Beifall des Publikums sie nicht mehr froh werden ließ. Clara entschied, mit dieser neunzehnten Tournee das Kapitel England für immer zu schließen. Nach insgesamt acht Konzerten in London trat sie am 31. März 1888 zum letzten Mal die Rückreise auf den Kontinent an.

Im April 1888 feierte das Hoch'sche Konservatorium die Einweihung seines neuen Schulgebäudes mit einem Konzert, in dem auch Clara hätte spielen sollen. Doch aufgrund ihres schlechten Befindens musste sie kurzfristig am Morgen des Festtags absagen, was ein physisches und moralisches Fiasko für sie bedeutete. Zehn Jahre zuvor hatte sie das Konservatorium mit eröffnet, und nun war sie nicht dabei. Die Schüler hatten eigens einen Lorbeerkranz mit Inschrift für Clara gestiftet, den sie ihr schließlich nach Hause sandten. Sie konnte sich kaum darüber freuen, so niedergeschlagen war sie.

Ein anderer, sehr gewichtiger Grund zum Feiern deutete sich allmählich an. Im Urlaub, den sie wieder auf dem Obersalzberg verbrachte, bemerkte Clara schon die ganze Zeit über ein geheimnisvolles Getuschel ihrer Töchter, das abrupt erstarb, sobald sie auftauchte. Dann rückten Marie und Eugenie schließlich mit der Nachricht heraus, dass es um Claras sechzigjähriges Bühnenjubiläum ging. Vom 20. Oktober 1888 an sollten diverse Feierlichkeiten stattfinden, um dieses herausragende Ereignis zu würdigen.

Clara tat völlig erstaunt, hatte sie selbst doch angeblich gar nicht an dieses Jubiläum gedacht. Ursprünglich plante sie sogar, in der fraglichen Woche wegzufahren, was ihr die Töchter aber strikt untersagten. Auch Scholz als Direktor des Konservatoriums bat sie inständig, zu kommen und dem Komitee und den Schülern die Freude nicht zu verderben.

Bei der Feier im Konservatorium spielten ihre Schülerinnen zu Claras großer Freude einen ganzen Reigen wunderbarer Musikstücke. Beim abschließenden Konzert am Ende der Woche im großen Saal des Museums wurden nur Werke ihres Mannes gegeben, beginnend mit der Ouvertüre zu Oper *Genoveva* über zahlreiche Chorsätze bis hin zur zweiten Sinfonie. Natürlich spielte Clara ihren Bravourpart in Roberts Klavierkonzert, außerdem ihren eigenen, seinerzeit für die Goldhochzeit von Hübners komponierten Es-Dur-Marsch.

Als Clara im Saal erschien, erhoben sich alle von ihren Plätzen, das Orchester spielte einen Tusch nach dem anderen, das Applaudieren und die Bravorufe wollten kein Ende nehmen. Clara war tief gerührt wegen der vielen Ehrbekundungen und insbesondere wegen der warmen Herzlichkeit, die ihr aus dem Publikum entgegen strömte. Am Ende des Konzerts erschienen drei Damen auf der Bühne und überreichten Clara einen goldenen Lorbeerkranz vom Vorstand des Museums. Als sie in ihr Künstlerzimmer zurückkam, war auch dieses wieder festlich geschmückt.

Über zweihundert Depeschen und Briefe mit Gratulationen erhielt Clara aus diversen deutschen Städten sowie aus England. Dazu Blumen in solchen Mengen, dass nicht alle Sträuße in den Wohnräumen untergebracht werden konnten, sogar im Flur und auf der Treppe musste man Blumenvasen aufstellen.

Im Januar 1889 reiste Clara mit Marie nach Berlin, um dort das Konzert im Großen Saal der Philharmonie nachzuholen, das sie einige Wochen zuvor aus gesundheitlichen Gründen abgesagt hatte. Clara war überglücklich, noch einmal mit Joseph Joachim und ihrem Halbbruder Woldemar Bargiel auftreten zu können. Sie spielte wieder Chopins Klavierkonzert. Die Presse überschlug sich. Im *Musikalischen Wochenblatt* war am 21. Februar 1889 zu lesen: „Nicht Beifall wars, sondern ein förmlicher Tumult, den die Greisin mit dem jugendlichen Feuer ihres Vortrags entzündete, und wir gestehen, dass wir selbst Clara Schumann kaum je so vollendet haben spielen hören, wie an diesem Abend."

Zu Claras siebzigstem Geburtstag am 13. September 1889, der besonders ehrenvoll in Baden-Baden gefeiert wurde, schickte ihr der junge Kaiser Wilhelm II. die goldene Verdienstmedaille für Kunst, eine hohe und seltene Auszeichnung. Darüber hinaus erhielt sie eine Flut von Glückwunschtelegrammen aus allerhöchsten adligen Kreisen, so auch von zwei Kaiserinnen: der amtierenden Kaiserin Auguste Viktoria sowie der so genannten Kaiserin Friedrich, Queen Victorias Tochter, die Clara zwei Jahre zuvor noch als Kronprinzessin eine Freistelle im Luisenstift für ihre Enkelin Julie vermittelt hatte.

Professorin in Frankfurt (1878–1889)

Auch die zahlreichen nationalen und internationalen Vereinigungen und Musikeinrichtungen, die Clara seit den 1860er Jahren Ehrenmitgliedschaften angetragen hatten, sandten ihr eine Fülle würdigender Glückwünsche. Die Namen der Gratulanten waren illuster, die Geschenke überwältigend.

Angesichts der enormen Menge musste Clara ihre Danksagungen drucken lassen, da sie ihrem Arm so viel Schreibarbeit nicht zumuten konnte. Aber sie ließ es sich nicht nehmen, die Adressaten handschriftlich einzutragen und natürlich auch persönlich zu unterzeichnen.

Mit ihrem besten Freund Johannes Brahms feierte sie eine Woche später in aller Ruhe zu zweit. „Als Künstlerin in das Greisenalter zu treten ist auch nicht leicht!" (Litzmann III, S. 515), gestand sie ihm.

Clara Schumann im Alter (1890-1896)

Bühnenabschied – Krankheit und Tod – Vermächtnis und Nachwelt

Das Älterwerden bereitete Clara viel Kummer. Die Schmerzen in ihren Armen klangen nicht mehr ab, sondern wurden mit den Jahren schlimmer. Immer stärker musste sie mit zunehmendem Alter das Klavierspielen einschränken, was für sie einer regelrechten Strafe gleichkam.

Am härtesten traf es sie, wenn Brahms ihr ein gerade komponiertes Stück schickte. Seit die beiden sich kannten, war sie seine erste und wichtigste Kritikerin gewesen. Kaum war die Tinte getrocknet, sandte Brahms seine Manuskripte stets an Clara und wartete deren sachkundiges Urteil ab, bevor er sich weiter mit seinem neuen Stück beschäftigte. Mit großem Vergnügen und voller Neugier hatte Clara sich jedes Mal sofort ans Klavier gesetzt und das Werk durchgespielt, um Brahms dann ihre Anmerkungen zukommen zu lassen.

Jetzt ließen ihre Schmerzen dies immer häufiger nicht zu. Clara war in solchen Fällen darauf angewiesen, dass eine ihrer Töchter ihr die Stücke vorspielte. Zwar bereitete ihr dies nicht annähernd denselben Genuss, aber es war immerhin eine gewisse „Stärkung für das arme gequälte Herz" (Litzmann III, S. 512), wie Clara ihrem Tagebuch anvertraute.

Mindestens ebenso litt sie darunter, dass ihr das Reisen mittlerweile recht beschwerlich wurde. Früher war es für Clara ein Leichtes gewesen, selbst die strapaziösesten Touren in unzulänglichen Gefährten und unter widrigsten Umständen zu überstehen. Jetzt musste sie auch in dieser Hinsicht große Abstriche machen – und dies, wo ihre doch wirklich guten Freunde in weit entfernten Städten lebten. An erster Stelle sind hier Rosalie Leser und das Ehepaar Bendemann in Düsseldorf zu nennen. Im Dezember 1889 fuhr sie kurzentschlossen für einige Tage zu ihnen, als hätte sie geahnt, was kurz darauf passierte.

Clara Schumann im Alter (1890–1896)

Kurz vor Silvester erhielt Clara die traurige Nachricht, dass Eduard Bendemann völlig unerwartet gestorben war. Eine Influenza mit nachfolgender Lungenentzündung hatte ihn innerhalb weniger Tage dahingerafft. Für Clara war es ein schwerer Schlag. Sie verlor einen ihrer treuesten Freunde, der ihr jederzeit mit wohlwollendem Rat zur Seite gestanden hatte. Völlig niedergedrückt schrieb sie der Witwe Lida einen langen Kondolenzbrief, in dem sie mit warmen Worten ihrem tiefen Mitgefühl Ausdruck verlieh.

Lida Bendemann dankte Clara von ganzem Herzen. Sie fühlte sich getröstet und in ihrem Kummer nicht allein gelassen. Noch lieber hätte sie die alte Freundin persönlich gesprochen, doch Clara hatte sich inzwischen selbst angesteckt und begann das Jahr 1890 mit schrecklichem Husten im Bett liegend. Ihre kräftige Natur und die liebevolle Pflege ihrer Töchter ließen sie erstaunlicherweise nach einigen Wochen vollkommen gesunden.

Kaum war das überstanden, traf die nächste traurige Nachricht ein. Im Februar 1890 starb der Gynäkologe Professor Carl Litzmann, in dessen Kieler Haus Clara während ihrer Kuren stets überaus herzlich aufgenommen worden war. Die Familie Litzmann hatte ihr in den schwierigsten Phasen ihres Armleidens in jeder Hinsicht Beistand geleistet und sich als treu erwiesen.

Als Lichtblick in diesen trüben Tagen empfand Clara den Besuch von Brahms, der in einem Kammerkonzert im Frankfurter Museum auftreten und seine neuen Stücke vorstellen wollte. Sie genoss die Zeit und den persönlichen Austausch mit dem Freund, der sich dieses Mal in durchgehend guter Stimmung befand. Bedauerlich war, dass Clara bei einem gemeinsamen Theaterbesuch aufgrund ihrer Schwerhörigkeit die Dialoge auf der Bühne über weite Strecken nicht verstehen konnte. Sie litt enorm darunter, solche kulturellen Angebote nicht mehr mit Gewinn wahrnehmen zu können, ging aber dennoch häufig zu Theaterbesuchen mit, um sich gesellschaftlich nicht ganz zu isolieren.

Viel zu schnell gingen die schönen Tage vorüber. Clara wurde regelrecht sentimental, als Brahms abreiste. Jedes Wiedersehen könnte doch das letzte sein, fürchtete sie. Schließlich hätte sie – wie viele andere auch – an der Influenza sterben können. Sie konnte nicht verstehen, dass Brahms solche Gedanken offenbar fremd waren, übersah dabei aber wohl, dass er vierzehn Jahre jünger war als sie.

Bühnenabschied – Krankheit und Tod – Vermächtnis und Nachwelt

Das jährliche Prüfungskonzert am Konservatorium lenkte Clara etwas ab, war es doch immer mit viel Aufregung für Lehrer und Probanden verbunden. Auch eine kleine Nachmittagsmusik, die sie nach langer Pause noch einmal bei sich zu Hause veranstaltete, gab ihr Auftrieb.

Von den Musikfesten in Bonn am Himmelfahrtstag – es war das erste Beethovenfest – und in Düsseldorf zu Pfingsten 1890 konnte Clara sich zu ihrem großen Bedauern nur erzählen lassen. An eine Teilnahme oder gar ihre Mitwirkung war aufgrund ihres Befindens nicht mehr zu denken. Clara musste sich beherrschen, um nicht wieder in Trübsinn zu verfallen, da sie immer noch eine tiefe Verbundenheit mit solchen Festen und den dort anwesenden Künstlern verspürte. Dass sie später von vielen Seiten hörte, wie sehr sie vermisst worden sei, versöhnte sie einigermaßen.

Dann kam der 8. Juni 1890. Achtzig Jahre wäre ihr Robert an diesem Tag geworden – für Clara Anlass genug, um eine kleine Feier auszurichten. Die Gesellschaft umfasste fast vierzig Personen, darunter der Geiger Joseph Joachim und weitere ausgezeichnete Musiker. Clara fühlte sich durch die Gedanken an ihren verstorbenen Mann sehr mitgenommen und hätte sich zeitweise gerne zurückgezogen. Doch als sie hörte, wie exzellent die anwesenden Künstler Roberts Kompositionen musizierten, verflüchtigte sich ihre Schwäche etwas. Und als ihre Töchter sie dann bestürmten, gemeinsam mit den Freunden Roberts großartiges Klavierquintett zu spielen, kehrte ihre gewohnte Kraft schlagartig zurück, und sie setzte sich ans Klavier.

Nach dem gemeinsamen Abendessen verabschiedeten sich die Freunde und reisten wieder ab. Es war ein kurzes Vergnügen, wie Clara fand, aber doch lang genug, um die innige Verbundenheit mit ihrem Mann und die lebendige Erinnerung an ihn als besondere Wohltat genießen zu können.

Aufenthalte in Franzensbad, Obersalzberg, München und Baden-Baden trugen zu Claras Erholung im Sommer 1890 bei. Im Anschluss fühlte sie sich kräftig genug, um Lida Bendemann und Rosalie Leser in Düsseldorf zu besuchen. Sie hatte ihre Freude am erfrischenden Austausch mit den langjährigen Freundinnen, die ihrerseits glücklich über Claras Besuch waren und ihr später in ausführlichen Briefen dafür dankten.

Nach ihrer Rückkehr im Herbst trat Clara im Frankfurter Museumskonzert auf und wagte sich dabei sogar noch einmal an das technisch anspruchsvolle Klavierkonzert von Frédéric Chopin. Aber mit welcher Aufregung und welchen Ängsten das im Vorfeld wieder verbunden war, wagte sie kaum jemandem zu erzählen. Dass ihr etwas zustoßen könnte vor dem Konzert oder dass sie beim Spielen den Faden verlieren und immer wieder würde von vorne beginnen müssen, waren noch die harmloseren Befürchtungen. Ihre Töchter sorgten sich sehr um sie und gerieten dann selbst in hektische Unruhe. Die Stimmung im Hause Schumann war bis auf das Äußerste gespannt, die Nerven lagen blank.

Natürlich absolvierte Clara ihren Auftritt meisterhaft und glaubte wie schon so oft, dieses Konzert nie zuvor derart schön gespielt zu haben. Das Publikum tobte vor Begeisterung, die Blumensträuße flogen ihr nur so zu, und ihre Schülerinnen hatten sämtliche Treppenstufen im Haus mit Rosen und Nelken bestreut.

In den Tagen nach dem Konzert dachte Clara unablässig über die sonderbaren Zustände nach, die ihren Körper und vor allem ihre Seele vor jedem Auftritt befielen. Sie mochte diese aufreibenden Kämpfe nicht mehr aushalten und kam zu dem Schluss, dies sollte ihr letztes großes Konzert gewesen sein. Allerdings erfüllte sie der Gedanke auch mit Trauer, und ganz leise bemerkte sie im Tagebuch: „Ach wie schwer ist es Abschied zu nehmen für immer!" (Litzmann III, S. 531)

Zwei Auftritte folgten aber doch noch, zwar keine großen Konzerte mit Orchester mehr, sondern intimere Kammermusikabende. Im Januar 1891 spielte Clara im Frankfurter Museum das Klavierquartett Es-Dur op. 47 ihres Mannes zum letzten Mal in der Öffentlichkeit.

Und dann kam am 12. März 1891 der Tag, an dem sie zum letzten Mal auf einer Bühne an den Flügel trat und vor Publikum spielte, obwohl sie mit einer heftigen Erkältung zu kämpfen hatte. Es war die Trio-Soirée des niederländisch-deutschen Pianisten James Kwast (1852-1927), der ebenfalls am Hoch'schen Konservatorium unterrichtete. Mit ihm zusammen spielte Clara von Johannes Brahms die noch relativ unbekannten *Variationen für zwei Klaviere über ein Thema von Haydn*. Die Zuhörer waren dermaßen begeistert, dass Clara und Kwast das komplette Stück wiederholen mussten.

„Sie sind aber auch zu herrlich, und wieder musste ich staunen vor solcher Kunst u. solcher Genialität" (SBE II.6), schwärmte Clara über die Variationen von Brahms in einem Brief an ihre Freundin Lida Bendemann. Erst recht freute sich der Komponist selbst, als Clara ihm unmittelbar nach dem Konzert berichtete, mit welchem Genuss sie sein Werk gespielt und mit welcher Begeisterung das Publikum es aufgenommen habe.

Ihre Freude währte nicht lange, denn aus London kam die Nachricht, dass Claras jahrelanger Londoner Gastgeber Arthur Burnand einen Schlaganfall erlitten hatte und nach wenigen Stunden verstorben war. Clara war tief erschüttert. Obschon sie keine Reise nach London mehr plante, traf es sie doch schwer, somit ihr geliebtes *home* in England verloren zu haben. Wieder war ein Kapitel ihres Lebens für immer zugeschlagen und ein weiterer geliebter Mensch verloren.

Kurz darauf ereilte sie ein weiterer Schicksalsschlag: Im Juni 1891 starb Claras Sohn Ferdinand kurz vor seinem zweiundvierzigsten Geburtstag. Seit langer Zeit war er krank gewesen, keine Therapie hatte seinen Zustand verbessern können. Der langjährige Missbrauch von Morphium und vermutlich anderen Narkotika forderte seinen Tribut. Die Ärzte konstatierten, dass davon sämtliche Organe geschädigt waren, allmählich ihre Funktion eingestellt, und schließlich vollständig versagt hatten. Bei aller Erschütterung darüber, wieder ein Kind verloren zu haben, sah Clara in Ferdinands Tod eine Erlösung für ihn, war doch sein Leben in den letzten Jahren immer trauriger geworden.

Wieder war es Marie, die sich anstelle ihrer Mutter um die Beisetzung kümmerte. Marie fuhr nach Gera, wo Ferdinand zuletzt seinen Wohnsitz hatte, und regelte sämtliche Formalitäten. Clara hingegen unterrichtete währenddessen, obwohl ihr die Schülerinnen freigestellt hatten, ein paar Tage auszusetzen. Doch nach ihrer eisernen Devise, dass Arbeit immer die beste Ablenkung vom Schmerz sei, ging Clara auf das Angebot nicht ein.

Nun blieb ihr nur noch ein Sohn übrig: Ludwig, der in der Colditzer Heilanstalt elendig sein Dasein fristete. Für ihn gab es keinerlei Hoffnung mehr, Clara betrachtete ihn als lebendig begraben. Dankbar war sie für ihre Töchter, die ihr in jeder Hinsicht zur Seite standen und vor allem jetzt im Alter ihre wertvollste Stütze waren.

Nach Ferdinands Tod kam die Beziehung zu ihrer Schwiegertochter Antonie fast gänzlich zum Erliegen. Häufige Streitgespräche hatten zu einer Verbitterung auf beiden Seiten geführt, ein Konsens ließ sich zwischen den Frauen nicht mehr herstellen. Dennoch gewährte Clara ihr eine regelmäßige finanzielle Unterstützung, auf die Antonie angewiesen war.

Clara Schumann im Alter (1890–1896)

Zwischen den Eheleuten hatte schon lange vor Ferdinands Tod praktisch kein Kontakt mehr bestanden. Jahrelang war es vor allem Ferdinand gewesen, der die Scheidung von seiner Frau Antonie wünschte, was Clara aber strikt zu verhindern gewusst hatte. Da sich Antonie nachweislich nichts hatte zuschulden kommen lassen, wäre eine Trennung mit hohen Kosten für Ferdinand verbunden gewesen, die wegen dessen Mittellosigkeit Clara hätte übernehmen müssen.

Ferdinands Kinder waren schon seit einiger Zeit auf die gesamte Familie verteilt und standen inzwischen unter der Vormundschaft von Elises Mann Louis Sommerhoff. Elise selbst war überdies Patin von Ferdinands zweitem Sohn Alfred, um den sie sich rührend kümmerte.

Über viele Jahre kam Clara für Ferdinands komplette Familie auf und sorgte dafür, dass seine Kinder eine gute Ausbildung erhielten. Nicht alles konnte sie durch die Gewinne aus ihren Konzerten finanzieren, häufig musste sie andere Einnahmequellen suchen. Einige Male verkaufte sie zu diesem Zweck Autographe ihres Mannes, die mittlerweile einen guten Marktwert besaßen. Viele Manuskripte gingen auf diese Weise an die Königliche Bibliothek in Berlin, die heutige Staatsbibliothek Unter den Linden, und bildeten den Grundstock für die dortige große Schumann-Sammlung.

Ferdinands ältestes Kind und einzige Tochter Julie war ihrer Großmutter ganz besonders ans Herz gewachsen. Die Königin-Luise-Stiftung in Berlin, die sie seit Frühjahr 1888 besuchte, verließ sie Ostern 1891 und ging dann ein halbes Jahr lang an eine Hauswirtschaftsschule in Halberstadt.

Claras Enkel Ferdinand studierte zunächst bei Clara und ihrer Tochter Marie in Frankfurt Musik. Nach Beendigung seiner Schulausbildung begann er in Rüsselsheim eine Lehre als Apotheker. Er verbrachte viel Zeit in der Nähe seiner Großmutter und baute ein besonders inniges Verhältnis zu ihr auf. Ferdinand war auch Jahre später bei Clara, als sie im Sterben lag, und veröffentlichte nach ihrem Tod Erinnerungen an seine Zeit in Frankfurt, an seine berühmte Großmutter und deren Familie.

Ferdinands jüngere Brüder Alfred, Felix, Walter und Erich hingegen stellten keine Beziehung zu ihrer Großmutter her. Vielmehr standen sie Clara kritisch gegenüber und warfen ihr vor, sie habe ihre Mutter Antonie herabsetzend behandelt. Alfred veröffentlichte nach dem Tod seiner Großmutter unter einem Pseudonym sogar eine boshafte Schmähschrift, in der er versuchte, Clara bloßzustellen. Deren Töchter Marie und Eugenie bemühten sich ohne Erfolg darum, dieses Pamphlet zu vernichten.

Dabei hatte sich Clara zeitlebens um diese Kinder ihres Sohnes im selben Maße gekümmert wie um Julie und Ferdinand. 1891 hoffte sie auf Freistellen für ihre Enkel Alfred und Felix in der Königlichen Preußischen Hauptkadettenanstalt in Berlin, einer hochrangigen militärischen Ausbildungsstätte. Aufgrund ihrer guten Beziehungen konnte Clara sogar Kaiser Wilhelm II. direkt anschreiben und um Vermittlung bitten. Offenbar gab es aber insgesamt sehr viele Bewerber, darunter einige in besserer Position als Clara, so dass der Kaiser ihrer Bitte letztlich nicht nachkam. Stattdessen wurde ihr geraten, sich in dieser Angelegenheit an König Albert von Sachsen zu wenden, was sie aber zunächst aus Angst vor einer weiteren Absage unterließ.

Clara fühlte sich unterdessen immer häufiger elend. Aus gesundheitlichen Gründen musste sie Reisen zu den wenigen Freunden, die ihr noch geblieben waren, absagen, obwohl sie diese Besuche gern gemacht hätte. Neben den Schmerzen in verschiedenen Gelenken, im Rücken und im Unterleib quälte sie zudem ihr schlechtes Gehör. Auch bedrückte sie, dass sie ihre geliebten Spaziergänge nicht mehr in gewohnter Weise durchführen konnte, weil ihr das Gehen zu schwerfiel. Da halfen auch die teuersten Kuren nicht.

Zunehmend bedauerte Clara ihre älteste Tochter Marie, die sich rührend um sie kümmerte und sie pflegte. Gern hätte sie ihr gegönnt, ihr eigenes Leben stärker genießen zu können.,

Auch Claras zweite Tochter Elise und ihr Mann Louis Sommerhoff waren gerade in den letzten Jahren oft bei ihr, um sie zu unterstützen. Sommerhoffs führten in Frankfurt eine schöne Villa und hatten zudem ein hübsches Sommerhaus auf der niederländischen Insel Walcheren erworben, das sie regelmäßig aufsuchten. Nach dem Tod ihres Mannes zog Elise ganz dorthin; sie starb 1928 in Haarlem.

Ab Herbst 1891 lebte Claras Enkelin Julie wieder in ihrem Frankfurter Haus. Sie sollte jetzt in verschiedenste Richtungen weiter unterrichtet werden. So sehr Clara sich auch am heiteren Wesen und der Jugend ihrer Lieblingsenkelin erfreute, so sehr belastete sie aber gleichzeitig die Verantwortung, die sie als Erziehungsberechtigte für die Siebzehnjährige zu tragen hatte. Sie hatte den Eindruck, dass ihr Julchen noch immer in der Pubertät steckte, was sie als bejahrte Dame vor große Probleme stellte.

Clara Schumann im Alter (1890–1896)

Das Empfangszimmer Clara Schumanns in der Myliusstraße 32 in Frankfurt um 1880.

„Welch ein trauriger Monat war dieser. Ihm gehörte ein schwarzer Strich", beschrieb Clara den Februar 1892, in dem sie an einer schweren Lungenentzündung erkrankte, „wäre nicht all die Liebe gewesen, die ich erfuhr." (Litzmann III, S. 554) Diese Krankheit war tatsächlich eine ernsthafte Bedrohung für das Leben der Zweiundsiebzigjährigen, die zu allem Überfluss am Neujahrstag im Haus ihrer Tochter Elise schwer gestürzt war und sich den Arm verstaucht hatte. Man fragt sich, wie sie es einmal mehr schaffte, auch diese Krankheit zu überstehen. Schließlich standen die aus heutiger Sicht dafür erforderlichen Medikamente noch nicht zur Verfügung.

Vieles lag an der überaus liebevollen Pflege, die ihr beide Töchter angedeihen ließen. Eugenie hatte sich damit wohl etwas überfordert, denn sie erkrankte kurz darauf selbst schwer; die Ärzte diagnostizierten Blutarmut und Herzschwäche. Erstaunlicherweise brauchte Eugenie deutlich länger als ihre Mutter, um wieder zu gesunden. Noch sehr geschwächt reiste sie im April 1892 zur Erholung nach Locarno, wohin Clara ihr einige Zeit später folgte. Während Clara dann weitere Orte und Freunde in der Schweiz in

Begleitung ihrer Tochter Marie besuchte, musste Eugenie bis September in Locarno bleiben, um sich vollständig zu erholen.

Obschon sie nicht mehr akut krank war, fühlte sich Clara dennoch nicht wohl. Aus Interlaken schrieb sie voller Wehmut an den Freund und Geiger Joseph Joachim, mit dem sie früher so häufig aufgetreten war:

„Wie oft schweifen meine Gedanken zu Ihnen, und in die alten Zeiten! Ach, das Leben war oft so schön, jetzt ist es so umschattet durch Kummer, Sorgen und mangelhafte Gesundheit (das Kopfleiden ist auch immer noch da) und meine Töchter nur geben mir Trost und Halt fürs Weiterleben. Für den Künstler ist das Altwerden doch ganz besonders schwer ..." (Litzmann III, S. 558)

Das nervöse Kopfleiden, von dem die Ärzte sprachen, quälte Clara schon seit Monaten. Unaufhörlich hörte sie das, was sie als „Quart-Sextengetöse" bezeichnete: aufdringliche Geräusche, die ihren Kopf nicht zur Ruhe kommen ließen. Konzerte konnte sie im Grunde gar nicht mehr besuchen, weil sie von der dargebotenen Musik angesichts ihrer Schwerhörigkeit und angesichts der eigenen „Musik" in ihrem Kopf kaum etwas hörte.

Wegen ihrer zahlreichen Leiden kündigte Clara noch vom Krankenbett aus zum Ende des Monats Februar 1892 ihre Stelle am Konservatorium. Sie sah sich kräftemäßig nicht mehr in der Lage, ihre Lehrtätigkeit adäquat auszuüben. Die Enttäuschung beim Vorstand war groß, da man befürchtete, gleich alle drei Damen Schumann zu verlieren. Clara beschränkte sich fortan auf privaten Unterricht für wenige ausgewählte Schüler, sofern es ihre Gesundheit zuließ.

Es waren inzwischen viele Dinge zusammengekommen, denen sich Clara nicht mehr gewachsen fühlte. Einige Angelegenheiten, um die sie sich früher selbst gekümmert hätte, delegierte sie nun an andere. Als besonders belastend empfand sie zudem eine heftige Auseinandersetzung mit Johannes Brahms.

Anlass war dessen Herausgabe der Erstfassung von Robert Schumanns vierter Sinfonie, womit Clara nicht einverstanden war. Der Konflikt zwischen Brahms und ihr schwelte über einen langen Zeitraum, ohne dass einer der beiden bereit gewesen wäre, ihn beizulegen. Die bekannte Schroffheit von Brahms und seine ungeschickten Umgangsformen verhinderten eine Versöhnung ebenso wie Claras eigensinnige und unnachgiebige Haltung.

Clara Schumann im Alter (1890–1896)

Erst zu ihrem Geburtstag am 13. September 1892 erhielt Clara einen zu Herzen gehenden Brief von Brahms, in dem er sich zum ersten Mal offen über ihr Zerwürfnis und über Dinge aussprach, die ihn schon längere Zeit belasteten. Er vermittelte Clara deutlich, dass er tief getroffen und schier verzweifelt über die verfahrene Situation war, und schrieb: „Es ist hart, nach 40jährigem treuen Dienst (oder wie Du mein Verhältnis zu Dir nennen magst) nichts weiter zu sein als ‚eine schlechte Erfahrung mehr'." Er versicherte Clara aber auch, „daß Du und Dein Mann mir die schönste Erfahrung meines Lebens sind, seinen größten Reichthum und edelsten Inhalt bedeuten" (Litzmann III, S. 559).

Da musste nun Clara erst einmal schlucken und in Ruhe über diese inhaltsschweren Zeilen nachdenken. Oft hatte es in ihrer Beziehung zu Brahms Verstimmungen gegeben, aber einen derart tiefen Bruch noch nie. Sie schrieb ihm schließlich einen langen Brief, in dem sie sich ebenfalls offen äußerte und vieles ansprach, was sie bislang um des lieben Friedens willen für sich behalten hatte. Doch auch Clara bemühte sich einzulenken. Nichts wünschte sie sich mehr, als endlich wieder freundlichere Töne im Umgang miteinander anzuschlagen. Es gingen noch einige Schreiben hin und her, bis die beiden sich geeinigt hatten. Die früher übliche Nähe stellte sich jedoch vorerst nicht wieder ein.

Nachdem sie es aus gesundheitlichen Gründen lange aufgeschoben hatte, reiste Clara im Oktober 1892 für einige Tage nach Düsseldorf, um ihre Freundinnen Rosalie Leser und Lida Bendemann wiederzusehen. Sie wohnte dieses Mal auf eigenen Wunsch nicht ihm Haus von Lida, die angeschlagen war und überdies schon viele Besucher zu versorgen hatte, sondern im Hotel. Die Mahlzeiten nahm Clara bei Rosalie Leser ein, die gerade ihren achtzigsten Geburtstag gefeiert hatte. Clara selbst ging es immer noch nicht gut, akut litt sie an Unterleibsbeschwerden. Auf der Rückreise kam ihr daher ihr Schwiegersohn Louis Sommerhoff entgegen, traf mit ihr in Köln zusammen und brachte sie zurück nach Frankfurt.

Andere Städte, wie beispielsweise ihre Heimatstadt Leipzig, besuchte Clara inzwischen gar nicht mehr. Es gab für sie weder Grund noch Anlass dazu. Ihre lieben Freunde von früher waren längst gestorben, und in Konzerten trat sie nicht mehr auf. Wie eine Fremde würde sie sich daher in Leipzig fühlen, klagte sie in ihrem Tagebuch. Es war einsam um sie geworden.

Ein weiteres, seit Ende 1888 bestehendes und für Clara belastendes Problem eskalierte ausgerechnet jetzt, wo ohnehin viel zusammenkam. Es ging um das Verhältnis von Claras jüngster Tochter Eugenie zu der Sängerin Marie Fillunger, die seit Jahren zur häuslichen Gemeinschaft in der Frankfurter Myliusstraße gehörte. Zunächst war dies von allen Beteiligten akzeptiert und sogar positiv bewertet worden, da Fillu den Schumann-Töchtern helfen und ihnen Arbeit abnehmen konnte. Dann aber kam es zunehmend zu Spannungen, insbesondere zwischen Claras ältester Tochter Marie und Fillu.

Ob Marie Eifersucht empfand oder das Gefühl hatte, nicht mehr uneingeschränkt die Oberhand im Haushalt zu haben, muss ungeklärt bleiben. Möglicherweise waren auch nur charakterliche Unterschiede Ursache der Unstimmigkeiten. Dass Clara sich meistens auf die Seite ihrer Tochter schlug, verschärfte die Situation deutlich. 1889 kam es schließlich zum endgültigen Bruch zwischen Clara und Marie einerseits und Fillu andererseits. Fillu blieb keine andere Wahl, als das Schumann'sche Haus zu verlassen. Sie übersiedelte nach England, wo sie schon bald erfolgreich als Konzertsängerin Fuß fassen konnte.

Für Eugenie bedeutete dies einen markanten Einschnitt in ihrem Leben. Hatte sie schon die vorausgegangenen Familienkonflikte kaum ertragen können, so stürzte sie die räumliche Trennung von ihrer Lebensgefährtin in eine tiefe emotionale und gesundheitliche Krise. Eugenie schwankte zwischen der Loyalität und Liebe zu ihrer Mutter, als deren respektierte Assistentin sie am Konservatorium arbeitete, und der Liebe zu ihrer Freundin, deren Anwesenheit sie schmerzlich vermisste. Drei Jahre lebte Eugenie in dieser Zerrissenheit, bis sie schließlich entschied, ihre Mutter und ihre Schwester, mit denen sie fast zwanzig Jahre zusammengelebt hatte, zu verlassen.

Am 7. Oktober 1892 folgte die inzwischen vierzigjährige Eugenie ihrer Freundin Fillu nach London. Eugenie sah sich als versierte Pianistin und Klavierlehrerin durchaus in der Lage, in beruflicher Hinsicht selbstständig zu werden. Obschon Clara maßlos enttäuscht darüber war, ihre jüngste Tochter nun nicht mehr um sich zu haben, akzeptierte sie ihren Entschluss und half ihr beim Aufbau einer neuen Existenz. Sie freute sich sogar darüber, dass Eugenie die Schumann'sche Tradition und Methodik des Klavierspiels nach England tragen würde, wo sie selbst rauschende Erfolge gefeiert hatte.

Eugenies Entschluss, sich auf eigene Füße zu stellen, muss wohl im Mai 1892 gefallen sein. Dann bereitete sie ihre Übersiedlung monatelang mit großer Gründlichkeit vor. Noch vor ihrer Abreise annoncierte sie ihre Dienste als Klavierlehrerin in London und verpflichtete erste Schülerinnen. Ihre Mutter nutzte im Vorfeld ihre bewährten Londoner Kontakte und sandte ein Empfehlungsschreiben für Eugenie an Arthur Chappell, das dieser zu ihrer Zufriedenheit beantwortete. So war alles bestens vorbereitet.

Eugenie genoss ihre neu erworbene Unabhängigkeit. Sie ließ sich für die nächsten zwanzig Jahre in England als Klavierpädagogin nieder, trat sogar gelegentlich als Konzertpianistin in Erscheinung, wenn auch nicht mit dem immensen Erfolg, den ihre Mutter hatte. Nach Frankfurt am Main kam Eugenie nur noch besuchshalber, so direkt zum ersten Weihnachtsfest nach ihrem Umzug.

Auch Johannes Brahms meldete sich an diesen Weihnachtstagen sehnsüchtig aus Wien. Er ließ Clara wissen, er hätte das Fest so gern mit ihr verbracht, wie in früheren Zeiten als „der Baum strahlend leuchtete und alle Augen, junge und alte dazu" (Litzmann III, S. 564). Obwohl sie getrennt waren und sich nur noch selten sehen konnten, war es Brahms wohl jetzt besonders wichtig, ihre innige Verbundenheit wiederherzustellen.

Ende Januar 1893 besuchte er Clara nach langer Zeit noch einmal in Frankfurt. Zwar hatte Brahms angeboten, im Hotel zu übernachten, um der gesundheitlich angeschlagenen Clara keine Umstände zu bereiten, doch wollte er natürlich wesentlich lieber bei ihr logieren. Diesen unausgesprochenen Wunsch erahnend und weil sie selbst sich darauf freute, den alten Freund nach so vielen Jahren noch einmal um sich zu haben, lud Clara ihn ein.

Trotz allem wurde sie vor seinem Eintreffen von einer leichten Unruhe erfasst. Es waren so viele Unstimmigkeiten vorgekommen in den Jahren, in denen sie Brahms nicht gesehen hatte, dass sie unsicher war, wie man sich begegnen würde. Gern würde sie jetzt die Gelegenheit nutzen und sich persönlich mit Brahms über alles aussprechen, aber sie wusste auch, wie schwierig dies mit ihm sein konnte, da er bisweilen recht unwirsch reagierte.

Wider Erwarten wurden es sehr schöne Tage, an die sich beide später mit angenehmen Gefühlen erinnerten. Brahms zeigte sich in bester Laune, verhielt sich äußerst liebenswürdig und spielte Clara bereitwillig seine neuesten Kompositionen vor. Clara genoss diese Stunden, wenngleich sie die Musik nicht mehr so gut hören konnte wie früher. Betrübt war sie darüber, mit Brahms keine Konzerte mehr besuchen zu können. Ihr Kopfleiden ließ es einfach nicht zu, da in ihren Ohren alles falsch klang und sie besonders Orchestermusik als unerträglich empfand.

Noch mehr litt Clara darunter, selbst nicht mehr so viel Klavier spielen zu können wie früher. Es scheiterte in ihren Augen nicht an ihrer Fingerfertigkeit oder geistigen Kraft, sondern allein an ihrem so genannten Nervenleiden. Außerdem hatte sie den Eindruck, von der Musikwelt schon zu Lebzeiten vergessen zu werden. Schließlich war es ja das Schicksal der reproduzierenden Künstler, dass sich bald nach ihrem Abtreten von der Bühne höchstens noch die Zeitgenossen an sie erinnerten, aber nicht mehr die nachfolgenden Generationen. Noch fand Clara unter ihren jungen Schülern treue Anhänger. Aber sie befürchtete, dass auch diese sie vergessen würden, sobald sie selbst auf die öffentliche Bühne traten. Denn ihrer eigenen Karriere wegen mussten sie sich an den aktuell aktiven Konzertpianisten orientieren.

Im April 1893 hielt sich Clara mit ihrer Tochter Marie in Pallanza am Lago Maggiore auf, hauptsächlich um den dort seit 1870 praktizierenden Arzt Dr. Carl Scharrenbroich zu konsultieren. Für Clara war er der angenehmste und teilnahmsvollste Arzt, der sie je behandelt hatte, und sie setzte große Hoffnung auf seine Beratung. Dr. Scharrenbroich fand es erstaunlich, wie beweglich ihre Finger noch beim Klavierspielen waren, was ihr wieder Mut gab. Auf seine Veranlassung hin reiste Clara im Sommer nach Schlangenbad im Taunus, wo sie regenerieren und neue Kraft schöpfen wollte.

Doch der Aufenthalt half Clara nicht im gewünschten Maße, nicht zuletzt, weil sie unter der großen Hitze dort litt. Darüber hinaus machte sie sich aber auch Sorgen um ihren Enkel Ferdinand, der unbedingt seine Berufswahl ändern wollte. Seine Ausbildung zum Apotheker wollte er abbrechen und sich nun ganz der Musik zuwenden. Immer schon war dies sein persönlicher Wunsch gewesen, während seine Großmutter auf einem praktischen Beruf bestanden hatte.

Erst nach längeren Debatten im Familienkreis nahm Clara schließlich, wie zuvor seine ältere Schwester Julie, auch Ferdinand bei sich zu Hause auf, um ihm gemeinsam mit Marie eine solide musikalische Ausbildung zukommen zu lassen. Als Bedingung dafür stellte sie allerdings, dass er zunächst

Clara Schumann im Alter (1890–1896)

sein Examen als Apotheker ablegen sollte, was für April 1894 vorgesehen war. Doch wurde Ferdinand, möglicherweise wegen seines Desinteresses, gar nicht erst zum Examen zugelassen. Das holte er erst viel später nach dem Tod seiner Großmutter nach und studierte sogar zuvor noch einige Semester Pharmazie und Musik in Berlin.

Erst in Interlaken, wohin Clara und Marie im Sommer 1893 vor der Hitze flüchteten, fühlten beide sich wieder besser. Hier waren die Temperaturen aufgrund der höheren Lage gut auszuhalten. Clara traf zudem liebgewordene Freunde aus früheren Zeiten wieder, mit denen sie schöne Stunden verbrachte.

Zu Hause holten sie die alten Probleme dann sofort wieder ein. Claras Stimmung wurde immer trostloser, sie fühlte sich niedergeschlagen und absolut antriebslos. Die wenigen Minuten, die sie am Klavier verbringen konnte, empfand sie als pures Labsal inmitten tiefer Traurigkeit. Doch allzu häufig konnte sie aufgrund ihrer Nervenschmerzen nicht in diesen Genuss kommen. Gelegentlich gab sie in Erinnerung an längst vergangene Tage eine kleine musikalische Gesellschaft, hatte aber enorme Schwierigkeiten, selbst vorzuspielen. Sie war der Sache so entwöhnt, dass sie sich hochgradig erregte und am ganzen Körper zitterte. Letztlich meisterte sie als versierte Konzertpianistin auch diese Situation, aber es kostete sie reichlich Nerven.

Mittlerweile fragte sich Clara auch, wie lange sie noch würde unterrichten können, da sich inzwischen viele Gichtknoten an ihren Händen gebildet hatten.

Die Beschwerden im Bein, die sie schon seit Beginn der 1890er Jahre plagten, hatten sich inzwischen so verschlimmert, dass ihr jeder Schritt zur Qual wurde. Schon lange hatte Marie vorgeschlagen, einen Rollstuhl anzuschaffen, was Clara aber zunächst vehement ablehnte. Erst im Sommer 1892 ließ sie sich in Heidelberg einen anfertigen, was ihre Mobilität wieder deutlich erweiterte. Jetzt ließ sie sich häufig im Rollstuhl ausfahren, um wenigstens an der frischen Luft sein zu können.

Am meisten vermisste Clara eine gute Freundin in ihrer Nähe, mit der sie sich hätte austauschen und besprechen können, was ihr auf der Seele brannte. Marie war ihr zwar wie eine Freundin ans Herz gewachsen, doch gerade sie wollte Clara nicht mit derlei Klagen behelligen, da sie schließlich schon genug Arbeit mit ihrer Pflege hatte. Eine willkommene Abwechslung war es da, dass Eugenie wie im Vorjahr auch zum Weihnachtsfest 1893 aus London nach Frankfurt kam.

Im Januar 1894 erfuhr Clara aus der Zeitung, dass ihre Stiefmutter Clementine Wieck in Dresden über neunzigjährig gestorben war. Clara hätte sie gern noch einmal wiedergesehen, um mit ihr zu reden. Auch zwanzig Jahre nach Friedrich Wiecks Tod empfand sie noch Mitleid mit ihr, die unter ihrem Vater sehr hatte leiden müssen. Rückblickend bezeichnete sie Clementine als „eine sanfte Dulderin" (Litzmann III, S. 576).

Nach langer Zeit reisten Clara und Marie im Frühjahr 1894 noch einmal nach Düsseldorf, um die treuen alten Freundinnen Lida Bendemann und Rosalie Leser zu besuchen. Es waren die einzigen, die Clara geblieben waren. Sie wollte diesen Kontakt so lange aufrechterhalten, wie es eben ging. Der Gedankenaustausch und das heitere Zusammensein mit ihren Freundinnen gaben Clara Kraft und munterten sie für eine Weile auf.

Als dann nach ihrer Rückkehr auch noch Eugenie für die Osterferien nach Frankfurt kam, war Clara nach langer Zeit noch einmal glücklich. Es tat ihrer Seele gut zu hören, dass ihre jüngste Tochter in England als Klavierlehrerin mittlerweile Fuß gefasst hatte und sich dort überaus wohl fühlte.

Auch ihre enge Freundin aus Jugendtagen, Emilie List, sah Clara noch einmal wieder. Emilies Schwester Elise war im Januar 1893 in München gestorben, was Clara mit Bestürzung zur Kenntnis genommen hatte. Unzählige Male hatte sie Emilie um einen Besuch gebeten und eingeladen, doch war der Freundin stets etwas dazwischengekommen. Jetzt endlich, im Mai 1894, kam Emilie nach Frankfurt. Die Frauen nutzten das Beisammensein, um sich die alten Zeiten wieder in Erinnerung zu rufen. Wehmütige Gedanken kamen auf, aber auch ungetrübte Freude darüber, dass sich an ihrem innigen Verhältnis zueinander nichts geändert hatte. Auch nach Emilies Abreise empfand Clara noch ein Gefühl der Wärme.

Den Sommer 1894 verbrachte Clara mit ihren Töchtern erneut in Interlaken. In diesem Jahr kamen auch die Enkel Julie und Ferdinand mit. Unglücklicherweise erlitt Clara durch das Ungeschick eines Reiters einen Unfall, durch den sie neben einem gehörigen Schrecken auch schmerzhafte Verletzungen am Arm erlitt. Die Feier zu ihrem fünfundsiebzigsten Geburtstag am 13. September fiel entsprechend schlicht aus. Clara brauchte lange, um sich von diesem Unglück zu erholen.

Clara Schumann im Alter (1890–1896)

Clara Schumann im Sessel lesend in Frankfurt/Main 1894.

Weihnachten 1894 und auch den Jahreswechsel verbrachte Clara in getrübter Stimmung, weil im Haus ihrer Tochter Elise die Masern herrschten. Die ganze Familie war unter Quarantäne gestellt, weshalb sie die Festtage nicht miteinander verbringen durften. Dabei hatte sich Clara gerade darauf so gefreut.

Wenigstens erhielt sie im Frühjahr 1895 mehrfach Besuche von Johannes Brahms, der sich in der Nähe aufhielt, weil seine neuesten Werke im Frankfurter Umland aufgeführt wurden. Zwar konnte Clara selbst keines der Konzerte besuchen und die wunderbare Musik nicht hören, aber durch die Berichte von Brahms wurde sie zumindest ständig auf dem Laufenden gehalten.

Kurz darauf verließ ihre Enkelin Julie das Haus in der Myliusstraße und zog zu ihrer Mutter Antonie, die inzwischen in Wiesbaden wohnte. Julie hatte ihre Ausbildungen abgeschlossen und wollte sich nun im Wiesbadener Raum als Klavierlehrerin etablieren.

Statt ihrer wohnte jetzt ihr jüngerer Bruder Felix, das Patenkind von Eugenie, bei Clara und erhielt – wie sein seit einem Jahr ebenfalls dort lebender Bruder Ferdinand – Klavierunterricht. Daneben bereitete sich Felix auf eine kaufmännische Ausbildung vor, die er dann Ende Mai 1895 antrat. Wie sein älterer Bruder Alfred ging er auf Vermittlung seiner Großmutter zur Kaufmannslehre nach Zürich ins Geschäft von Reinhard Sommerhoff, dem Bruder von Claras Schwiegersohn Louis. Clara sah folglich ihre Enkel in guten Händen.

Anfang Juni 1895 unternahm Clara mit Marie den aus gesundheitlichen Gründen mehrfach verschobenen Besuch in Düsseldorf, wo sie dieses Mal im Haus ihrer Freundin Lida Bendemann logierten. Clara sah ihre langjährigen Freundinnen Rosalie Leser und Lida Bendemann bei dieser Gelegenheit zum letzten Mal. Lida starb kurz darauf am 5. August 1895 und Rosalie zwei Tage vor Clara, am 18. Mai 1896. Fast ein halbes Jahrhundert währten diese Freundschaften. Für Clara gehörten sie zu dem Wertvollsten, was ihr das Leben geschenkt hatte.

Am 13. September 1895 feierte Clara in Interlaken ihren sechsundsiebzigsten Geburtstag. Ob sie ahnte, dass es ihr letzter sein würde? Ihre Töchter ließen es an nichts fehlen und bereiteten ihr einen unvergesslichen Festtag. Eugenie erinnerte sich noch Jahre später, wie die Augen ihrer Mutter strahlten und wie glücklich sie wirkte. Sie empfand Clara in dem Moment als so jung, dass sie glaubte, ihre Mutter noch lange bei sich haben zu können, und Gedanken an ihren Tod weit von sich wies.

Daheim in Frankfurt zog die Melancholie wieder bei Clara ein. Der Abschied von Eugenie, die zurück nach England fuhr, machte ihr ebenso zu schaffen wie die Tatsache, keine Konzerte mehr besuchen zu können. Brahms feierte beim Musikfest in Meiningen triumphale Erfolge mit seinen Werken, doch Clara blieb diese Welt nun für immer verschlossen. Selbst wenn sie die Reise bewältigt hätte, von der Musik wäre bei ihr nichts mehr angekommen.

Es ging ihr weder körperlich noch seelisch gut in diesen letzten Monaten des Jahres 1895. An manchen Morgen fühlte sie sich derart zerschlagen, dass sie fürchtete, gar nicht aufstehen zu können. Immer noch kamen Besucher zur ihr, die sich bemühten, ihr etwas Zerstreuung zu bieten, doch hielt die vergnügliche Ablenkung nicht lange vor. An gemeinsames Musizieren, wie früher bei solchen Gelegenheiten, war meist gar nicht zu denken. Claras Klavier verwaiste, wie sie es resignierend ausdrückte. Wehmütig glaubte sie, den Anschluss an die musikalische Welt nun gänzlich verloren zu haben. Manchmal kam es ihr sogar so vor, als sei sie selbst nie eine Künstlerin gewesen. So fern war ihr dieses Leben inzwischen geworden, dass sie sich kaum noch hineindenken konnte.

Ihre Tochter und größte Stütze Marie litt seit Herbst 1895 an einer heftigen Ischiaserkrankung. Oft konnte Marie nur im Bett liegen und sich nicht in der gewohnten Weise um ihre Mutter kümmern.

Da kam der Weihnachtstrubel gerade recht, um sich etwas abzulenken. Clara wurde von ihren Kindern wieder reich beschenkt und bedauerte, ihnen umgekehrt so gar keine Freude mehr machen zu können. Mit Eugenie, die wie üblich aus London gekommen war, saßen sie gemütlich in trauter Runde zusammen, tranken Punsch und plauderten bis tief in die Nacht. Den Übergang ins neue Jahr 1896 verbrachte Clara dann allerdings im Bett, gepeinigt von einem Magenleiden, das sie noch einige Wochen behelligte.

Kaum war Clara einigermaßen wiederhergestellt, so dass sie sich bei einer ihrer Vorspielstunden mit den Schülern sogar noch einmal ans Klavier wagte, da erkrankte ihr Schwiegersohn Louis Sommerhoff schwer. Während einer Jagd in der Nähe von Heinsberg, wo sich sein Jagdhaus befand, erlitt Louis einen Schlaganfall. Seine Frau Elise musste zu ihm reisen und dafür sorgen,

Bühnenabschied – Krankheit und Tod – Vermächtnis und Nachwelt

dass er per Krankentransport in sein Frankfurter Haus gebracht wurde. Dort besuchte Clara ihn und war bei seinem Anblick tief bewegt. Innig wünschte sie ihm baldige Genesung und hoffte für sich selbst, dass das gerade begonnene Jahr 1896 nicht in dieser unglücklichen Weise weiter verlaufen möge.

Doch Clara blieb leidend und fühlte sich ständig elend. Da sie innerhalb kürzester Zeit stark abgemagert war, konsultierte sie verschiedene Ärzte, die ihr einen Ernährungsplan empfahlen. Jedoch fehlte ihr jeglicher Appetit, und meistens brachte sie keinen Bissen hinunter. Abends fühlte sie sich dermaßen matt, dass sie sich kaum noch auf den Beinen halten konnte und meist sehr früh ins Bett ging.

Am Vormittag des 26. März 1896 nahm Clara zum letzten Mal ihr Tagebuch in die Hand, um eine Eintragung vorzunehmen. Anschließend prüfte sie noch eine Schülerin und gab ihrem Enkel Ferdinand eine Klavierstunde. Dann begab sie sich mit Marie zur täglichen Ausfahrt. Unterwegs, mitten in einem lebhaften Gespräch, nahm Marie wahr, dass sich der Gesichtsausdruck ihrer Mutter merkwürdig verändert hatte. Darauf angesprochen, leugnete Clara, sich unwohl zu fühlen, und bat darum, den Spaziergang ungestört fortzusetzen.

Später, beim Mittagessen zu Hause, zeigte Clara Verhaltensauffälligkeiten und redete wirr. Marie ließ sofort den Hausarzt rufen, der strengste Bettruhe verordnete. Clara hatte offensichtlich einen leichten Schlaganfall erlitten. Während ihr zunächst Sprechen und Schreiben fast unmöglich war, besserte sich Anfang April ihr Befinden überraschenderweise so deutlich, dass sie mit Marie Pläne für einen Kuraufenthalt im Sommer schmiedete.

Während der nächsten Wochen blieb Claras Zustand schwankend. Mal schien sie vollkommen klar und unverändert, mal aber war sie nicht in der Lage, sich zu unterhalten oder aufzustehen. Als ihr Enkel Ferdinand sie am 7. Mai an den Geburtstag von Johannes Brahms erinnerte, den sie in den dreiunddreißig Jahren ihrer Freundschaft bislang niemals vergessen hatte, reagierte sie überrascht und wünschte sogleich, dem Freund ein paar Zeilen zu schreiben. Ihre wenigen Worte waren herzlich, wenn auch reichlich konfus. Marie wollte den Brief eigentlich gar nicht absenden und tat es erst auf Ferdinands Drängen hin.

Brahms erkannte die Situation und war in großer Sorge um die Freundin. Eine ursprünglich geplante Reise nach Meran sagte er sofort ab, um jederzeit nach Frankfurt aufbrechen zu können. Schweren Herzens wartete er an seinem Wohnort Wien auf Nachrichten über Claras Zustand und schrieb betrübt an Marie: „Wenn Sie glauben, das Schlimmste erwarten zu dürfen, gönnen Sie mir ein paar Worte, damit ich kommen kann, die lieben Augen noch offen zu sehen, mit denen für mich sich – wie viel schließt!" (Litzmann III, S. 609)

Einmal noch verließ Clara ihr Bett, ließ sich von Marie im Rollstuhl durch ihren frühlingshaft blühenden Garten fahren und von Ferdinand auf dem Klavier Stücke ihres Mannes Robert vorspielen. Dessen Fis-Dur-Romanze op. 28/2 waren die letzten Töne, die Clara hörte. Nun sei es genug, meinte sie und ließ sich ins Bett zurückbringen.

In der Nacht zum 10. Mai folgte ein weiterer, dieses Mal schwerer Schlaganfall, der Clara nahezu gänzlich verstummen ließ. Nur noch selten gab sie mehr oder weniger unverständliche Laute von sich, erkannte niemanden aus der Familie mehr und lächelte nur noch einmal zart, als Eugenie aus London herbeieilte und an ihr Bett trat. Clara nahm keine Nahrung mehr zu sich und fiel schließlich in einen Zustand der Bewusstlosigkeit. Sie starb am 20. Mai nachmittags kurz nach 16 Uhr.

Drei Tage später, es war Pfingstsamstag, versammelten sich in Claras Haus in der Myliusstraße die komplette Lehrerschaft des Konservatoriums mit ihren Familien, die Spitzen der Frankfurter Stadtverwaltung, Angehörige der künstlerischen und musikalischen Kreise der Stadt sowie der aus Berlin angereiste Joseph Joachim und weitere Freunde zu einem letzten Abschied. Dann wurde Claras Leiche nach Bonn überführt, wie sie es sich gewünscht hatte.

Am frühen Morgen des Pfingstsonntags fand auf dem Alten Friedhof in Bonn die Beisetzung statt. Der Sarg mit Claras Leiche stand in jener kleinen Kapelle, wo sie vierzig Jahre zuvor während der Beerdigung ihres Mannes im Gebet ausgeharrt und den Trauerzug beobachtet hatte. Ihrem Sarg folgten nun ihre Kinder und Enkel, ihr Bruder Woldemar Bargiel, ihre sämtlichen Freunde, an der Spitze Johannes Brahms, der seine liebe Freundin nicht mehr hatte lebend sehen können. Brahms hatte von Wien aus direkt nach Bonn durchfahren müssen, es war ihm keine Zeit mehr zum Abschiednehmen geblieben. Er war in tiefster Seele erschüttert und weinte bittere Tränen.

Weitere Bekannte aus nah und fern waren angereist, um Clara die letzte Ehre zu erweisen. Chorgesang eröffnete und beschloss die Trauerfeier, die

Dr. Karl Sell, Professor der Theologie an der Universität Bonn, zelebrierte. Danach läuteten die Glocken aller Bonner Kirchtürme das Pfingstfest ein.

Schon im April hatte Brahms unter dem Eindruck von Claras erstem Schlaganfall an Joseph Joachim geschrieben:

„Und wenn sie von uns gegangen ist, wird nicht unser Gesicht vor Freude leuchten, wenn wir ihrer gedenken? Der herrlichen Frau, deren wir uns ein langes Leben hindurch haben erfreuen dürfen – sie immer mehr zu lieben und zu bewundern. So nur trauern wir um sie." (Litzmann III, S. 612)

Bestürzt über den lebensbedrohlichen Zustand der Freundin hatte Brahms im Mai seine *Vier ernsten Gesänge* op. 121 für Bass und Klavier vollendet. Textgrundlage der ersten drei Lieder sind Zitate aus dem Alten Testament, die den Tod und die Vergänglichkeit des Lebens zum Thema haben; der letzte Gesang greift auf eine Passage des Neuen Testaments zurück, in denen neben Glaube und Hoffnung vor allem die Kraft der Liebe beschworen wird. Nach Claras Tod sandte Brahms diese Lieder an ihre Töchter Marie und Eugenie als seinen ganz persönlichen Trauergesang nach Frankfurt. Es war der letzte Liederzyklus, den Brahms komponierte. Er starb ziemlich genau ein Jahr nach Clara Schumann, am 3. April 1897, in Wien.

Oft bezeichnete man Clara Schumann aufgrund ihrer Pianistik als „Priesterin". Diese Titulierung, die wohl auf Franz Liszt zurückgeht, ist in verschiedener Hinsicht treffend. Tatsächlich war Clara nicht nur eine Priesterin am Klavier, sondern auch ihre gesamte Erscheinung und ihr Auftreten wirkten entsprechend. Sie hielt sich sehr würdig und gerade, fast hoheitsvoll und strahlte dabei eine zunehmend feierliche Aura aus. Nach dem Tod ihres Mannes trug sie überwiegend schwarze Kleidung. Während sie als junge Frau auf optische Reize gesetzt und die hohen Erwartungen ihres Publikums auch in äußerlicher Hinsicht bestens bedient hatte, machte sie später keine Zugeständnisse an irgendwelche Modeerscheinungen mehr,

Je mehr Schicksalsschläge Clara hinnehmen musste, desto ernsthafter wurde sie. Auch sank ihre Bereitschaft, Konzessionen zu machen. Ihr ausdrucksvolles, durchaus schönes Gesicht mit den dunkelblauen Augen blieb bis ins hohe Alter jugendlich frisch, nur ihre ehemals zierliche Figur wurde mit den Jahren etwas fülliger.

Clara Schumann im Alter (1890–1896)

In der Literatur sind Clara oft gewisse menschliche Defizite vorgeworfen worden, die vor allem darauf zurückzuführen seien, dass sie von klein auf nur das Klavierspielen kannte. Tatsächlich stand der Wille, ein großer Star zu werden bzw. einer zu bleiben, seit ihrer Kindheit im Zentrum ihres Lebens. Dafür musste sie enorme Kraft und eiserne Disziplin aufbringen. Clara verfügte über kein ausgeprägtes soziales Gespür und menschliches Einfühlungsvermögen. Die dazu erforderlichen Grundlagen waren in ihrer Erziehung nicht gelegt worden, und die zahlreichen Schicksalsschläge, die sie als erwachsene Frau trafen, verhinderten, dass sie diese Fähigkeiten später entwickeln konnte; sie ließen sie eher verhärten.

Dennoch wuchs Clara an ihren Aufgaben. Mit den Jahren wurde sie zu einer Art Patriarchin, die die Verantwortung für eine sich ständig vergrößernde Familie übernahm. Das tat sie äußerst umsichtig und gewissenhaft. Ihr Augenmerk galt dabei keineswegs nur praktischen Fragen wie der Ausbildung, Erziehung und Gesundheit ihrer Kinder und Enkel, sondern auch zwischenmenschlichen Problemen, die sie durchaus registrierte und mit denen sie sich eingehend beschäftigte.

Clara überlebte ihren Mann Robert Schumann um vierzig Jahre. Diese Zeit nutzte sie auch, um sein Bild in ihrem Sinne zu gestalten. Ihr war durchaus bewusst, dass er und sein Werk in der Nachwelt weiterleben würden, und sie wollte die prägenden Weichen für eine angemessene Erinnerung stellen. Clara wurde zur authentischen Interpretin der Werke ihres Mannes. Damit gelang es ihr, deren Rezeption zu steuern und bis in die heutige Zeit zu beeinflussen.

Als wichtiges Mittel diente ihr daneben ihre Tätigkeit als Herausgeberin der Werke ihres Mannes. Im Mai 1877 stand Clara kurz davor, einen Vertrag mit dem Londoner Verlag Novello über die Edition der Klavierwerke ihres Mannes zu unterzeichnen, da unterbreitete ihr der renommierte Verlag Breitkopf & Härtel in Leipzig das attraktive Angebot, eine kritische Ausgabe sämtlicher Werke Robert Schumanns herauszugeben. Einunddreißig Teile in vierzehn Bänden waren geplant. Nach reiflicher Überlegung und längeren Verhandlungen wurde diese Gesamtausgabe 1879 beschlossen und in den Jahren 1881 bis 1893 realisiert.

Clara sagte allerdings erst zu, nachdem ihr Brahms seine Unterstützung versprochen hatte. Er übernahm die Redaktion der Orchester- und Ensemblewerke. Clara bot ihm dafür die Hälfte des mit dem Verlag vereinbarten Honorars an, was Brahms jedoch nicht annahm.

Im Rahmen dieser gemeinsamen Herausgebertätigkeit entbrannten in den folgenden Jahren zahlreiche, in hunderten von Briefen geführte Diskussionen zwischen Clara und Brahms. Sie betrafen vor allem ihre unterschiedliche Einschätzung darüber, welche Fassung als Hauptquelle anzusehen sei. Anders als Brahms ließ Clara in der Regel nur die letzte von ihrem Mann autorisierte Version gelten.

Darüber hinaus musste Clara die Hilfe zahlreicher Musiker ihres Vertrauens wie Joseph Joachim, Hermann Levi, Franz Wüllner und Ernst Rudorff in Anspruch nehmen. Dennoch wurde sie im Druck jeweils als alleinige Herausgeberin genannt, während sie doch im Grunde in erster Linie als Überwacherin sämtlicher Arbeiten fungierte. Auch griff sie in gewisser Weise zensierend in die Edition ein, was zur Folge hatte, dass die Gesamtausgabe letztlich keine war. Einige Werke nahm Clara nicht auf, weil sie der Ansicht war, dass sie dem Andenken ihres Mannes schaden könnten. Dies betrifft vor allem Werke aus Roberts letzter Schaffensphase, denen man lange Zeit nachsagte, sie seien von seiner letzten Erkrankung überschattet. Clara erwies sich gerade in dem Punkt als hoch sensibel, da dieser Makel das von ihr gewünschte Schumann-Bild nun ganz bestimmt beschädigt hätte.

Auch Roberts ursprünglich von Clara, Brahms und Joachim so begeistert aufgenommenes Violinkonzert aus dem Jahr 1853 kam auf die Ausschlussliste, ebenso einige andere Werke aus den letzten Düsseldorfer Tagen. Diese Kompositionen wurden erst im 20. Jahrhundert der Öffentlichkeit zugänglich gemacht. Fünf Celloromanzen, die Robert noch in Düsseldorf vor der Einweisung in die Heilanstalt geschrieben hatte, vernichtete Clara drei Jahre vor ihrem Tod, um zu verhindern, dass sie jemals publiziert werden.

Die unvollständige, so genannte *Alte Gesamtausgabe* der Werke Robert Schumanns ist bis heute in Gebrauch und wird erst seit 1986 durch die in Düsseldorf und Zwickau erarbeitete *Neue Ausgabe sämtlicher Werke* (RSA) sukzessive ersetzt.

Die von Clara 1886 ebenfalls bei Breitkopf & Härtel vorgelegte, mit Fingersatz und Vortragsbezeichnungen versehene *Instruktive Ausgabe* von Robert Schumanns Klavierwerken verfolgte ganz andere Ziele als die Gesamtausgabe. Hier ging es der Pianistin ausschließlich darum, ihre als authentisch angesehene Interpretationsform der Klavierstücke ihres Mannes in gedruckter Form zu überliefern. Damit versuchte sie, ihre weitreichenden Aufführungs- und Lehrerfahrungen für nachfolgende Generationen festzuhalten. Clara wandte sich mit dieser Edition an Klavierschülerinnen und -schüler und nahm bei deren Erarbeitung im Wesentlichen die Hilfe ihrer Tochter Marie in Anspruch, die ihre Assistentin beim Klavierunterricht gewesen war.

Nicht nur das musikalische Vermächtnis ihres Mannes verwaltete Clara, sondern auch dessen Briefe, Schriften und weitere biografische Materialien. Durchaus im Bewusstsein, dass nach seinem Tod auch alle Textdokumente von öffentlichem Interesse sein würden, hatte Robert Schumann eine Flut durchdacht formulierter Schriftstücke hinterlassen. Auch durch die streng gefilterte Publikation dieser Materialien nahm Clara Einfluss auf das Bild ihres Mannes in der Nachwelt.

Im Vorwort zu ihrer 1885 bei Breitkopf & Härtel erschienenen Ausgabe der *Jugendbriefe* ihres Mannes erklärte sie: „Zur Herausgabe der nachfolgenden Briefe entschloß ich mich, durchdrungen von dem Wunsche, Robert Schumann Denen, die in ihm den Künstler ehren und lieben, auch den Menschen näher zu führen." Auch hier kürzte sie die bewusst ausgewählten Briefe entsprechend ihren Intentionen oder strich das nach ihrer Ansicht nicht Geeignete ganz.

Clara hinterließ ein ansehnliches Vermögen. Im Juli 1889 hatte sie ihr Testament zum dritten Mal geändert und einen eigenhändigen, nach ihrem Tod zu lesenden „Brief an meine geliebten Kinder" verfasst, in dem sie sämtliche Nachlassregelungen erläuterte und um Verständnis für ihre Entscheidungen bat. Nach dem Tod ihres Sohnes Ferdinand im Juni 1891 fügte sie diesem Testament einen nun erforderlichen ersten Anhang hinzu und im März 1895 noch einen zweiten, der die Verteilung einiger wertvoller Gegenstände aus ihrem Besitz regelte.

Ihren Schwiegersohn Louis Sommerhoff, dem sie von jeher großes Vertrauen entgegenbrachte, und ihre älteste Tochter Marie hatte Clara zu den Vollstreckern des Testaments ernannt.

In erster Linie sicherte Clara testamentarisch die Zukunft ihrer Töchter Marie und Eugenie ab, die unverheiratet blieben und sich zeitlebens um sie gekümmert hatten, während ihre Tochter Elise durch ihre Verheiratung mit Louis Sommerhoff in wohlhabenden Verhältnissen lebte. Ebenso gut versorgt wusste Clara ihren Enkel Roberto in Turin, den einzigen überlebenden Sohn ihrer früh verstorbenen Tochter Julie. Roberto war durch seinen vermögenden Vater, den Grafen Vittorio Radicati di Marmorito finanziell bestens gestellt.

Elise und Roberto erhielten daher nur den Pflichtteil des Erbes. Ihrem in der Colditzer Heilanstalt lebenden Sohn Ludwig sicherte Clara testamentarisch die Kostenübernahme für seine weitere Pflege und Unterbringung zu. Die Kinder ihres verstorbenen Sohnes Ferdinand, für deren Unterhalt Clara ohnehin schon in den letzten Jahren ihres Lebens aufgekommen war, erhielten einen ausreichenden Anteil des Erbes, um ihren Berufsweg angemessen fortsetzen oder die Ausbildung beenden zu können. Ihrer Mutter Antonie wurde ein kleines Jahresgehalt ausgesetzt. Über ihren Tod hinaus hatte Clara an alles gedacht und jeden bedacht. Ihre große Familie hinterließ sie gerecht und gut versorgt.

Von deutlich größerer Nachhaltigkeit ist allerdings das immaterielle Vermächtnis Clara Schumanns, dessen Auswirkungen bis in die heutige Zeit spürbar sind.

Bei ihrem letzten öffentlichen Auftritt am 12. März 1891 in Frankfurt am Main konnte Clara auf eine gut sechzig Jahre währende Bühnenkarriere zurückblicken. Der Zeitraum ihrer Konzerttätigkeit erstreckte sich über eine Epoche, in der sich innerhalb der Pianistik wesentliche Änderungen vollzogen. Sie betrafen nicht allein die Technik, sondern auch die zu Grunde liegende musikästhetische Auffassung des Klavierspiels. Da man allmählich den Inhalten größere Bedeutung beimaß, verlor das ausschließlich der Darstellung von pianistischer Brillanz dienende Virtuosenkonzert seine frühere Attraktivität. An seine Stelle trat das musikalisch und strukturell bedeutendere Solokonzert, dessen Verbreitung Clara Schumann beförderte. Dieser Richtungswechsel beeinflusste die Programmgestaltung ebenso wie die Präsentation der Werke auf der Bühne, das Repertoire des Künstlers und dessen Art der Interpretation.

Anders als die umherreisenden Virtuosen, die nur kurzfristig erfolgreich waren und deren Namen rasch in Vergessenheit gerieten, garantierte Clara durch die vielen Jahrzehnte ihre Bühnenpräsenz eine große Kontinuität. Allein dadurch konnte sie das Klavierspiel ihrer Epoche prägend mitgestalten. Sie entwickelte bereits zu Lebzeiten eine eigene Ausdrucksform und Tradition, war ein Star und bald zugleich auch eine Legende.

Neben Franz Liszt war sie die erste und lange Zeit die einzige Pianistin, die Klaviersonaten von Beethoven – und das schon ab 1837 – in öffentlichen Konzerten spielte. Darüber hinaus bestand ihr Repertoire überwiegend aus Stücken ihrer Zeitgenossen Chopin, Mendelssohn, Schumann und später Brahms. Diese Auswahl galt zunächst als ungewöhnlich und bürgerte sich erst später, vor allem durch Claras Wirken, auch bei anderen Pianisten ein.

Deutlichkeit, rhythmische Präzision, werkgetreue Interpretation, ihre facettenreiche Anschlagskultur und Innigkeit, gekoppelt mit dem als überaus anspruchsvoll geltenden Repertoire waren die Hauptmerkmale von Claras außergewöhnlichem Auftreten.

Durch ihre nahezu vierzig Konzertreisen ins Ausland sorgte Clara für eine europaweite Verbreitung ihrer Methodik und ihres Repertoires. Über dreißig Jahre konzertierte Clara in England und beeinflusste auch dort maßgeblich das der Kunstmusik gewidmete Konzertleben. Holland, Belgien, Luxemburg, Frankreich, die Schweiz, aber auch Österreich, Ungarn und Russland besuchte sie. Dazu kam eine Fülle von Auftritten in Deutschland, die meisten davon in ihrer Geburtsstadt Leipzig.

Clara hinterließ ein kulturelles Erbe bezüglich der Art und des Aufbaus eines Klavierabends. Sie schuf einen Kanon in der Klaviermusik, der heute noch Relevanz hat. Und nicht zuletzt sorgte sie ganz bewusst durch ihre internationalen Tourneen dafür, dass die Werke von Robert Schumann und Johannes Brahms im Ausland bekannt wurden, was ebenfalls Auswirkungen bis heute zeigt.

Nicht nur durch ihr öffentliches Auftreten und Konzertieren, sondern auch dank ihrer Lehrtätigkeit überlieferte Clara eine spezifische Form des Klavierspiels und der Interpretation. Es war ihr wichtig, diese Tradition weiterzugeben und zu vererben. Als Klavierpädagogin und Professorin am 1878 neu gegründeten Hoch'schen Konservatorium in Frankfurt am Main nutzte sie die Chance, die Klavierszene wesentlich zu beeinflussen. Über siebzig Schülerinnen und Schüler sind inzwischen bekannt, durch die Claras Klavierschule bis in unsere Zeit fortlebt.

Claras Interpretationsmethode, die man schon im 19. Jahrhundert als werkgetreu charakterisierte, war geprägt von großer Textgenauigkeit und dem Respekt vor der Intention des jeweiligen Komponisten. Auch mit dieser Einstellung stand sie lange Zeit allein und fand nur zwei Mitstreiter, die nicht von ungefähr ihre besten Freunde waren: Johannes Brahms und Joseph Joachim. Clara in Frankfurt am Main, Brahms in Wien und Joachim in Berlin bildeten in dieser Hinsicht spätestens seit dem Ende der 1870er Jahre ein wirkungsvolles Trio. Bis weit über ihren Tod hinaus standen diese Namen für eine wertkonservative Haltung, die sich streng am vorliegenden musikalischen Werk orientierte und dessen Inhalt zum Maßstab erhob.

Während gegen diese Betrachtungsweise schon die Avantgarde des frühen 20. Jahrhunderts Sturm lief und sie als überholt kritisierte, wurde die von Clara Schumann gelehrte Klaviertechnik aufgrund ihrer Ausdrucksvielfalt als fortschrittlich angesehen und noch jahrzehntelang vermittelt.

Als Komponistin hatte Clara auf Veranlassung ihres Vaters zunächst mit brillanten Bravourstücken begonnen, die allein zur Aufführung auf dem Konzertpodium vorgesehen waren und ihr Talent demonstrieren sollten. So war es damals bei den Klaviervirtuosen allgemein üblich. Nach ihrer Verheiratung änderten sich unter dem Einfluss ihres Mannes Robert ihre Ansprüche. Entsprechend erhielten auch Claras Kompositionen eine andere Struktur und Funktion. Nun ging es nicht mehr allein um klavieristische Brillanz, sondern auch um anspruchsvolle musikalische Inhalte und Formen. Nach dem Tod ihres Mannes zog sich Clara als Komponistin ganz zurück.

Ihrer Tochter und ständigen Begleiterin Marie, die Clara mit den Jahren immer stärker als schwesterliche Freundin wahrgenommen hatte, vermachte sie ihre eigenen Tagebücher und die ihres Mannes, ihre gemeinsame Korrespondenz, sämtliche an sie gerichteten Briefe sowie zahlreiche Notenmanuskripte Roberts. Marie bewahrte die Familienpapiere sorgfältig auf und kontrollierte ihre weitere Verwendung.

Auch Marie hatte eine klare Vorstellung davon, welches Bild der Familie Schumann nach außen vermittelt werden sollte. Auch sie ließ nur streng gefilterte Informationen an die Öffentlichkeit dringen. So wirkte Marie, die ihrer Mutter zeitlebens eine unverzichtbare Stütze gewesen war, auch über den Tod hinaus als deren Erfüllungsgehilfin fort.

Als Marie ab 1901 den aus Kiel stammenden Berthold Litzmann damit beauftragte, Claras Biografie zu schreiben und ihre Korrespondenz mit Johannes Brahms herauszugeben, überwachte sie die Arbeiten des Germanisten und Literaturwissenschaftlers mit Argusaugen. Unter Maries strenger Kontrolle durfte Litzmann nur das schreiben, was sie zuvor abgesegnet hatte. Als er die Tagebücher ihrer Mutter ausgewertet hatte, vernichtete Marie sie komplett, so dass die Nachwelt von deren Inhalt nur das kennt, was Litzmanns dreibändige Biografie wiedergibt und von Marie autorisiert war.

Marie verfuhr mit jedem Schriftstück aus dem Nachlass ihrer Eltern auf dieselbe Weise. Alles sah sie gründlich durch, bevor sie es jemandem zugänglich machte oder weitergab. Vermutlich sortierte sie dabei aus, was nicht dem gewünschten öffentlichen Bild ihrer Eltern entsprach. So ist tatsächlich auch unsere heutige Sicht auf Clara Schumann in weiten Teilen durch ihre Tochter Marie gesteuert.

Nach dem Tod ihrer Mutter verbrachten Marie und Eugenie Schumann den Sommer 1896 gemeinsam in Münster am Stein. Erst im September kehrte Eugenie nach London zu ihrer Partnerin Fillu zurück und nahm ihre Tätigkeit als Klavierlehrerin wieder auf.

Ein Jahr später kaufte Marie sich ein Baugrundstück im schweizerischen Interlaken und ließ sich dort ein Chalet bauen. Im Alter von fünfundfünfzig Jahren trennte sie sich endgültig von Deutschland und zog für immer nach Interlaken, wo sie bis zu ihrem Tod im Jahr 1929 lebte.

Wesentlich komplizierter war Claras Verhältnis zu ihrer jüngsten Tochter Eugenie gewesen, was zum Großteil daran lag, dass beide Frauen über einen recht eigensinnigen Charakter verfügten. Eugenie kehrte nach dem Ende des Ersten Weltkriegs aus England auf den Kontinent zurück und zog in die Nähe ihrer inzwischen hochbetagten Schwester Marie in die Schweiz. Gemeinsam mit ihrer Lebensgefährtin Fillu wohnte sie im nahe gelegenen Ort Matten.

Zu den Feierlichkeiten anlässlich Robert Schumanns 125. Geburtstag im Jahr 1935 weilte Eugenie ein letztes Mal in Zwickau, der Heimatstadt ihres Vaters. Sie hatte wie ihre ältere Schwester Marie inzwischen viel dazu beigetragen, die im Zwickauer Schumannhaus aufbewahrte Sammlung von Handschriften und Erinnerungsstücken bedeutend zu erweitern.

Marie Fillunger starb 1930, ein Jahr nach Marie Schumann. Eugenie verbrachte ihre letzten Jahre in der Kocher-Klinik und in der Pension Villa Frey in Bern. Sie überlebte Fillu um acht Jahre und starb fast siebenundachtzigjährig, nachdem sie noch erleben musste, wie in ihrem Heimatland das so genannte „Nationalsozialistische Regime" mit seiner verdrehten Ideologie Clara und Robert Schumann ausdrücklich als „arische" romantische Künstler missbrauchte. Eugenie und ihre Freundin Fillu wurden im selben Grab auf dem Friedhof von Gsteig bestattet.

Die Legende Clara Schumann lebt weiter, in ihren Nachfahren, ihrer Musik, ihren Tagebüchern und Briefen, in den vielen Bildern und nicht zuletzt in den von ihr überlieferten Anweisungen zum Klavierspiel.

Vor allem aber imponiert aus heutiger Sicht der Spagat, den sie bewältigt hat zwischen ihrem Dasein als Haus- und Ehefrau, als (in jungen Jahren schon alleinerziehende) Mutter, Pädagogin, Musikerin und höchst erfolgreicher Künstlerin. Die Synthese dieser unterschiedlichen Rollen entspricht zwar durchaus dem aktuellen Frauenbild, muss für die damalige Zeit aber als außergewöhnlich gelten.

Literaturverzeichnis

Appel, Bernhard R.: *Robert Schumann in Endenich (1854-1856). Krankenakten, Briefzeugnisse und zeitgenössische Berichte.* Mainz 2006.

Babbe, Annkatrin: *Clara Schumann und ihre SchülerInnen am Hoch'schen Konservatorium in Frankfurt a. M.* Oldenburg 2015 (Schriftenreihe des Sophie Drinker Instituts, 11).

Beci, Veronika: *Die andere Clara Schumann.* Düsseldorf 1997.

Borchard, Beatrix: *Clara Wieck und Robert Schumann. Bedingungen künstlerischer Arbeit in der ersten Hälfte des 19. Jahrhunderts.* Kassel 1992.

Borchard, Beatrix: *Clara Schumann. Ihr Leben. Eine biographische Montage.* Mit einem Essay der Autorin: *Mit Schere und Klebstoff.* 3. überarb. und erw. Aufl. Hildesheim/Zürich/New York 2015.

[Brahms-Bw:] S. *Clara Schumann – Johannes Brahms* (1927).

Brunner, Renate: *Alltag und Künstlertum. Clara Schumann und ihre Dresdner Freundinnen Marie von Lindeman und Emilie Steffens. Erinnerungen und Briefe.* Sinzig 2005 (Schumann-Studien, Sonderband 4).

Cahn, Peter: *Das Hoch'sche Konservatorium 1878-1978.* Frankfurt am Main 1979.

[Clara Kat.:] S. *Clara Schumann 1819-1896* (1996).

Chissell, Joan: *Clara Schumann, a Dedicated Spirit. A Study of her Life and Work.* Hamilton/London etc. 1983.

Clara Schumann – Johannes Brahms. Briefe aus den Jahren 1853-1896. Im Auftrag von Marie Schumann hrsg. von Berthold Litzmann. 2 Bde. Leipzig 1927.

Clara Schumann 1819-1896. Katalog zur Ausstellung des Stadtmuseums Bonn und des Robert-Schumann-Hauses Zwickau in Verbindung mit dem Heinrich-Heine-Institut Düsseldorf aus Anlass des 100. Todestages von Clara Schumann. Hrsg. von Ingrid Bodsch und Gerd Nauhaus. Bonn 1996.

Clara und Robert Schumann. Zeitgenössische Porträts. Katalog zur Ausstellung des Heinrich-Heine-Instituts Düsseldorf und des Robert-Schumann-Hauses Zwickau in Verbindung mit der Robert-Schumann-Forschungsstelle der Robert-Schumann-Gesellschaft Düsseldorf. Hrsg. von

Bernhard R. Appel, Inge Hermstrüver und Gerd Nauhaus unter Mitarbeit von Ute Bär. Düsseldorf 1994.

[CSTb 1ff.]: S. Schumann, Clara: *Jugendtagebücher 1828-1840.*

[Erinnerungen:] S. Schumann, Eugenie (1925).

[Etb:] *S. Robert und Clara Schumann. Ehetagebücher* (2007).

[Jugendbriefe:] S. Schumann, Clara: *Jugendbriefe von Robert Schumann.* (³1898).

Hofmann, Renate / Schmidt, Harry: *Das Berliner Blumentagebuch der Clara Schumann 1857-1859.* Wiesbaden/Leipzig/Paris 1991.

Klassen, Janina: *Clara Schumann. Musik und Öffentlichkeit.* Köln/Weimar/Wien 2009 (Europäische Komponistinnen, 3. Hrsg. von Annette Kreutziger-Herr und Melanie Unseld.).

Kross, Siegfried (Hrsg.): *Briefe und Notizen Robert und Clara Schumanns.* 2. erw. Aufl. Bonn 1982. (Bonner Beiträge zur Bibliotheks- und Bücherkunde, 27).

Kühn, Dieter: *Clara Schumann, Klavier. Ein Lebensbuch.* Frankfurt am Main ²1999.

[List Bw:] S. Wendler (1996).

Litzmann, Berthold: *Clara Schumann. Ein Künstlerleben nach Tagebüchern und Briefen.* 3 Bde. Leipzig 1902-1908.

[Litzmann I:] *Mädchenjahre. 1819-1840.* Leipzig ⁸1925.

[Litzmann II:] *Ehejahre. 1840-1856.* Leipzig ⁷1925.

[Litzmann III:] *Clara Schumann und ihre Freunde. 1856-1896.* Leipzig ⁵⁄⁶1923.

McCorkle, Margit L.: *Robert Schumann. Thematisch-Bibliographisches Werkverzeichnis.* Unter Mitwirkung von Akio Mayeda und der Robert-Schumann-Forschungsstelle hrsg. von der Robert-Schumann-Gesellschaft. Düsseldorf/Mainz 2003.

Nauhaus, Gerd: *Die Konzertreisen Clara Schumanns nach Rußland 1844-1864.* In: *Schumann-Studien* 1. Zwickau 1988.

Nauhaus, Gerd: *„Wir waren sieben" – Die Kinder Robert und Clara Schumanns. „We were seven" – The children of Robert and Clara Schumann.* Aachen 2013 (Correspondenz, Sonderheft II. Hrsg. von I. Knechtges-Obrecht).

Nauhaus, Julia: *Musikalische Welten. Clara und Robert Schumanns Verbindungen zu Braunschweig.* Sinzig 2010.

[Porträts:] S. *Clara und Robert Schumann (1994).*

Preiß, Friederike: *Der Prozeß. Clara und Robert Schumanns Kontroverse mit Friedrich Wieck.* Frankfurt am Main 2004.

Reich, Nancy B.: *Clara Schumann: The artist and the woman* Cornell University 1985. Revised edition 2001.

Reich, Nancy B.: *Clara Schumann. Romantik als Schicksal. Eine Biographie.* Deutsch von Irmgard Andrae. Reinbek bei Hamburg 1991.

Literaturverzeichnis

Robert Schumann. Neue Ausgabe sämtlicher Werke. Begründet von Akio Mayeda und Klaus Wolfgang Niemöller. Hrsg. von der Robert-Schumann-Gesellschaft Düsseldorf in Verbindung mit dem Robert-Schumann-Haus Zwickau. Mainz/London/Berlin/Madrid/New York/Paris/Prague/Tokyo/Toronto. Seit 1986. (RSA)

Robert Schumann Tagebücher. 3 Bde. Hrsg. von Georg Eismann und Gerd Nauhaus. Leipzig 1971ff.

[Tb I:] Band I: *1827-1838.* Hrsg. von Georg Eismann und Gerd Nauhaus. Leipzig 1971 u. ²1987.

[Tb II:] Band II: *1836-1854.* Hrsg. von Gerd Nauhaus. Leipzig 1987.

[Tb III:] Band III: *Haushaltbücher 1837-1856.* Hrsg. von Gerd Nauhaus. 2 Bde. Leipzig 1982 u. ²1987.

Robert und Clara Schumann. Ehetagebücher 1840-1844. Hrsg. von Gerd Nauhaus und Ingrid Bodsch. Frankfurt a.M. / StadtMuseum Bonn 2007.

[SBE:] S. *Schumann Briefedition* (2008ff.).

Schmiedel, Elisabeth / Draheim, Joachim: *Eine Musikerfamilie im 19. Jahrhundert. Mariane Bargiel, Clara Schumann, Woldemar Bargiel in Briefen und Dokumenten.* München 2008.

Schumann Briefedition. Hrsg. vom Robert-Schumann-Haus Zwickau und dem Institut für Musikwissenschaft der Hochschule für Musik Carl Maria von Weber Dresden in Verbindung mit der Robert-Schumann-Forschungsstelle Düsseldorf. Köln 2008ff. (SBE)

[SBE I.2:] Serie I. *Familienbriefwechsel.* Band 2: *Briefwechsel Robert und Clara Schumanns mit der Familie Wieck.* Hrsg. von Eberhard Möller. Köln 2011.

[SBE I.3:] Serie I. *Familienbriefwechsel.* Band 3: *Briefwechsel Robert und Clara Schumanns mit der Familie Bargiel.* Hrsg. von Eberhard Möller. Köln 2011.

[SBE I.4:] Serie I. *Familienbriefwechsel.* Band 4: *Briefwechsel von Clara und Robert Schumann. Band I: März 1831 bis September 1838.* Hrsg. von Anja Mühlenweg. Köln 2012.

[SBE I.5:] Serie I. *Familienbriefwechsel.* Band 5: *Briefwechsel von Clara und Robert Schumann. Band II: September 1838 bis Juni 1839.* Hrsg. von Anja Mühlenweg. Köln 2013.

[SBE I.6:] Serie I. *Familienbriefwechsel.* Band 6: *Briefwechsel von Clara und Robert Schumann. Band III: Juni 1839 bis Februar 1840.* Hrsg. von Thomas Synofzik und Anja Mühlenweg. Köln 2014.

[SBE I.7:] Serie I. *Familienbriefwechsel.* Band 7: *Briefwechsel von Clara und Robert Schumann. Band IV: Februar 1840 bis Juni 1856.* Hrsg. von Thomas Synofzik, Anja Mühlenweg und Sophia Zeil. Köln 2015.

[SBE I.8:] Serie I. *Familienbriefwechsel.* Band 8: *Clara Schumann im Briefwechsel mit Eugenie Schumann. Band I: 1857 bis 1888.* Hrsg. von Christina Siegfried. Köln 2013.

[SBE I.9:] *Serie I. Familienbriefwechsel.* Band 9: *Clara Schumann im Briefwechsel mit Eugenie Schumann. Band II: 1889 bis 1896.* Hrsg. von Christina Siegfried. Köln 2017.

[SBE II.1:] *Serie II. Freundes- und Künstlerbriefwechsel.* Band 1: *Robert und Clara Schumann im Briefwechsel mit der Familie Mendelssohn.* Hrsg. von Kristin R. M. Krahe, Katrin Reyersbach und Thomas Synofzik. Köln 2009.

[SBE II.5:] *Serie II. Freundes- und Künstlerbriefwechsel.* Band 5: *Briefwechsel Robert und Clara Schumanns mit Franz Brendel, Hermann Levi, Franz Liszt, Richard Pohl und Richard Wagner.* Hrsg. von Thomas Synofzik, Axel Schröder und Klaus Döge. Köln 2014.

[SBE II.6:] *Serie II. Freundes- und Künstlerbriefwechsel.* Band 6: *Briefwechsel Robert und Clara Schumanns mit Eduard Bendemann, Julius Hübner, Johann Peter Lyser und anderen Dresdner Künstlern.* Hrsg. von Renate Brunner, Michael Heinemann, Irmgard Knechtges-Obrecht, Klaus Martin Kopitz und Annegret Rosenmüller. Köln 2014.

[SBE II.12:] *Serie II: Freundes- und Künstlerbriefwechsel.* Band 12: *Briefwechsel Clara Schumanns mit Landgräfin Anna von Hessen, Marie von Oriola und anderen Angehörigen deutscher Adelshäuser.* Hrsg. von Annegret Rosenmüller. Köln 2015.

Schumann, Clara: *Blumenbuch für Robert 1854-1856.* Hrsg. von Gerd Nauhaus und Ingrid Bodsch unter Mitarbeit von Ute Bär und Susanna Kosmale. Basel/ Frankfurt a. M. 2006.

Schumann, Clara: *Briefe an Theodor Kirchner.* Hrsg. von Renate Hoffmann. Tutzing 1996.

Schumann, Clara: *Jugendbriefe von Robert Schumann. Nach den Originalen mitgeteilt.* Leipzig ³1898.

Schumann, Clara: *Jugendtagebücher 1828-1840.* Hrsg. von Gerd Nauhaus und Nancy B. Reich. Hildesheim u.a. (Ersch. März 2019).

Schumann, Clara: *Mein liebes Julchen. Briefe von Clara Schumann an ihre Enkeltochter Julie Schumann.* Hrsg. von Dietz-Rüdiger Moser. München 1990.

Schumann, Eugenie: *Erinnerungen.* Stuttgart 1925.

Schumann, Eugenie: *Robert Schumann. Ein Lebensbild meines Vaters.* Leipzig 1931.

Schumann, Ferdinand: *Erinnerungen an Clara Schumann. Tagebuchblätter ihres Enkels Ferdinand Schumann.* In: Neue Zeitschrift für Musik 84, 1917, Nr. 9-13, S. 69-105.

Schumanns rheinische Jahre. [Ausstellungskatalog] Bearb. von Paul Kast. Düsseldorf 1981 (Veröffentlichungen des Heinrich-Heine-Instituts Düsseldorf).

Steegmann, Monica: *Clara Schumann.* Reinbek 2001.

Steegmann, Monica: *„... daß Gott mir ein Talent geschenkt". Clara Schumanns Briefe an Hermann Härtel und Richard und Helene Schöne.* Zürich/Mainz 1997.

[Tb I-III:] S. *Robert Schumann Tagebücher (1971ff.).*

Unterwegs mit Schumann. Ein Reisebegleiter für Musikfreunde. Für das Schumann-Netzwerk hrsg. und bearb. von Ingrid Bodsch. Mit Beiträgen von Ute Bär, Ingrid Bodsch, Petra Diessner, Irmgard Knechtges-Obrecht, Sigrid Lange, Klaralinda Ma-Kircher, Gerd Nauhaus, Julia M. Nauhaus und Wolfgang Seibold. Bonn 2009 (2010).

van der Vloed, Kees: *Clara Schumann-Wieck. De pijn van het gemis.* Soesterberg, Niederlande 2012.

Vries, Claudia de: *Die Pianistin Clara Wieck-Schumann. Interpretation und Spannungsfeld von Tradition und Individualität.* Mainz 1996 (Schumann Forschungen, 5).

Wendler, Eugen (Hrsg.): *„Das Band der ewigen Liebe". Clara Schumanns Briefwechsel mit Emilie und Elise List.* Stuttgart/Weimar 1996.

Wieck, Marie: *Aus dem Kreise Wieck-Schumann.* Dresden ²1914.

Ziemlich Lebendig. Schätze aus der Schumann-Sammlung des Heinrich-Heine-Instituts. Hrsg. von Sabine Brenner-Wilczek, Bernd Kortländer und Ursula Roth. Düsseldorf 2010.

Verzeichnis der veröffentlichten Werke Clara Schumanns

Klaviermusik

Quatre Polonaises op. 1 (1829-1830). Leipzig: Hofmeister 1831.

Caprices en forme de valse op. 2 (1831/32). Paris: Stoepel / Leipzig: Hofmeister 1832.

Romance variée C-Dur op. 3 (1831-1833). Paris: Richault / Leipzig: Hofmeister 1833.

Valses romantiques op. 4 (1835). Leipzig: Whistling 1835.

Quatre Pièces caractéristiques op. 5 (1833-1836). Leipzig: Whistling 1836. (1. Le Sabbat; 2. Caprice à la Boléro; 3. Romance; 4. Ballet des Revenants)

Soirées musicales op. 6 (1834-1836). Leipzig: Hofmeister / Paris: Richault 1836. (1. Toccatina; 2. Notturno; 3. Mazurka; 4. Ballade; 5. Mazurka; 6. Polonaises)

Variations de concert pour le piano-forte sur la cavatine du „Pirate" de Bellini C-Dur op. 8 (1837). Wien: Haslinger 1837.

Souvenir de Vienne. Impromptu op. 9 (1838). Wien: Diabelli 1838.

Scherzo d-Moll op. 10 (1838). Leipzig: Breitkopf & Härtel / Paris: Schonenberger 1838.

Trois Romances op. 11 (1838/39). Wien: Mechetti / Paris: Richault 1840.

Deuxième Scherzo c-Moll op. 14 (1841). Leipzig: Breitkopf & Härtel 1845.

Sonate g-Moll (1841/42). Leipzig: Breitkopf & Härtel 1991.

Quatre Pièces fugitives op. 15 (1841-1844). Leipzig: Breitkopf & Härtel 1845.

Impromptu E-Dur (um 1844). In: *Album du Gaulois*. Paris 1885.

Drei Präludien und Fugen op. 16 (1845). Leipzig: Breitkopf & Härtel 1845.

Variationen für Pianoforte über ein Thema von Robert Schumann fis-Moll op. 20 (1853). Leipzig: Breitkopf & Härtel 1854.

Drei Romanzen op. 21 (1853-1855). Leipzig: Breitkopf & Härtel 1855.

Romanze a-Moll (1853) [2 Fassungen]. In: *The Girl's Own Paper*. London 1891. In: *Ausgewählte Klavierwerke*. München: G. Henle 1987.

Romanze h-Moll (1856). In: *Romantische Klaviermusik 2*. Heidelberg: Verlag Willy Müller 1977.

Verzeichnis der veröffentlichten Werke Clara Schumanns

Marsch Es-Dur für Klavier 2hd. (1879; unveröffentlicht) und 4hd. (1891). Wiesbaden: Breitkopf & Härtel 1996.

Konzert

Premier Concert pour le piano-forte avec accompagnement d'orchestre a-Moll op. 7 (1833-1836), Klavierauszug. Leipzig: Hofmeister / Paris: Richault. / Hamburg: Cranz 1837.

Kammermusik

Trio für Klavier, Violine und Violoncello g-Moll op. 17 (1846). Leipzig: Breitkopf & Härtel 1847.

Drei Romanzen für Klavier und Violine op. 22 (1853). Leipzig: Breitkopf & Härtel 1856.

Vokalmusik

Zwölf Lieder aus F. Rückert's Liebesfrühling op. 12 (1841). Leipzig: Breitkopf & Härtel 1841 (2. *„Er ist gekommen in Sturm und Regen"*; 4. *„Liebst du um Schönheit"*; 11. *„Warum willst du And're fragen"*; Nr. 1, 3, 5-10 und 12 = Robert Schumann op. 37.

Sechs Lieder op. 13 (1840-1843). Leipzig: Breitkopf & Härtel 1844 (1. *„Ich stand in dunklen Träumen"* (Heinrich Heine); 2. *„Sie liebten sich beide"* (Heinrich Heine); 3. *Liebeszauber „Die Liebe saß als Nachtigall"* (Emanuel Geibel); 4. *„Der Mond kommt still gegangen"* (Emanuel Geibel); 5. *„Ich hab' in deinem Auge"* (Friedrich Rückert); *„Die stille Lotosblume"* (Emanuel Geibel)).

Sechs Lieder aus Jucunde (Hermann Rollett) op. 23 (1853). Leipzig: Breitkopf & Härtel 1856 (1. *„Was weinst du Blümlein?"*; 2. *„An einem lichten Morgen"*; 3. *„Geheimes Flüstern"*; 4. *„Auf einem grünen Hügel"*; 5. *„Das ist ein Tag"*; 6. *„O Lust, o Lust"*).

Der Wanderer „Die Straßen, die ich gehe" (Justinus Kerner) (1831). In: *Sämtliche Lieder* II. Leipzig: Breitkopf & Härtel 1992.

Der Wanderer in der Sägemühle „Dort unten in der Mühle" (Justinus Kerner) (Juli 1832). In: *Sämtliche Lieder* II. Leipzig: Breitkopf & Härtel 1992.

Der Abendstern „Bist du denn wirklich so fern" (Anon.) (frühe 1830er Jahre). In: *Sämtliche Lieder* II. Leipzig: Breitkopf & Härtel 1992.

Walzer „Horch! welch ein süßes harmonisches Klingen" (Johann Peter Lyser) (um 1833). In: *Zehn Lieder eines wandernden Malers*. Leipzig: Gustav Schaarschmidt 1834.

Am Strande "Traurig schau ich" (Robert Burns, übers. von Wilhelm Gerhard) (1840). In: *Neue Zeitschrift für Musik* 8, Juli 1841, Suppl. 14.

Ihr Bildnis "Ich stand in dunklen Träumen" (Heinrich Heine) (1840). In: *Sämtliche Lieder* II. Leipzig: Breitkopf & Härtel 1992.

Volkslied "Es fiel ein Reif in der Frühlingsnacht" (Heinrich Heine) (1840). In: *Sämtliche Lieder* II. Leipzig: Breitkopf & Härtel 1992.

"Die gute Nacht" (Friedrich Rückert) (1841). In: *Sämtliche Lieder* II. Leipzig: Breitkopf & Härtel 1992.

Lorelei "Ich weiß nicht, was soll das bedeuten" (Heinrich Heine) (1843). In: *Sämtliche Lieder* II. Leipzig: Breitkopf & Härtel 1992.

"Oh weh des Scheidens" (Friedrich Rückert) (1843). In: *Sämtliche Lieder* II. Leipzig: Breitkopf & Härtel 1992.

Beim Abschied "Purpurgluten leuchten ferne" (Friederike Serre) (1846). In: *Sämtliche Lieder* II. Leipzig: Breitkopf & Härtel 1992.

Mein Stern "O du mein Stern" (Friederike Serre) (1846), engl. als *"O Thou my Star"*. London: Wessel & Co 1846.

Das Veilchen "Ein Veilchen auf der Wiese stand" (Johann Wolfgang von Goethe) (1853). In: *Sämtliche Lieder* II. Leipzig: Breitkopf & Härtel 1992.

Chöre

Drei gemischte Chöre (Emanuel Geibel) (1848). Leipzig: Breitkopf & Härtel 1989 (1. Abendfeyer in Venedig; 2. Vorwärts; 3. Gondoliera.)

Bearbeitungen von Werken Robert Schumanns

Klavierquintett Es-Dur op. 44 für Kl. 4hd.. Leipzig: Breitkopf & Härtel 1845.

Genoveva op. 80, Klavierauszug. Leipzig: Breitkopf & Härtel 1851.

30 Lieder für Klavier solo. Paris: Durand & Schönewerk 1873.

Drei *Skizzen für den Pedal-Flügel* aus op. 56 und 58 für Kl. 2hd. London: Novello 1883.

Dank

Für die Genehmigung des Abdrucks und die Bereitstellung der Reproduktionen zu den Abbildungen in diesem Buch danke ich Dr. Thomas Synofzik und Dr. Hrosvith Dahmen vom Robert-Schumann-Haus Zwickau sowie Dr. Sabine Brenner-Wilczek, der Direktorin des Heinrich-Heine-Instituts der Landeshauptstadt Düsseldorf.

Die im Robert-Schumann-Haus Zwickau aufbewahrten, bisher unveröffentlichten Jugendtagebücher Clara Wiecks konnte ich bereits vor Drucklegung von deren Edition einsehen und auswerten. Dafür gilt mein Dank dem Herausgeber Dr. Gerd Nauhaus, der mir seine digitalen Vorlagen freundlicherweise zur Verfügung stellte.

Mein Dank gilt weiterhin Jasmine Stern, Sophie Dahmen und Elke Austermühl vom Verlag wbg für ihre gründliche Arbeit, viele wertvolle Ratschläge sowie für ihr Verständnis, als sich die Abgabe meines Manuskripts verzögerte. Den sanften Druck, den sie immer wieder auf mich ausübten, empfand ich durchaus als Ermutigung.

Gisela und Alfred Küpper gebührt großer Dank dafür, dass sie sich als kritische Testleser zur Verfügung stellten und durch ihre bereichernden Anmerkungen für stilistische wie inhaltliche Glättung sorgten.

Meiner Familie danke ich für ihre Geduld mit mir und meinem Zeitmangel während des Jahres, in dem ich intensiv mit dem Schreiben beschäftigt war. Ohne ihren Rückhalt hätte dieses Buch nicht entstehen können.

Ganz besonders geht mein innigster Dank an meinen Mann für seine Unterstützung in jeder Hinsicht und nicht zuletzt für sein aufmerksames Korrekturlesen des gesamten Manuskripts.

Aachen, im Dezember 2018
Irmgard Knechtges-Obrecht

Register

Adolph Friedrich von Großbritannien, Irland und Hannover 42
Albert, König von Sachsen 221
Alexandra Fjodorowna, Zarin von Russland 82
Alexandra von Dänemark, Princess of Wales 210
Allgeyer, Julius 144, 158
Bach, Johann Sebastian 72, 196
Banck, *Carl* Ludwig Albert 41–42, 44, 47
Bargiel, Adolph 17
Bargiel, Anna Elise *Clementine* 157
Bargiel, Mariane (gesch. Wieck, geb. Tromlitz) 12–13, 16–17, 20–21, 25, 62, 64, 66, 81, 118, 140, 151, 168–169, 246
Bargiel, *Woldemar* George Louis August 19, 137, 187, 207, 213, 234, 246
Beethoven, Ludwig van 89, 113, 138, 173, 203, 217, 240
Bendemann, *Eduard* Julius Friedrich 95–96, 181, 216
Bendemann, Lida (geb. Schadow) 99, 216–218, 224, 229, 231
Berna, Marie (spätere Gräfin von Oriola) 176, 184
Bertha, *siehe* Boelling, Bertha
Billroth, Dr. Theodor 187, 202
Boelling, Bertha 119, 122, 125
Borchard, Beatrix 10
Brahms, Johannes 7, 74, 112, 114–116, 118–119, 122–125, 129–133, 144, 147, 153–155, 158, 161, 164, 166–167, 173–174, 182–188, 190, 193–194, 196, 199, 202–206, 211–212, 214–216, 218, 223–224, 226–227, 231–237, 240–241, 244
Burnand, Arthur Charles 163, 165, 183, 198, 200, 219
Burnand, Maria Arabella Antoinette 163, 182
Burns, Robert 73

Chappell, Samuel *Arthur* 198, 209, 226
Chopin, *Frédéric* François 30, 36, 75, 209, 213, 217, 240
Czerny, Carl 27
Deutsch, Antonie *siehe* Schumann, Antonie
Donndorf, Adolf von 174–175, 194–195
Dufourd, Claudine 56, 58
Dupré, Karoline 105
Einert, Wilhelm 65
Elisabeth von Rumänien (Pseudonym: Carmen Sylva) 207
Erard, Pierre 30, 58, 163
Esmarch, Professor Dr. Friedrich 177–178
Falk, Nanette 105
Fechner, *Eduard* Clemens 30–32, 42
Ferdinand I., Kaiser von Österreich 51
Fillunger, Marie (genannt „Fillu") 185, 187, 197, 225, 242
Foerster, Henriette (geb. Weicke) 35
Fricken, Charlotte Christiane Friederike Katherine von (geb. von Zedwitz) 39
Fricken, Christiane Ernestine Franziska von, (verh. von Zedwitz) 39–42, 44
Fricken, Ferdinand *Ignaz* Freiherr von 39
Friedrich August I., König von Sachsen 14
Friedrich I., Großherzog von Baden 160
Friedrich III., Deutscher Kaiser 8
Friedrich Wilhelm, Kronprinz von Preußen, *siehe auch* Friedrich III. 211
Giere, Julius 42–43
Goethe, Johann Wolfgang von 25, 27–28, 112, 174, 251
Goethe, *Walther* Wolfgang von 25
Graf, Conrad 68, 73–74
Hammers, Ludwig 99
Hanslick, Eduard 90

253

Register

Härtel, Raimund   153–154
Hasenclever, Dr. Richard   99, 117
Heine, Heinrich (Harry)   73
Herz, Henri   27, 30, 37
Hildebrand, Adolf   207–208
Hiller, Ferdinand   92–93, 96–99, 103–104, 111, 124
Hofmann, Renate   10
Hofmeister, Johann Friedrich Karl   34–35, 37, 46
Hübner, Pauline   95–96, 193, 213
Hübner, Rudolf Julius Benno   95–96, 160, 193, 213, 247
Hummel, Johann Nepomuk   26
Japha, Louise   105
Joachim, Amalie (geb. Schneeweiß, geändert in Weiß)   147, 171
Joachim, Joseph   112–116, 118, 120, 124, 139, 147, 150, 152–154, 167, 171–176, 179, 187, 196, 207, 213, 217, 223, 234–235, 237, 241
Josefina, Königin von Schweden   163
Jungé, Elise   110, 166, 176
Kaiserin Friedrich, *siehe auch* Victoria, Kronprinzessin von Preußen   211, 213
Kalkbrenner, *Friedrich* Wilhelm Michael   23, 27, 30, 37
Katharina II. Die Große, Zarin von Russland   82
Kirchner, *Theodor* Fürchtegott   146–147
Klassen, Janina   10
Klems, Johann Bernhard   114
Kwast, Jacob *James*   218
Lenbach, *Franz* Seraph von   88–189
Leser, Rosalie   110, 117, 141, 148, 154, 164, 166, 174, 176–177, 198–199, 215, 217, 224, 229, 231
Levi, Hermann   144, 148, 161, 192, 199, 237
Lind, *Jenny* Johanna Maria   90–91, 163
Lindeman, Marie von   111
List, Elise (verh. von Pacher)   18, 38, 58, 69, 141, 148, 229
List, Emilie   8, 18, 38, 40, 44, 58, 60, 62, 69, 78, 95, 116, 141, 146, 148, 229, 248
List, Friedrich   38, 58
List, Karoline   58
Liszt, Franz   75–76, 108–109, 235, 240
Litzmann, Berthold   7–8, 10, 69, 98, 109, 111, 114–115, 123–124, 126, 144, 151, 154, 170, 172, 177–178, 182, 190, 203, 214, 218, 222–224, 226, 229, 234–235, 241–242, 244–245

Litzmann, Carl Conrad Theodor   178, 216
Ludwig II., König von Bayern   192
Mendelssohn Bartholdy, *Felix* Jacob Ludwig   28, 30, 37, 44, 74–75, 81, 85, 89, 92, 118
Metternich-Winneburg, Klemens Wenzel Lothar Fürst von   14
Miksch, Johann Aloys   39
Mozart, Wolfgang Amadeus   36, 89, 112
Müller von Königswinter, Dr. Wolfgang   89, 99
Nanny, *siehe* Sepp, Nanny   50–51, 56
Napoléon III., Kaiser der Franzosen   160, 162
Nauhaus, Gerd   10, 225
Nikolai I. Pawlowitsch, Zar von Russland   82
Paganini, Niccolò   30–31
Piatti, Alfredo   139, 172
Planer, Professor Dr. Hermann Christoph Volkmar   142
Pleyel, Camilla   108
Radicati di Marmorito, Graf/Conte Vittorio   155, 158, 176, 184, 190, 239
Radicati di Marmorito, Eduardo (genannt „Duaddo")   170, 179
Radicati di Marmorito, Roberto   170, 239
Raff, Joseph *Joachim*   185–187, 190–191, 196, 201–202
Reich, Nancy B.   10
Reichmann, Henriette   59
Reichold, Emilie   23
Reinecke, Carl Heinrich Carsten   192
Reißiger, Gottlieb   39
Richarz, Dr. Franz   117, 123
Rietz, Julius   111
Rösch, Wilhelm   175, 194
Rossini, Gioacchino Antonio   23
Rückert, Friedrich   73
Rudorff, *Ernst* Friedrich Karl   237
Sabinin, Martha von   105
Sand, Karl Ludwig   14
Schadow, Friedrich Wilhelm von   96, 99–100, 109
Schadow, Johann Gottfried   96
Scharrenbroich, Dr. Johann Franz *Carl*   227
Scholz, Bernhard   202–203, 213
Schumann, Alfred   187, 204, 220–221, 231
Schumann, Antonie (geb. Deutsch)   172–173, 187, 193, 197, 200, 210, 219–220, 231, 239
Schumann, Carl   84

Register

Schumann, Elise (verh. Sommerhoff) 80, 84, 90, 95, 119–121, 140, 145, 154, 165, 173, 176, 184, 199, 201, 203, 207, 210, 220–222, 231–232, 238–239
Schumann, Emil 87, 91, 93
Schumann, Erich 220
Schumann, Eugenie 109–110, 120–121, 125, 132, 141, 144–145, 148, 150, 158, 162, 164, 172–174, 179, 182, 185, 187, 190, 192–194, 196–197, 199–200, 202, 212, 221–223, 225–226, 229, 231–232, 234–135, 138, 242–243, 245, 247–248
Schumann, Felix 118, 120–121, 125, 145, 151–154, 162, 165–168, 170–172, 176, 179, 18–183, 187, 190–194
Schumann, Felix jun. 221
Schumann, Ferdinand 87, 95, 121, 125, 142, 151, 161, 163–164, 166, 172–173, 180, 187, 193, 197, 201, 204–205, 210–211, 219–220, 238
Schumann, Ferdinand jun. 187, 204, 220, 227, 229, 231, 233–234, 248
Schumann, Julie 87, 91, 95, 119–121, 140–143, 145, 152–159, 165, 170–172, 176, 180, 184, 239
Schumann, Julie (genannt „Julchen") 187, 204–205, 210–211, 213, 220–221, 227, 229, 231, 247
Schumann, Ludwig 87, 93, 95, 120–121, 125, 142–143, 146, 148, 153–154, 159–160, 165–166, 168, 178, 180, 193–194, 219, 239
Schumann, Marie 70, 75–76, 80, 84, 86, 90, 94, 97, 108–109, 119–121, 134–135, 137–141, 143, 145, 148, 150, 152, 154, 158, 164–166, 171–173, 177, 180, 182, 185–187, 190, 192–194, 196, 200, 211–213, 219–221, 223, 225, 227–229, 231–235, 238, 241–242, 244
Schumann, Pauline 84, 107
Schumann, Walter 220
Sell, Dr. Karl 235
Sepp, Nanny 50–51, 56
Serre, Friederike 94
Serre, Friedrich Anton 94
Severin, Wilhelm 121
Sohn, Carl Ferdinand 99
Sommerhoff, Clara 201, 210
Sommerhoff, Elise siehe Schumann, Elise
Sommerhoff, Felix 203, 220
Sommerhoff, Louis 184, 199, 203, 207, 210, 220–221, 224, 231–232, 238–239
Sommerhoff, Reinhard 231

Sommerhoff, Robert Hans 199
Sommerhoff, Walter Georg (genannt „Dick") 199, 220
Staub, Andreas 52
Steegmann, Monica 10
Stein, Andreas 23–24
Stockhausen, Julius 139, 174
Stoepel, François 31, 35
Tausch, Julius 112, 115, 122, 182
Tromlitz, George Christian Gotthold 12–13
Tromlitz, Johann George 13
Viardot-García, Pauline 18, 59, 83, 91, 137, 143, 162, 205
Victoria, Königin des Vereinigten Königreichs von Großbritannien und Irland 169
Victoria, Kronprinzessin von Preußen (genannt „Vicky") 211
Völlner, Johann Anton 101
Vries, Claudia de 10
Wagner, Richard 25
Weinlig, Christian Theodor 25
Weiß, Amalie siehe Joachim, Amalie
Weyhe, Maximilian F. 99
Wieck, Adelheid 16
Wieck, Alwin 16
Wieck, Cäcilie 22, 39
Wieck, Clemens 22
Wieck, Clementine (geb. Fechner) 22, 27, 30, 49, 53, 62, 65, 229
Wieck, Friedrich 7, 12–16, 18–20, 22–31, 33–35, 38–39, 41–42, 44–51, 53–62, 64–68, 70–71, 73, 75, 77–79, 91, 153, 175, 229, 245
Wieck, Gustav 16
Wieck, Mariane (geb. Tromlitz) siehe Bargiel, Mariane
Wieck, Marie 23, 125, 248
Wieck, Viktor 16
Wied, Fürst Hermann zu 207
Wiegmann, Rudolf 99
Wildenhahn, Carl August 69
Wilhelm I., Deutscher Kaiser 8, 163, 166, 188
Wilhelm II., Deutscher Kaiser 8, 213
Wüllner, Franz 202, 237
Zedtwitz, Caroline Ernestine Louise Gräfin von 39

Bildnachweis

Familienbesitz: S. 145

Heinrich-Heine-Institut Düsseldorf: S. 101, 230

Ingrid Bodsch/Gerd Nauhaus (Hg.): Katalog Clara Schumann 1819–1896. Bonn: Stadtmuseum Bonn, 1996: S. 74

Josef A. Kruse (Hg.): Clara und Robert Schumann. Zeitgenössische Porträts. Düsseldorf: Droste Verlag, 1994: S. 18

Robert-Schumann-Haus Zwickau: S. 19, 24, 32, 43, 52, 86, 121, 136, 149, 159, 181, 189, 195, 208, 222

Trotz sorgfältiger Recherche ist es nicht immer möglich, die Inhaber von Urheberrechten zu ermitteln. Berechtigte Ansprüche werden selbstverständlich im Rahmen der üblichen Vereinbarungen abgegolten.